Gertraude Mikl-Horke · Reinhard Pirker · Andreas Resch

Theorie der Firma: interdisziplinär

Wirtschaft + Gesellschaft

Herausgegeben von Andrea Maurer und Uwe Schimank

Beirat:
Jens Beckert
Christoph Deutschmann
Susanne Lütz
Richard Münch

Wirtschaft und Gesellschaft ist ein wichtiges Themenfeld der Sozialwissenschaften. Daher diese Buchreihe: Sie will zentrale Institutionen des Wirtschaftslebens wie Märkte, Geld und Unternehmen sowie deren Entwicklungsdynamiken sozial- und gesellschaftstheoretisch in den Blick nehmen. Damit soll ein sichtbarer Raum für Arbeiten geschaffen werden, die die Wirtschaft in ihrer gesellschaftlichen Einbettung betrachten oder aber soziale Effekte des Wirtschaftsgeschehens und wirtschaftlichen Denkens analysieren.

Die Reihe steht für einen disziplinären wie theoretischen Pluralismus und pflegt ein offenes Themenspektrum.

Bisher erschienen:

Andrea Maurer, Handbuch der Wirtschaftssoziologie, 2008

Christoph Deutschmann, Kapitalistische Dynamik.
Eine gesellschaftstheoretische Perspektive, 2008

Andrea Maurer, Uwe Schimank, Die Gesellschaft der Unternehmen – Die Unternehmen der Gesellschaft. Gesellschaftstheoretische Zugänge zum Wirtschaftgeschehen, 2008

Neil Fligstein, Die Architektur der Märkte, 2010

Gertraude Mikl-Horke,
Historische Soziologie – Sozioökonomie – Wirtschaftssoziologie, 2011

Gertraude Mikl-Horke
Reinhard Pirker
Andreas Resch

Theorie der Firma: interdisziplinär

VS VERLAG

Bibliografische Information der Deutschen Nationalbibliothek
Die Deutsche Nationalbibliothek verzeichnet diese Publikation in der
Deutschen Nationalbibliografie; detaillierte bibliografische Daten sind im Internet über
<http://dnb.d-nb.de> abrufbar.

1. Auflage 2011

Alle Rechte vorbehalten
© VS Verlag für Sozialwissenschaften | Springer Fachmedien Wiesbaden GmbH 2011

Lektorat: Cori Mackrodt

VS Verlag für Sozialwissenschaften ist eine Marke von Springer Fachmedien.
Springer Fachmedien ist Teil der Fachverlagsgruppe Springer Science+Business Media.
www.vs-verlag.de

Umschlaggestaltung: KünkelLopka Medienentwicklung, Heidelberg
Gedruckt auf säurefreiem und chlorfrei gebleichtem Papier
Printed in Germany

ISBN 978-3-531-17407-5

Inhaltsverzeichnis

Einleitung

Gertraude Mikl-Horke, Reinhard Pirker, Andreas Resch

Dieses Buch entstand aus einer langjährigen Kooperation der drei AutorInnen im Rahmen einer Lehrveranstaltung, in der versucht wurde, verschiedene Perspektiven auf das Unternehmen ausgehend von der Theorie der Firma von Ronald Coase vorzustellen und mit dieser zu vergleichen. Dabei sollten die Besonderheiten der einzelnen Zugänge aufgezeigt und gleichzeitig verdeutlicht werden, dass wissenschaftliche Erkenntnisobjekte nur durch die Behandlung auf der Basis verschiedener Disziplinen und Theorien annähernd erfasst werden können. Auch die Zielsetzung dieses Bandes ist darauf gerichtet, die unterschiedlichen Ausgangspunkte und Annahmen, mit denen sich verschiedene Sozialwissenschaften dem Problem der Unternehmung und ihres Handelns nähern, herauszuarbeiten; dabei sollen auch Verbindungslinien und Ankopplungspunkte zwischen den Disziplinen aufgezeigt werden. Dies erscheint insofern möglich, als die Autoren alle zwar eine ökonomische Ausbildung haben, aber entweder durch die Hinwendung zur Soziologie, insbesondere zur Wirtschaftssoziologie (Mikl-Horke), die Orientierung an heterodoxen Strömungen (Pirker) oder durch die Beschäftigung mit der Wirtschaftsgeschichte (Resch) spezifische Perspektiven entwickelt haben.

In der allein an der Preisbildung orientierten neoklassischen Ökonomie wurde die Unternehmung ausgeblendet, wodurch die produktionsorientierte Perspektive der klassischen Politischen Ökonomie verloren ging, in der Smith noch auf die Arbeitsteilung und Kooperation im Betrieb verweisen konnte. Die Nutzentheorie hatte die Erklärungsperspektive von der Angebotsseite auf die Nachfrageseite hin verschoben, so dass Unternehmen aus dem Blickfeld der Ökonomie gerieten. In gewisser Weise wurde zwar hier und da noch auf Unternehmen Bezug genommen, etwa in Alfred Marshalls Hinweis auf den Produktionsfaktor Organisation, den er als eine Form des Kapitals neben dem Geldkapital und dem Wissen betrachtete. Die neoklassische Wirtschaftstheorie aber richtete sich auf die formallogische und mathematische Erklärung der Preisbildung auf dem Markt und behandelte Haushalte und Unternehmen wie individuelle Wirtschaftsakteure bzw. repräsentierte sie durch Nutzen- und Produktionsfunktionen. Wenngleich Unternehmen daher in den Bezugnahmen der Ökonomen auf reale Prozesse als Tatbestände der Wirklichkeit vorausgesetzt wurden, fanden sie keinen Eingang in das Modell der Wirtschaftstheorie. Erst in dem berühmten Aufsatz von Ronald Coase *The Nature of the Firm* von 1937 wurde der Versuch unternommen, die Unternehmung wieder in die Wirtschaftstheorie zu integrieren. Dieser Beitrag fand allerdings lange Zeit keine besondere Beachtung; erst Oliver Williamson nahm dann wieder auf die Frage der Transaktionskosten des Marktes als Begründung für die Entstehung und die Größe der Unternehmung Bezug.

Im ersten Beitrag von Reinhard Pirker und Andreas Resch wird daher dargestellt, wie durch die zusätzlich eingeführte Kategorie der Transaktionskosten das etablierte neoklassische Modell von vollkommenen Märkten mit wohlfahrtsoptimalem Gleichgewicht differenziert und somit etwas realitätsnäher gemacht wird. Die Autoren erläutern u.a.,

- wie das Auftreten von Transaktionskosten auf Märkten durch Unsicherheit, Informationskosten und Informationsasymmetrien ein optimales Gleichgewicht im Sinne des Ersten Wohlfahrtstheorems verunmöglicht,
- wie im Sinne von Coase und Williamson Unternehmen als Institutionen zur Vermeidung von unter Marktbeziehungen auftretenden Transaktionskosten zu sehen sind, die ihrerseits dafür mit Organisationskosten belastet sind
- und wie auf der Grundlage transaktionskostentheoretischer Logik die Managementfrage nach „make or buy" (oder der Wahl einer hybriden Zwischenform) zu entscheiden ist.

Im zweiten Beitrag beschäftigt sich Gertraude Mikl-Horke mit dem Verständnis der Unternehmung in Max Webers Werk. Bemerkenswerterweise hat Weber der modernen Unternehmung keine eigene Schrift und auch kein spezielles Kapitel seines Werkes gewidmet. Wie er die Unternehmung sah, muss daher aus verschiedenen seiner Schriften erst rekonstruiert werden. Dabei wird hier jedoch nicht von der Bürokratietheorie ausgegangen, auf die meist im Zusammenhang mit Webers Verständnis des Unternehmens Bezug genommen wird. Vielmehr wird die Unternehmung als Form der Vergemeinschaftung und Vergesellschaftung und ihre enge Verbindung mit seiner Sicht des modernen Kapitalismus, als dessen idealtypischer Wirtschaftsakteur die rationale okzidentale Unternehmung begriffen werden kann, betont. Daher kommt der Herausbildung des Geschäftskapitals und der Kapitalrechnung sowie dem Kapitalmarkt große Bedeutung in Webers Konzeption des privatkapitalistischen Erwerbsbetriebs zu. Diese Sicht Webers erscheint gerade unter gegenwärtigen Bedingungen der globalen Finanzmärkte und ihrer Folgen für die Unternehmen wieder sehr aktuell. Weber hat jedoch neben der autonomen Verfolgung der Kapitalinteressen auch die Integration des Unternehmens als Institution in die ‚Verkehrswirtschaft' hervorgehoben und daher die Notwendigkeit der Entwicklung einer entsprechenden Moral und normativen Ordnung der Gesellschaft betont. In einem zweiten Schritt wird Webers Sicht dann mit der von Coase verglichen, denn beide beziehen das Unternehmen auf ihre Umwelt, Coase im Sinn von Markt und Marktkosten, Weber im Sinn der historischen Entwicklungsbedingungen von Kapitalismus und Verkehrswirtschaft. Während Coase die Firma und ihre Organisation als Resultat von Transaktionskostenentscheidungen erklärt, betont Weber die Rentabilitätsziele, die Macht der Unternehmen und ihre soziokulturellen Bedingungen. Schließlich wird die Sicht Webers von der Unternehmung als Institution der Perspektive der Institutionenökonomie gegenüber gestellt und auf die Notwendigkeit einer an Weber anschließenden Bezugnahme der Unternehmen auf Gesellschaft hingewiesen, die sich insbesondere aus der hohen Kulturbedeutung der modernen Unternehmung für die Gegenwart ergibt.

Im Anschluss daran geht Reinhard Pirker auf Ansätze aus dem Bereich der Wirtschaftswissenschaften ein und beschäftigt sich eingangs mit der Logik von Kooperation und Teamarbeit und der daraus resultierenden Konsequenz von Input-Unteilbarkeiten nach Alchian/Demsetz. Dann zeigt er, wie die damit verbundene Ablehnung von hierarchischen Beziehungen in der Firma Effizienzverluste mit sich bringen kann, worauf die Transaktionskostentheorie in der Coase-Williamson-Tradition reagiert, welche ihrerseits argumentiert, dass unter bestimmten Bedingungen die hierarchische Integration von Tätigkeiten dem Alchian-Demsetz-Modell ökonomisch überlegen ist. Gegen diese aktuell vorherrschende Erklärung von Firmen, nämlich dass diese als effiziente vertragliche Formen im

Vergleich zu anderen Organisationsmöglichkeiten gesehen werden, wendet der Autor ein, dass sie das Potential von Wissensgenerierung und -diffusion innerhalb der Firma unterschätzt und bestimmte Arten des Wissens begrifflich überhaupt nicht fassen kann. Deshalb beschäftigt er sich theoriegeschichtlich mit den sogenannten wissensbasierten Ansätzen der Firma, die auf Adam Smith zurückgeführt werden können und mit dem klassischen Werk von Nelson und Winter einen beeindruckenden Höhepunkt erfahren.

Mit gegenwärtigen Konzeptionen der Unternehmung in der Soziologie beschäftigt sich der Beitrag von Gertraude Mikl-Horke, wobei sowohl die Ansätze der Wirtschaftssoziologie als auch die gesellschaftstheoretischen Reflexionen behandelt werden. Die seit den 1980er Jahren entstandene „neue Wirtschaftssoziologie" befasst sich vornehmlich mit der Beziehung von Markt und Unternehmen, was unter anderem auch durch die Auseinandersetzung mit institutionenökonomischen Perspektiven motiviert war. Insbesondere die Polarisierung von Markt und Hierarchie in Oliver Williamsons bekannter Schrift hat Kritik von Seiten Mark Granovetters hervorgerufen. Aus soziologischer Sicht wurde die intermediäre Perspektive der sozialen Netzwerke zwischen Firmen und die Bedeutung der Vermischung von sozialen und ökonomischen Motiven im Unternehmenshandeln besonders betont sowie die empirische Erforschung von Unternehmensgruppen als eine Erweiterung der Theorie der Firma gefordert. Diese mikrosoziologische Perspektive muss jedoch durch andere Ansätze ergänzt werden; zum einen durch institutionalistische Ansätze im Rahmen der Wirtschaftssoziologie selbst, zum anderen durch die theoretische Bezugnahme von Unternehmen, ihrer Form und ihres Handelns, auf Gesellschaft. Dies wird zunächst anhand der französischen Unternehmenssoziologie gezeigt. Die Perspektive der Wechselwirkungen zwischen Gesellschaft und Unternehmen legt aber auch eine Wiederaufnahme der Betrachtung der Unternehmen im Rahmen der Systemtheorie Parsons' und seiner Positionierung der Wirtschaft als Subsystem der Gesellschaft nahe. Dabei darf nicht übersehen werden, dass Unternehmen selbst nicht nur wichtige Akteure der modernen Wirtschaft sind, sondern als Defintionsmächte auch großen Einfluss darauf ausüben, wie Wirtschaft und die Rolle der Unternehmen in der Gesellschaft verstanden werden. Sie wirken mit bei der kommunikativen Konstruktion des autopoietischen Sinnsystems Wirtschaft, eine Betrachtung, die mit der Theorie Luhmanns eng verbunden ist. Aber über ihre kommunikative und performative Wirkung hinaus haben die Entscheidungen der Unternehmen Konsequenzen für die sozialen Strukturen, die sozialen Beziehungen und die Lebenswelt der Menschen, so dass sie – um wieder mit Max Weber zu sprechen – von großer Bedeutung für die gesamte Kultur sind.

Abschließend geht Andreas Resch auf das komplexe Verhältnis zwischen neoinstitutionenökonomischen Ansätzen und wirtschaftshistorischer Forschung ein. Derartige Ansätze wurden sowohl langfristigen makroökonomischen Untersuchungen (z.B. von Douglas North oder Avner Greif) als auch der Analyse der Entwicklung konkreter Unternehmen bzw. Unternehmensformen zugrunde gelegt. Der Autor zeigt die spezifischen Stärken aber auch gewisse, aus der neoklassischen Genese der Neuen Institutionenökonomik herrührende Defizite für die geschichtswissenschaftliche Anwendung auf. Bei der Untersuchung langfristiger Makroentwicklungen können sowohl die Formen untersuchter *governance structures* als auch Entwicklungen im formalen und informellen institutionellen Umfeld als endogen angenommen werden. Dadurch wird es möglich, komplexe evolutionäre Wechselwirkungen zu untersuchen, die nicht „automatisch" (wie von neoklassischen Modellierungen angenommen) zu „effizienten" Zuständen tendieren, wobei der Effizienzbegriff

selber durch die Endogenisierung und Differenzierung von Bedürfnissen (Nutzenfunktio-
nen) weitgehend diffus wird. Auf der Ebene konkreter historischer Unternehmen bzw.
Transaktionsarrangements kann deren Entwicklung im Hinblick auf die Minimierung von
Transaktionskosten unter je gegebenen institutionellen Bedingungen analysiert werden.
Dabei droht jedoch die Falle, vorgefundene Lösungen im Nachhinein stets als „effizient" zu
kategorisieren, einfach weil sie bestanden haben, somit offenbar lebensfähig waren.

Unternehmen treten in verschiedensten Gestalten und Formen auf, sie haben eine Geschichte und machen Geschichte, sie sind von bestimmten Voraussetzungen abhängig,
müssen sich in Kontexte einfügen, verändern diese aber gleichzeitig, prägen die Struktur
und Entwicklung der Wirtschaft. Sie sind Marktakteure, Innovatoren, politische Lobbyisten
und ,global players'. Aber sie sind auch Arbeitsorganisationen, in denen Menschen einen
Großteil ihres Lebens verbringen, in denen sich ihre Chancen und Risiken manifestieren, in
denen und durch die das Verständnis von Wirtschaft geprägt wird und die die Zukunft in
vielerlei Hinsicht bestimmen. Diese große Bedeutung der Unternehmen rechtfertigt ihre
Analyse von verschiedenen Perspektiven aus; sie kann nicht nur auf ökonomische Rationalität, Effizienz und Rentabilität unter der Annahme, dass damit auch die Wohlfahrt der
Menschen schon gesichert sei, reduziert werden.

Anmerkungen zur Theorie der Firma und Transaktionskostenökonomik im Sinne von Ronald H. Coase und Oliver E. Williamson

Reinhard Pirker, Andreas Resch

Die auf der Transaktionskostenlogik basierenden Ansätze der Theorie der Firma sind dem Bereich der Neuen Institutionenökonomik zuzurechnen. Sie haben sich seit den 1970er Jahren als erfolgreiche wissenschaftliche Konzepte entwickelt, die neben konventionell „ökonomischen" Fragestellungen Anwendungen in immer breiteren sozialwissenschaftlichen Bereichen gefunden haben. Im hier vorliegenden Beitrag wird – als Ausgangsbasis für weiterführende Diskussionen in den anderen Beiträgen des Buches – in knapper Form die Entwicklung dieser Ansätze durch die beiden Hauptvertreter Ronald H. Coase und Oliver E. Williamson dargestellt.

Ehe auf die beiden Autoren eingegangen wird, seien kurz zentrale Charakteristika des neoklassischen Modells vollkommener Konkurrenz rekapituliert, da dieses in modifizierter Form als Ausgangsbasis für die Transaktionskostentheorie anzusehen ist. Dieses Modell wurde ursprünglich für reine Gütertauschmärkte entwickelt und anschließend um die Produktionsfaktoren erweitert. Es blieb ein realwirtschaftliches Modell, in dem eines der getauschten Güter als Numéraire-Gut (in dem der Wert/Preis aller anderen Güter angegeben werden kann) dient. Es wird davon ausgegangen, dass alle Teilnehmer über eine anfängliche Ressourcenausstattung verfügen (mit klaren Eigentumsrechten) und dass sie in freiwilligen Transaktionen Ressourcen tauschen, sofern beide Tauschpartner subjektiv die eingetauschten Ressourcen höher bewerten als die abgegebenen. Somit führt jeder freiwillige Tauschakt zu einer Wohlfahrtssteigerung durch Handelsgewinne, die Ausschöpfung aller derartigen Tauschmöglichkeiten führt zu einem Wohlfahrtsoptimum, in Abhängigkeit von der ursprünglichen Ressourcenverteilung. Diesem Marktmodell wird als Annahme zugrunde gelegt, dass die einzelnen Akteure keine Marktmacht haben, über vollkommene Information und Voraussicht verfügen und auf dieser Grundlage rational handeln können. Das heißt, sie optimieren ihren individuellen Nutzen bzw. Gewinn entsprechend den Nutzenfunktionen, gegebenen Marktpreisen, Einkommen, Kosten der Produktionsfaktoren und der Technologie. Unter weiter einschränkenden Annahmen konnte formal bewiesen werden, dass derartige Marktgleichgewichte ein pareto-effizientes[1] Wohlfahrtsmaximum ergeben, das heißt einen Zustand, in dem die individuelle Wohlfahrt einzelner nur noch durch die Missachtung der als gegeben angenommenen Eigentumsrechte anderer bzw. durch die Schlechterstellung anderer erreicht werden kann, also durch Transaktionen, die unter den getroffenen Annahmen und vorausgesetzten Spielregeln nicht freiwillig zustande kommen würden. Das Modell unterstellt individuelle Nutzenmaximierung, ist somit im Sinne des methodologischen Individualismus konstruiert.

---

1   Benannt nach dem Effizienzkonzept des italienisch-schweizerischen Ökonomen Vilfredo Pareto (1848-1923).

Dieses Leitmodell der neoklassischen Ökonomie beruht jedoch auf sehr „unrealistischen" Annahmen, wie etwa der vollen Informiertheit aller Teilnehmer, die rationales, nutzenmaximierendes Verhalten ermöglicht, und unstrittiger Eigentumsrechte, wodurch Transaktionen mittels impliziter bzw. einfacher und trotzdem vollständiger Verträge funktionieren.

Bei der Erkenntnis der mangelnden „Realitätsnähe" setzt die Neue Institutionenökonomik, somit auch die Transaktionskostenökonomik, an. Durch „realistischere" Annahmen über die Grundlagen für Transaktionsentscheidungen (insbesondere Verhaltensannahmen) soll die Brauchbarkeit des Modells für die Analyse empirisch beobachtbarer Transaktionen und ihrer ökonomischen Implikationen verbessert werden. Dabei werden unter „Transaktion" sowohl die Übertragung eines Gutes oder einer Leistung über eine technisch trennbare Schnittstelle hinweg, als auch eine Übertragung von Verfügungsrechten verstanden (vgl. Williamson 1990; Richter/Furubotn 2003: 55 ff und 592).

1   Coase und die institutionelle Struktur der Firma

Wenn man über einen für die ökonomische Theorieentwicklung so wichtigen Denker wie Coase schreibt, dann kann man nicht umhin, kurz den Diskurszusammenhang einzublenden, aus dem er entstammt. Er selbst schildert in der Rede, die er 1991 anlässlich der Überreichung des von der Schwedischen Reichsbank gestifteten Alfred-Nobel-Gedenkpreises gehalten hat, wie er als junger Mann Ende der 1920er/Anfang der 1930er Jahre in – wie wir heute sagen würden – damaliger neoklassischer Standardökonomie ausgebildet wurde, was er in einem Satz zusammenfasst: "The normal economic system works itself" (Coase 1993: 229), was nichts anderes bedeutete, als dass ein kompetitives ökonomisches System vermittels der Preise so koordiniert würde, jene Güter und Dienste zu produzieren, die die Konsumenten am höchsten wertschätzten. Er bezieht sich darin auch auf „my old chief and wonderful human being" Lionel Robbins, welcher der dann von Coase eben angezweifelten Meinung war, dass „an economist does not interest himself in the internal arrangements within organisations but only in what happens on the market" (Coase 1993: 228).

Coase, der als 1910 Geborener die intensiven Debatten über die Möglichkeit bzw. Unmöglichkeit des Sozialismus in der Zwischenkriegszeit mit verfolgen konnte, benutzt diese Debatte als Problemaufriss[2] für die Entwicklung dessen, was dann später als Transaktionskostentheorie (der Firma) bekannt wurde. In der erwähnten Rede rekurriert er nämlich nicht nur auf in den 1930er Jahren renommierte westliche Ökonomen wie Robbins, sondern er erwähnt auch Lenin, der der Überzeugung war, dass die sozialistische Ökonomie wie eine große Firma zentral gelenkt werden könne:

> "However, many economists in the West maintained that this was an impossibility. And yet, there were factories in the West and some of them were extremely large. How did one reconcile the views expressed by economists on the role of the pricing system and the impossibility of successful central economic planning with the existence of management and of these apparently planned societies, firms, operating within our own economy?" (Coase 1993: 230).

---

2   In diesem Aufsatz wird thematisch primär auf die firmentheoretischen Überlegungen von Coase eingegangen. Dazu und zu seinen anderen wichtigen Beiträgen zur Entwicklung ökonomischen Denkens, beispielsweise zur Formulierung des sogenannten „Coase-Theorems" durch George Stigler vgl. den äußerst instruktiven Beitrag von Pies (2000).

Coase findet seine Antwort auf diese Frage im Jahre 1932, wie er in einem Brief an einen ebenso akademisch lehrenden Freund schreibt. Der Grund für die Existenz von Firmen wird in den Kosten entdeckt, die die Verwendung des Preismechanismus mit sich bringt. „These costs have come to be known as transaction costs" (Coase 1993: 230). In seinem 1937 erschienenen, lange von der Ökonomenzunft links liegen gelassenen Aufsatz *The Nature of the Firm* spricht er noch von „marketing costs" (Coase 1988/1937: 40; 53). In der Nobel-Price Lecture kommentiert er den Umstand, lange Zeit nicht beachtet worden zu sein, auch mit feiner Ironie: "I could never have imagined that these ideas would become some 60 years later a major justification for the award of a Nobel Price. And it is a strange experience to be praised in my eighties for work I did in my twenties" (Coase 1993: 230 f).

Coase, der seriöser Weise niemals mit einem Sozialismusverdacht belegt werden könnte, lässt allerdings theoretisch eine zum Preismechanismus alternative Koordinationsweise zu, indem er zwar die zentrale ökonomische Planung für ganze Gesellschaftsformationen zurückweist, jedoch dezentrale Planung im Rahmen sonstiger preislicher Koordination für notwendig erachtet. Und um die Begründung der Existenz dieser substitutiven Formen der Koordination geht es in *The Nature of the Firm*:

> "In view of the fact that, while economists treat the price mechanism as a co-ordinating instrument, they also admit the co-ordinating function of the 'entrepreneur', it is surely important to inquire why co-ordination is the work of the price mechanism in one case and of the entrepreneur in another. The purpose of this paper is to bridge what appears to be a gap in economic theory between the assumption (made for some purposes) that resources are allocated by means of the price mechanism and the assumption (made for other purposes) that this allocation is dependent on the entrepreneur-co-ordinator. We have to explain the basis on which, in practice this choice between alternatives is effected" (Coase 1988/1937: 37).

Coase beginnt seinen Artikel mit dem Hinweis darauf, dass die vorherrschende ökonomische Theorie davon ausgeht, dass die Allokation der Ressourcen direkt vom Preismechanismus abhinge, man sich also um die Entrepreneur-Aktivitäten nicht kümmern müsse. In der Tat würde oftmals der Preismechanismus als ein Hindernis für ökonomische Planung gesehen, weil diese nur das exekutieren würde, was die Preise ohnehin vorgäben, aber:

> "Within a firm, the description does not fit at all. For instance, in economic theory we find that the allocation of factors of production between different uses is determined by the price mechanism. The price of factor A becomes higher in X than in Y. As a result A moves from Y to X until the difference between the prices in X and Y, except in so far as it compensates for other differential advantages, disappears. Yet in the real world we find that there are many areas where this does not apply. If a workman moves from department Y to department X, he does not go because of a change in relative prices, but because he is ordered to do so" (Coase 1988/1937: 35).

Coase stellt nüchtern fest, dass es einen ökonomischen Bereich gibt, in dem die Ressourcen über Anweisungen (Befehle, Orders) alloziert werden (Firmen) und einen anderen, wo Preisallokation vorherrscht (Märkte).[3]

---

3   Jahrzehnte später hat sich Herbert Simon darüber mokiert, dass Ökonomen nach wie vor nur geringe Skrupel haben, Märkte in allen möglichen Sozialbeziehungen zu erkennen. Er erzählt uns die Geschichte eines „Marsmenschen", der, ausgestattet mit einem Fernrohr, welches soziale Strukturen zu erkennen in der Lage ist, die ökonomischen Formen des irdischen Lebens aus seiner Raumschiffperspektive beobachtet. Dieser

Wie ist nun die Koexistenz von Firma und Markt möglich? (vgl. zum Folgenden auch Pies 2000: 5 ff.) Denn wenn die Produktion von den relativen Faktorpreisen dominiert wäre, wozu gäbe es dann überhaupt eine Organisation? "Our task is to attempt to discover why a firm emerges at all in a specialized exchange economy" (Coase 1988/1937: 37) Und die spiegelbildliche Frage lautet: Wenn es Firmen gibt, wozu ist dann überhaupt ein koexistierender Preismechanismus nötig? "Why (...) are there any market transactions at all? Why it is not all production carried on by one big firm?" (Coase 1988/1937: 42 f.) Die Frage nach einer Antwort für die Existenz preislicher Koordinationsformen erheischt gleichzeitig auch eine Vorstellung von den Grenzen des Firmenwachstums, denn die Möglichkeit eines unendlichen Firmenwachstums würde ja Märkte gänzlich obsolet machen (und eine Art von Sozialismusgefahr heraufbeschwören). Damit verbunden ist auch die Frage nach dem Substitutionsgleichgewicht zwischen Firma und Markt (den anderen Firmen) und Coase sucht auch nach den Bestimmungsgründen für die optimale Firmengröße: "Why does the entrepreneur not organize one less transaction or one more?" (Coase 1988/1937: 42).

Um die erste Frage nach der Existenz von Firmen zu beantworten, weist Coase zunächst darauf hin, dass die Preisallokation, dass Markthandeln mit Kosten verbunden ist. Es ist das Suchen nach Preisinformationen nicht kostenlos, ebenso entstehen Kosten bei der Abwicklung von Markttauschakten mittels Verträgen:

"The main reason why it is profitable to establish a firm would seem to be that there is a cost of using the price mechanism. The most obvious cost of 'organizing' production through the price mechanism is that of discovering what the relevant prices are. This cost may be reduced but it will not be eliminated by the emergence of specialists who will sell this information. The cost of negotiating and concluding a separate contract for each exchange transaction which takes place on a market must also be taken into account. Again, in certain markets, e.g. produce exchanges, a technique is devised for minimizing these contract costs; but they are not eliminated. It is true that contracts are not eliminated when there is a firm, but they are greatly reduced. A factor of production (or the owner thereof) does not have to make a series of contracts with the factors with whom he is co-operating within the firm, as would be necessary of course, if this co-operation were a direct result of the working of the price mechanism. For this series of contracts is substituted one. At this stage, it is important to note the character of the contract into which a factor enters that is employed within a firm. The contract is one whereby the factor, for a certain remuneration (which may be fixed or fluctuating), agrees to obey the directions of an entrepreneur *within certain limits*. The essence of the contract is that it should only state the limits to the powers of the entrepreneur. Within these limits, he can therefore direct the other factors of production" (Coase 1988/1937: 38 f).

Dieses Zitat zeigt in seiner ganzen Länge eine präzise Bestimmung von Arbeitsverträgen. Diese sind eben im Gegensatz zu anderen „normalen" Kaufverträgen am Markt nicht spezifiziert, statuieren nur die Befehlsbefugnis und erfordern wegen ihrer „Langfristigkeit" keine ständigen Neuverhandlungen über Folgetätigkeiten in der Firma, wie uns das Armen Alchian und Harold Demsetz in ihrem häufig zitierten Artikel zur Theorie der Firma (1972)

---

vom vorherrschenden ökonomischen Diskurs auf der Erde noch nicht unterrichtete Marsianer sieht auf der Erde überwiegend grüne Bereiche, welche Firmen darstellen, die – nicht in allen Gebieten der Erde – durch rote Linien (Marktbeziehungen) miteinander verbunden sind. Sein Blick zeigt ihm, dass Marktbeziehungen durchaus nicht so dominant sind, wie der vorherrschende irdische Diskurs dies weismachen will (Simon 1991: 27 ff).

vor allem deshalb weismachen wollen, da sie die hierarchische Befehlsstruktur der Firma nicht akzeptieren können. Oliver Williamson greift im Gegensatz zu Alchian und Demsetz die Argumentation von Coase auf und spricht vom Arbeitsvertrag als einer „authority relation" (Williamson 1975; Williamson/Wachter/Harris 1975). Coase fährt mit Bezug auf Arbeitsverträge fort:

> "A firm is likely, therefore, to emerge in those cases where a very short-term contract would be unsatisfactory. It is obviously of more importance in the case of services – labour – than it is in the case of the buying of commodities. In the case of commodities, the main items can be stated in advance and the details which will be decided later will be of minor significance" (Coase 1988/1937: 40).

Dies ist eben hinsichtlich der Nutzung von Arbeitskraft anders und deshalb führt der die Firma charakterisierende, die Anweisungsmöglichkeit vorsehende Arbeitsvertrag – auch aus Unsicherheitsgründen – zu Kosteneinsparungen im Vergleich zum kontinuierlichen Zukauf von Leistungen.

> "It may well be a matter of indifference to the person supplying the service or commodity which of several courses of action is taken, but not to the purchaser of that service or commodity. But the purchaser will not know which of these several courses he will want the supplier to take. Therefore, the service which is being provided is expressed in general terms, the exact details being left until a later date (…) When the direction of resources (within the limits of the contract) becomes dependent on the buyer in this way, that relationship which I term a 'firm' may be obtained" (ebd.). So kann Coase die Firma als eine Beziehungsstruktur bezeichnen, in welcher der Befehl an die Stelle des Preises tritt. „It can, I think, be assumed that the distinguishing mark of the firm is the supersession of the price mechanism" (Coase 1988/1937: 36).

Wenn auch die Firma für bestimmte Arbeitsleistungen[4] und bei einer bestimmten Größe Transaktionskostenvorteile gegenüber Marktzukäufen aufweist, so kann das nicht immer und unter allen Bedingungen der Fall sein, da ansonsten Marktbeziehungen überflüssig würden. So muss Coase zeigen, dass diese Vorteile nur bis zu einer definierbaren Firmengröße gegeben sein können, womit wir uns der Beantwortung der zweiten Frage, warum überhaupt Marktbeziehungen existieren, annähern. Damit verbunden ist auch die Bestimmung eines Firmengleichgewichts und der optimalen Firmengröße.

Coase geht auf die Kosten der hierarchischen Koordination durch Befehle ein und verweist darauf, dass mit wachsender Firmengröße es immer schwerer und damit teurer würde, zusätzliche Produktionsfaktoren vertikal zu integrieren, auch weil es dem Unternehmer immer schwerer fallen würde, bei wachsender Firmengröße die Qualität seiner Dispositionsentscheidungen zu gewährleisten. Er argumentiert mit sinkenden Grenzerträgen von Managementeentscheidungen. "First, as a firm gets larger, there may be decreasing returns to the entrepreneur function, that is, the costs of organizing additional transactions within the firm will rise" (Coase 1988/1937: 43). Wenn dies der Fall ist, dann kann der Prozess der Integration von Leistungen nur bis zu dem Punkt voranschreiten, wo die Kosten der internen Transaktion jene der bestehenden Alternativen (Marktzukauf oder Durchführung dieser Transaktion in einer anderen Firma) äquilibrieren.

---

4   Williamson präzisiert diese Arbeitsleistungen in der Weise, als er ihnen idiosynkratische, hoch spezifische Merkmale attestiert.

"The point has been made (…) that a firm will tend to expand until the costs of organizing an extra transaction within the firm become equal to costs of carrying out the same transaction by means of an exchange on the open market or the costs of organizing in another firm" (Coase 1988/1937: 44).

Firmengrößen sind also als Ergebnis von marginalen Substitutionsvorgängen zwischen den möglichen Alternativen zu sehen; sie sind nicht nur optimal, sondern vermitteln auch Firmengleichgewichte innerhalb einer gesamten Branche. Die gesamte „structure of competitive industry" wird somit der ökonomischen Analyse zugänglich (Coase 1988/1937: 47). Coase wendet die Vorstellung einer Grenzrate der Substitution nicht wie üblicher Weise auf Güter und Dienste, sondern auf alternative organisationale Formen der Produktion und Zirkulation dieser Güter und Dienste an. Er erweitert damit zwar das Analysespektrum ökonomischer Theorie, verbleibt aber methodisch im konventionellen Rahmen.

Coase versucht in der Folge, seine Transaktionskostenerklärung der Firma ökonomietheoretisch zu positionieren, indem er sie gegen andere, damals in der Literatur zu findende Begründungen abgrenzt. Eine erste differenzierende Gegenüberstellung seines Ansatzes betrifft die Existenzbehauptung für Firmen, die Coase explizit – zumindest in ihrer elaborierten Fassung – Maurice Dobb zuschreibt. Hier wird die Firma als Resultat der steigenden Komplexität durch Arbeitsteilung interpretiert. Die Firma hat dabei die Funktion, für Ordnung in einer ansonsten ins Chaos abdriftenden Wirtschaft zu sorgen. Coase weist diese Vorstellung mit dem Argument zurück, dass die integrierende Kraft einer differenzierten Ökonomie immer schon im Preismechanismus bestehen würde: „What has to be explained is why one integrating force (the entrepreneur) should be substituted for an other integrating force (the price mechanism)" (Coase 1988/1937: 47 f).

Einer zweiten Firmenerklärung, die auf Frank Knight zurückgeht, schenkt Coase mehr Aufmerksamkeit, um sie zurückweisen zu können. Er billigt der Knightschen Variante zu, die interessanteste Begründung zu liefern. Knight begründet die Existenz von Firmen dadurch, dass sie Unsicherheit, wenn schon nicht auszuschalten, so doch in erheblichem Maße zu absorbieren in der Lage sind. Er betont in *Risk, Uncertainty and Profit* explizit die Rolle der Wissensgenerierung und –diffusion in Firmen. Um dem Problem der Unsicherheit entgegnen zu können, müssen Aktivitäten in organisatorischen Einheiten zusammengefasst werden („grouping together"). Es geht dabei um die Bewertung zukünftiger Entwicklungen, um die Schätzung von Bedürfnissen und die Kontrolle der Produktion. Dies bedingt ein evolviertes System von hierarchischem („cephalized") Management.

Unsicherheit kann niemals gänzlich eliminiert werden, was für Knight bedeutet, dass in einem solchen Kontext von Unsicherheit vor allem Urteilsvermögen („judgement") verlangt ist. Die Rolle des Firmenmanagements besteht dann darin, dieses Vermögen anzuwenden und solche Fähigkeiten auch in Mitarbeitern zu entwickeln (Knight 1921: 268 f; 311). Der zentrale Punkt betrifft also eine Vorstellung von Fähigkeiten, die als nicht kodifizierbares, von der jeweiligen Person nicht trennbares Wissen existieren und damit gemäß Knight nicht handelbar sind. Firmen existieren hier deshalb, weil es einen vollständigen Markt für alle unternehmerischen Tätigkeiten aus Unsicherheitsgründen prinzipiell gar nicht geben kann.

Genau an diesem Punkt bringt Coase seine Kritik an. Er bestreitet die Behauptung, dass ein solches Wissen nicht kontraktfähig sei. „We can imagine a system where all advice or knowledge was bought as required" (Coase 1988/1937: 50).[5] Jeder könne sein Wissen am Markt verkaufen, ohne in eine Firma eintreten zu müssen. "First of all (…), the fact that certain people have better judgment or better knowledge does not mean that they can only get an income from it by themselves actively taking part in production" (ebd.) Man könne eben die relevanten Alternativen und damit das Problem der Transaktionskosten bei der Begründung von Firmen keineswegs ausblenden.

Eine weitere Kritik übt Coase an der Vorstellung, dass die Firmengröße durch den steigenden Verlauf der Produktionskosten limitiert sein könnte (Coase 1988/1937: 51 ff). Die damit verbundene Annahme der Einproduktfirma verstellt für Coase jedoch die Einsicht in ein adäquates Verständnis von Firmen:

> "But it is clearly important to investigate how the number of products produced by a firm is determined, while no theory which assumes that only one product is in fact produced can have very great practical significance" (Coase 1988/1937: 52).

Die Frage ist zu stellen, warum eine Firma, die für das eine Produkt steigende Produktionskosten aufweist, dann nicht ein anderes Produkt herstellt oder einfach ihre Produktionspalette erweitert. Coase beantwortet diese Frage in der schon bekannten Manier mit dem Hinweis darauf, dass die relevanten Kosten für die Begrenzung des Firmenwachstums eben die Transaktionskosten und nicht die Produktionskosten sind.

> "To determine the size of the firm, we have to consider the marketing costs (…) and the costs of organizing of different entrepreneurs, and then we can determine how many products will be produced by each firm and how much of each it will produce" (Coase 1988/1937: 53).

Es ist also immer der Transaktionskosteneinwand, den Coase gegen andere firmentheoretische Positionen vorbringt, was am Ende seines Artikels nicht überraschend sein kann. Und auch wenn man der Meinung ist, dass die ausschließliche Konzentration auf Transaktionskosten ebenso wie andere theoretische Ansätze „shortcomings" aufweist, so muss man doch eingestehen, dass die Art und Weise, wie der „Erfinder" der Transaktionskosten seine Argumente in Stellung bringt, durchaus beeindruckend ist.

2 Williamsons transaktionskostenökonomische Theorie der Firma

Als der grundlegende Aufsatz von Coase mit dem Titel *The Nature of the Firm* 1937 erschien, wurde Williamson gerade fünf Jahre alt. 18 Jahre später (1955) schloss er eine Ingenieurausbildung ab und arbeitete anschließend als Projektingenieur für General Electric. Später erwarb er einen MBA an der Graduate School of Business der Stanford University und im Jahr 1963 seinen PhD an der Graduate School of Industrial Administration der Carnegie – Mellon University in Pittsburgh. Williamson hebt retrospektiv zwei wesentliche Charakteristika, die er seinem spezifischen Bildungsgang zuschreibt, hervor. Zum einen habe ihn seine Ingenieurausbildung inspiriert, das Phänomen der Reibung, das bei mechanischen Modellen selbstverständlich berücksichtigt wird, auch in die ökonomische Mo-

---

5   Dies scheint eine wesentliche Differenz zwischen vertragstheoretischen (z.B. Coase) und wissensbasierten (z.B. Knight) Theorien der Firma zu sein. Zu einer Relativierung des Einwands von Coase gegen Knight vgl. den Beitrag von Pirker in diesem Band.

dellwelt zu integrieren. Zum anderen habe er in Pittsburgh vom „Carnegie Triple" profitiert: „be disciplined; be interdisciplinary; have an active mind" (Williamson 2009). Den Anspruch, interdisziplinär zu sein, bezog er explizit auf eine Kombination wirtschafts-, organisations- und rechtwissenschaftlicher Aspekte (Williamson 2008: 41). Nach Fertigstellung seiner Dissertation über *The Economics of Discretionary Behaviour: Managerial Objectives in a Theory of the Firm* lehrte er im Ökonomie-Department der University of California, Berkeley.

Neben seinen universitären Tätigkeiten befasste sich Williamson 1966/67 als Mitarbeiter des Vorsitzenden der Antitrustabteilung des U.S. Department of Justice mit Fällen wettbewerbswidriger Praktiken von Unternehmen.[6] Dabei war er mit dem damaligen Stand der angewandten Theorien nicht einverstanden, was den Ausgangspunkt dafür bildete, sich weiterhin wissenschaftlich mit dem Problem vertikaler Zusammenschlüsse und ihrer ökonomischen Implikationen zu befassen. Dies sollte zum Leitthema für sein weiteres Lebenswerk werden.

In der Entwicklung des Oeuvres von Williamson können zwei Phasen unterschieden werden, zum einen erste Ansätze einer transaktionskostenökonomischen Fundierung einer Theorie der Firma bis in die 1970er Jahre und zum anderen eine stringentere Strukturierung und zugleich Differenzierung dieser Ansätze seit den 1980er Jahren.[7]

Im Jahr 1971 publizierte Williamson in der American Economic Review einen Beitrag mit dem Titel *The Vertical Integration of Production: Market Failure Considerations.* 1975 folgte das Buch *Markets and Hierarchies.* In diesen Werken verfolgt der Autor bereits die Strategie, Organisationsprobleme in vertragstheoretischer Perspektive zu analysieren. Als wesentliche Abweichung zum Modell der vollkommenen Konkurrenz geht er von der Annahme vollständiger Informiertheit und Voraussicht der Akteure ab. Darauf basieren die Verhaltensannahmen von begrenzter Rationalität und der Gefahr von opportunistischer Gebarung. In seinen Schriften erläutert der Autor zahlreiche Faktoren – neben begrenzter Rationalität und Opportunismus vor allem generelle Unsicherheit sowie Abhängigkeit, asymmetrische Informationen und die Transaktions-„Atmosphäre" – die dazu führen, dass Transaktionen über den Markt nicht „reibungslos" ablaufen. Verträge können unter den angenommenen Bedingungen nicht vollständig sein. Daraus resultieren potentielle vertragliche Transaktionsprobleme, die für Unternehmen zur Handlungsalternative führen, Waren und Leistungen entweder trotzdem über den Markt zuzukaufen, oder, sofern die Transaktionsprobleme zu groß sind, deren Produktion zu integrieren. Bei diesem *tradeoff* müssen – wie schon von Coase vorgeschlagen – die Transaktionskosten der Marktnutzung den Orga-

---

6   Für eine kurze Autobiographie von Williamson siehe http://nobelprize.org/nobel_prizes/economics/
     laureates/2009/williamson.html (07.04.2011).

7   Eine derartige Gliederung ist stets ein Konstruktionsakt der Autoren. Ingo Pies unterteilt in seinem Einleitungsartikel zum Williamson-Band der Reihe *Konzepte der Gesellschaftstheorie* die hier unterschiedenen Phasen noch in jeweils zwei Abschnitte. Er unterscheidet somit zwischen der Startphase (ca. 1971), der Aufbauphase (um 1975), der Konsolidierungsphase (um 1985) und der danach zu konstatierenden Ausreifungsphase (Pies 2001: 6 ff). Williamson selber stuft sein Werk bis in die 1970er als „pre-formal" und ab den 1980er Jahren als „semi-formal" ein, wobei er als weitere noch zu erreichende Entwicklung einen „full formalism" erachtet, für den er seit den 1990er Jahren konkrete Ansätze sieht. Vgl. etwa Williamson 2009: 471 f. Die in unserem Text vorgeschlagene Einteilung in zwei Phasen geht davon aus, dass die wesentlichen Grundlinien der Williamsonschen Gedankenwelt zur komparativen, vertragstheoretischen Untersuchung von organisatorischen Lösungen (*governance structures*) mit dem Buch aus 1985/1990 ausformuliert waren und danach lediglich noch graduell weiter entwickelt wurden.

nisationskosten bzw. organisationsinternen Transaktionskosten der Integration in das eigene Unternehmen gegenübergestellt werden.

Williamson wendet die transaktionskostenökonomische Sichtweise auf die wettbewerbspolitische Beurteilung von Größe und Marktanteil von Unternehmen an. Diese Problematik arbeitet er für Fälle vertikaler Integration sowie andere Organisationsformen (multidivisionale Struktur, Konglomerate etc.) durch. Als Gegenposition zur damals vorherrschenden kritischen Sicht hoher Marktanteile und ausgeprägter vertikaler Integration als Indikatoren für die Gefahr monopolistischer Praktiken weist er auf mögliche Effizienzgewinne durch Integration infolge von Transaktionskostenersparnissen hin.

Williamson erachtet die Logik der Transaktionsprobleme zwischen Akteuren auf verschiedenen Stufen der Wertschöpfung auch für den Bereich der Arbeitsbeziehungen als anwendbar (Williamson 1975: Kapitel 4). Er unterstellt – im Sinne eines principal agent-Problems – bei Arbeitnehmern grundsätzlich die Neigung zu Opportunismus, weswegen er insbesondere in Bereichen, in denen die Ausbildung idiosynkratischer Fähigkeiten von Relevanz ist, spezifische vertragliche Vorkehrungen als notwenig erachtet. Außerdem muss gewährleistet werden, dass Vertragsbeziehungen bei Unsicherheit über die Zukunft eine Anpassung an sich ändernde Bedingungen gestatten.

Williamson arbeitet vier mögliche Vertragstypen für Transaktionen, deren Erfüllung transaktionsspezifische Kenntnisse unter Unsicherheit implizieren, heraus (Williamson/ Wachter/Harris 1975: 141 ff; Williamson 1975: 64 ff):

1) Ein gewöhnlicher Zukunftsvertrag („contract now for the specific performance of x in the future"): Hier soll zu einem künftigen Zeitpunkt eine bestimmte Leistung erbracht werden. Dabei sind Anpassungsmöglichkeiten an zukünftige, unvorhersehbare Ereignisse a priori ausgeschlossen und somit ist dieser Typus völlig ungeeignet.

2) Ein bedingter Zukunftsvertrag („contract now for the delivery of x_i contingent on event e_l obtaining in the future"): Hier wird ein Vertrag darüber abgeschlossen, welche Leistung, abhängig vom dann gegebenen Zustand der Welt, in der Zukunft zu erbringen ist. Hier könnten hohe Konfliktkosten entstehen, wenn sich die Vertragspartner nicht darüber einigen können, welcher Zustand der Welt nun tatsächlich eingetreten ist. Dies würde hohe Kosten der Erstellung und der Durchsetzung bedeuten.

3) Mehrere sequentielle Spot-Verträge („wait until the future materializes and contract for the appropriate (specific) x at the time"): Es wird zu verschiedenen Zeitpunkten ein Vertrag über die dann zu erbringende Leistung abgeschlossen. Diese Spot-Verträge sind nur dann angemessen, wenn Arbeit vollkommen homogen ist. Diese Vertragstypen werden jedoch im Laufe der Beschäftigungszeit, wenn betriebsspezifisches Humankapital („Idiosynkrasien") angesammelt wird, nicht verhindern können, dass die anfangs kompetitive Situation sich in eine monopolistische verwandelt. Die Beschäftigten werden dann in die Lage versetzt sein, opportunistisches Verhalten zu zeigen. Dann besteht für den Unternehmer keine Möglichkeit mehr, dieses Verhalten zu verhindern.

4) Ein Arbeitsvertrag („contract now for the right to select a specific x from an admissible set X, the determination of the particular x to be deferred until the future: the authority relation"): Dabei kann der Unternehmer vermittels der Anweisungsbefugnis flexibel auf Umweltveränderungen reagieren, wobei auch wegen der Langfristigkeit der Vertragsvereinbarung Verhandlungskosten eingespart werden.

Dieser Arbeitsvertrag ist für Williamson aber nicht völlig befriedigend, da ja immer wirk-mächtige unvorhersehbare Ereignisse eintreten könnten. Auch Meinungsverschiedenheiten hinsichtlich der konkreten Festlegung von Tätigkeiten oder der Beurteilung der Leistung sind nicht ausgeschlossen. Die Lösung dieser Probleme würde eine Einbindung der indivi-duellen Arbeitsverträge in kollektive Verhandlungslösungen (beispielsweise mit Betriebs-gewerkschaften) erfordern. Williamson empfiehlt in diesem Zusammenhang die Einrich-tung von „internen Arbeitsmärkten" (Aufstiegsleitern in der Firma), die dem Management zusätzliche Anreizmöglichkeiten bieten würden. Und wenn die jeweiligen Löhne kollektiv an die einzelnen Positionen in der Arbeitsplatzhierarchie gebunden sind, dann besteht auch kein Anreiz für die Arbeiter, in möglicherweise zeitaufwendiges, opportunistisches Ver-handeln über den Lohn einzutreten (Williamson/Wachter/Harris 1975: 150 ff).

Zwar machte Williamson bereits in seinen Werken aus den 1970er Jahren das Zuge-ständnis, dass die Durchführbarkeit von Transaktionen auch von der sozialen „Atmosphäre" abhängt, also eingebettet in eine soziale Umwelt zu sehen ist.[8] Tatsächlich bezogen sich jedoch die organisatorischen Wahlentscheidungen vor allem auf die Verhaltensannahme des Opportunismus, dass also Akteure stets ihr eigenes Interesse – selbst mit List – verfol-gen. Die Nähe zum neoklassischen Paradigma äußerte sich auch in der heuristischen Zu-gangsweise, alle Organisationsformen, die nicht reine Markttransaktionen sind, als erklä-rungsbedürftig zu erachten.[9]

Diese Haltungen trugen Williamson von sozialwissenschaftlicher Seite manche Kritik ein. Wirtschaftssoziologen wie Mark Granovetter, Paul DiMaggio und andere haben eine adäquatere Berücksichtigung der Einbettung von Organisationen in das soziale Umfeld eingefordert (siehe dazu auch die Beiträge von Gertraude Mikl-Horke in diesem Band) und die Ökonomin Helga Duda weist darauf hin, dass neben Williamsons artikulierten Beden-ken, dass Unternehmer durch asymmetrisch informierte Arbeitnehmer „ausgebeutet" wer-den könnten, jedenfalls auch die asymmetrische Machtposition von monopsonistischen Arbeitgebern versus ihren Arbeitnehmern adäquat zu berücksichtigen sei (Duda 1987: 82 f).

Ab den 1980er Jahren hat Williamson sein analytisches Gerüst klarer formuliert und es auch für eine differenziertere Einbettung in die soziale Welt etwas „anschlussfähiger" ge-macht, wobei er die vertragstheoretische Perspektive beibehält. Aus den Publikationen seit dieser Zeit können folgende zentrale, aktuelle Charakteristika der Transaktionskostentheo-rie zusammengefasst werden:

Wesentliche Neuerungen sind, dass Williamson erstens für seine Analysen nunmehr drei zentrale erklärende Aspekte herausarbeitet, dass er zweitens die Handlungsalternativen zwischen Markt und Integration differenziert und drittens auch die möglichen Rückwirkun-gen zwischen organisatorischen Lösungen (*governance structures*) und erzielbaren „kon-ventionellen" Kosten thematisiert. Viertens räumt er in einigen Texten den Einfluss der kulturellen und formal-institutionellen Umwelt auf Transaktionskosten und transaktions-kosteneffiziente Lösungen ausdrücklich ein.[10]

---

8   So sieht er als Vorteile der internen Organisation, dass diese „is often better able to make allowances for
     quasimoral involvements among parties" wobei auch Präferenzen jenseits von materiellen oder geldwertigen
     Aspekten eine Rolle spielen (Williamson 1975: 37 ff). Dies hat auch Pies (2001: 9) herausgearbeitet.
9   „I assume, for expositional convenience, that 'in the beginning there were markets'" (Williamson 1975: 20).
10   Als knappe „summa" seiner Sichtweisen können etwa Williamson 2000; 2008; 2009 gelesen werden, als
     Werk das für den Übergang zum „reifen" Williamson steht, ist *The Economic Institutions of Capitalism*,

Als die drei zentralen Aspekte für sämtliche analytische Überlegungen hebt Williamson die Verhaltensannahmen der begrenzten Rationalität und des Opportunismus sowie das Transaktionsmerkmal der „Faktorspezifizität" hervor. Dabei wird im Hintergrund als relevante Eigenschaft der Umwelt weiterhin von „Unsicherheit" ausgegangen, die durch hohe Komplexität von Transaktionen in ihrer Wirkung verschärft werden kann.

Die beiden Verhaltensannahmen schließen gesichertes Optimieren, wie es das Modell vom vollkommenen Wettbewerb unterstellt, logisch aus, weswegen für Organisationsentscheidungen als Substitut lediglich die Gegenüberstellung von möglichen Organisationsansätzen bleibt, um den kostengünstigsten komparativ zu ermitteln.

Unter Faktorspezifizität wird das Ausmaß von transaktionsspezifisch erforderlichen Investitionen verstanden, das heißt von Investitionen, die nur im Zuge der vereinbarten Transaktion die erwartete Profitabilität gewährleisten, bei anderen Verwendungen aber einer weitgehenden Entwertung unterliegen.

Wenn für eine geplante Transaktion hohe spezifische Investitionen erforderlich sind (z.B. Spezialwerkzeuge eines Zulieferers), die in alternativen Verwertungszusammenhängen geringere Erträge abwerfen, so ist die Vertragspartei, die diese Investitionen vornimmt, danach erpressbar (*lock in effect*). Es besteht somit die Gefahr, dass die andere Vertragspartei auf die durch Investitionen festgelegte Partei einen erpresserischen Preisdruck ausübt (*hold-up*) und sich so die gesamte Rente aus der Transaktionsbeziehung aneignet.[11]

Eine Transaktion, die auf spezifischen Investitionen beruht, führt somit zu einer so genannten „fundamentalen Transformation" des Verhältnisses der Transaktionspartner zueinander. Während sich vor der Transaktion die Partner im Wettbewerb vieler am Markt finden, sind sie nach erfolgter spezifischer Investition bilateral aneinander gebunden: Wer sich auf die spezifische Investition eingelassen hat, ist auf die Fortsetzung der Geschäftsbeziehung angewiesen, wer die Leistung nachfragt, wird diese von den Anbietern, die spezifisch investiert haben, am kostengünstigsten beziehen können, da andere infolge fehlender Spezialisierung nur zu höheren Kosten anbieten können. Somit tritt durch die spezifische Investition anstelle der disziplinierenden Wirkung des Marktes eine Beziehung zweier Partner, die nur gemeinsam die Rente aus der Spezialisierung realisieren können, was Konflikte um die Verteilung dieser Rente provoziert. Dadurch kann es zu Opportunismus und zu kostspieligen Auseinandersetzungen über die Aufteilung der Rente, die aus der Spezialisierung erzielbar ist, kommen (Williamson 1990: 70 ff). Durch die Hinweise auf den *lock in effect, hold-up* und die „fundamentale Transformation" durch faktorspezifische Transaktionen ergänzt Williamson den konventionellen lehrbuchmäßigen Katalog von Transaktionskosten (z.B.: Suchkosten, Informationskosten, Verhandlungskosten, Tauschkosten, Mess-, Absicherungs- und Durchsetzungskosten etc.) (vgl. Richter/Furubotn 2003: 59 ff; Schoppe u.a 1995: 150) um weitere Kosten, die aus den intertemporalen Effekten von Transaktionen, bei denen spezifische Investitionen im Spiel sind, entstehen.

Bei Coase und in den früheren Werken von Williamson stehen als Auswahlmöglichkeiten für die Organisation von Transaktionen je nach der Höhe der absehbaren Transaktionskosten bzw. Transaktionsprobleme lediglich zwei Lösungen zur Verfügung, entweder

---

1985 (bzw. die deutsche Übersetzung aus 1990) zu nennen, weitere Differenzierungen folgten im Sammelband aus 1996a.

11   Spezifische Investitionen bewirken somit eine sogenannte „fundamentale Transformation" von Marktbeziehungen: Während einander zuvor auf dem Markt eine Vielzahl von potentiellen Anbietern und Nachfragern im Wettbewerb gegenüber gestanden sein kann, sind nach der Transaktion die Vertragspartner weiterhin aneinander gebunden, was zu Machtasymmetrien und Erpressbarkeit führen kann (Williamson 1990: 70 ff).

die Markttransaktion (mit den Markttransaktionskosten) oder die Integration in das Unternehmen (mit den Organisationskosten bzw. firmeninternen Transaktionskosten). Diese Dichotomie wird in neueren Arbeiten seit den 1980er Jahren zu einem differenzierten Spektrum erweitert, in dem zwischen den beiden Formen auch hybride Kontraktlösungen vorgesehen sind, die dauerhaftere, ex post anpassbare Vertragsverhältnisse gewährleisten, ohne dass eine vollständige Integration erfolgt (vgl. etwa Williamson 1990: 37 ff).

Dadurch, dass Williamson die Faktorspezifizität als entscheidendes Kriterium für die Transaktionskosten herausarbeitet, kann er gemäß der Ausprägung dieser Variable ein „einfaches Schema" zur Auswahl je geeigneter *governance structures* erstellen:

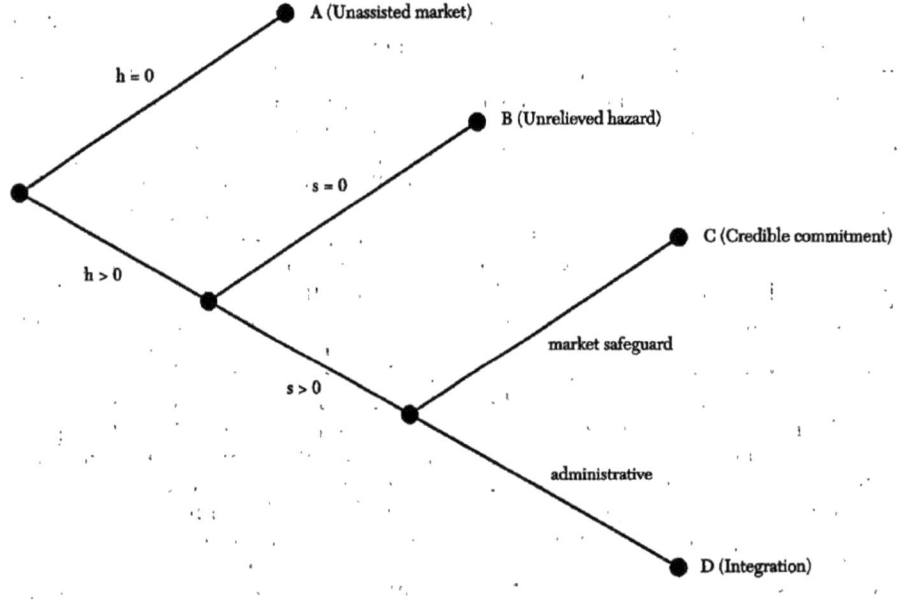

Abbildung 1: Entscheidungsbaum für die Wahl eines Beherrschungs- und Überwachungs systems (*governance structure*) für eine Transaktion nach Ausmaß der Faktorspezifizität

h = Risiko infolge spezifischer Investition (hazard)
s = Aufwand für Absicherung der Transaktionsrisiken (safeguard)

Quelle: Williamson 2000: 602.

Der dargestellte Entscheidungsbaum kann je nach Transaktionsrisiko und Absicherung zu verschiedenen *governance structures* führen (vgl. Williamson 2000, 602 ff; 1990: 81 ff). Für Transaktionen mit keinem oder geringem Risiko schlägt Williamson eine unabgesicherte Markttransaktion vor (Punkt A bzw. B). Lösung A bezeichnet Fälle, in denen tatsächlich keine relevanten Transaktionskosten auftreten, die somit der Welt der Neoklassik entsprechen. Auf Lösung B entfallen Transaktionen, für die sehr mäßige spezifische Investitionen erforderlich sind, die durch geringe Risikoaufschläge auf die Preise aufgewogen werden, ohne dass weitere Absicherungen erforderlich werden. Bei relevantem Risiko kann sich Lösung C anbieten: Absicherung der Markttransaktion durch „relational contracting", Maßnahmen, die die Vertragspartner zu kooperativem Vorgehen zwingen (z.B. Hinterlegung eines Pfandes) oder Beiziehung Dritter als Kontroll- und Schiedsinstanz. Kann auch dadurch das Transaktionsrisiko für eine spezifische Investition nicht ausreichend abgesichert werden, so bleibt für Unternehmen Lösung D, die Integration in die eigene Organisation.

Als Beispiele für Lösungen mit „market safeguards" (Punkt C) können etwa längerfristige Rahmenverträge zwischen Zulieferern und Abnehmern in der Industrie genannt werden, die den Lieferanten eine gewisse Investitionssicherheit bieten, zugleich aber Spielräume für Anpassungen offen lassen. Ein Beispiel für die Absicherung durch die Beiziehung Dritter wäre etwa, bei einem Fabrikbau nicht der Baufirma sofort den Kaufpreis zu bezahlen und sich darauf zu verlassen, dass das Gebäude vereinbarungsgemäß errichtet wird, sondern ein Projektbüro zu engagieren, das den Kaufpreis in Tranchen nach Leistungserstellung ausbezahlt und als Schiedsrichter bei Streitigkeiten fungiert. Die Honorare dieser dritten Partei werden dann einen erheblichen Teil der entsprechenden Transaktionskosten ausmachen.

Die stärkste Absicherung gegen Risiken von Transaktionen über den Markt bietet die Integration in das eigene Unternehmen. Hier treten hierarchische Strukturen und Anordnungen an Stelle des Marktmechanismus. Es ist zum Beispiel denkbar, dass ein Unternehmen, das am Markt Zulieferprodukte kaufen will, für die sehr spezifische Investitionen erforderlich sind, keinen Lieferanten finden wird, da niemand das Risiko der Erpressbarkeit durch den Abnehmer nach Vornahme der Investitionen auf sich nehmen wird. In diesem Fall wird die entsprechende Transaktion in das eigene Unternehmen integriert werden müssen.[12] Allerdings verursacht jede Integration von Funktionen in das Unternehmen zusätzliche Organisationskosten und mögliche interne Effizienzprobleme.

Überdies weist Williamson auf mögliche Fälle jenseits dieses Schemas hin: Investitionen, die auch innerhalb eines Unternehmens keinen Gewinn versprechen, obwohl sie gesellschaftlich nützlich sind. Für derartige Situationen können öffentliche Einrichtungen gegründet werden. Er warnt jedoch, dass dabei spezifische Gefahren des Opportunismus drohen, die oft naiv übersehen werden. Insbesondere zur kritischen Abwägung, ob öffentliche Einrichtungen tatsächlich eine Alternative zu Marktorganisationen sein können, stellt er das sogenannte „remediableness criterion" auf – also das Kriterium, zu analysieren, ob die Lösung tatsächlich unter den gegebenen institutionellen Bedingungen nachhaltig in einer Weise funktionieren wird, die allen anderen machbaren (mehr marktlichen) Lösungen überlegen ist (Williamson 2000: 603; 2009: 466 ff).

Ebenfalls seit den 1980er Jahren präsentiert Williamson Überlegungen, wie von Entscheidungen für unterschiedliche Vertragslösungen Rückwirkungen auf Investitionsentscheidungen und somit auf Produktionskosten im herkömmlichen Sinne ausgehen. In einer unabgesicherten Marktbeziehung werden es Anbieter vermeiden, transaktionsspezifische Investitionen vorzunehmen und daher nach Möglichkeit unter dem Einsatz von Mehrzwecktechnologie produzieren. Anbieter mit glaubhaft abgesicherten Vertragsbeziehungen oder Unternehmen, welche die Produktion integriert haben, können hingegen spezialisierte

---

12   Vgl. etwa die Auswirkungen von Standortspezifität, Sachkapitalspezifität, Humankapitalspezifität und zweckgebundenen Sachwerten (Williamson 1990:108 f sowie die Kapitel 4 bis 8 über vertikale Integration und glaubhafte Zusicherungen). Zum Opportunismus nach Vertragsabschluss siehe auch Richter/Furubotn 2003: 155 f.

Investitionen vornehmen und damit die Produktionskosten gegebenenfalls vergleichsweise niedriger halten. Ceteris paribus werden folglich Produktionskosten bei Produktionen für reine Markttransaktionen, die auf Mehrzwecktechnologie basieren, tendenziell höher sein, als wenn abgesicherte Verträge vorliegen, und der konzentrierteste Einsatz transaktionsspezifischen Kapitals (niedrigste Produktionskosten) wird bei der Integrationslösung möglich sein. Somit müssen bei Entscheidungen für bestimmte *governance structures* diese Rückwirkungen auf die Produktionskosten zusätzlich zu den Differenzialen von Transaktions- und Organisationskosten der einzelnen Vertragslösungen berücksichtigt werden (vgl. etwa Williamson 1996a: 108; 1996b: 17 ff).

Das „einfache Vertragsschema" wurde von Williamson für seine „paradigmatische" Fragestellung, nämlich Entscheidungen über vertikale Integration, ausgearbeitet. Seine Darlegungen, dass Integration oder Geschäftsbeziehungen in „Nicht-Standard-Verträgen" erheblich zur Effizienzsteigerung beitragen können (Ermöglichung spezifischer Investitionen, Transaktionskostenminimierung) lieferten Argumente, derartige Praktiken nicht mehr allein als Versuche, Marktmacht aufzubauen zu erachten. Damit trug Williamson im Streit in den USA zwischen Vertretern strenger Wettbewerbsregeln (Harvard School) und Befürwortern lockerer Regulierungen aus Effizienzgründen (Chicago School) zu einer Stärkung der Chicago School bei, die tatsächlich unter den politischen Rahmenbedingungen seit den 1980er Jahren wesentlich an Gewicht in Gesetzgebung und Rechtsprechung gewann.[13]

In leicht abgewandelter Weise lässt sich das für Business to Business-Transaktionen versus vertikale Integration formulierte Schema auch für andere Bereiche, wie Arbeitsmärkte, Kapitalmärkte, Konsumgütermärkte etc. anwenden (zu den Arbeitsbeziehungen siehe oben).

Am Kapitalmarkt können Transaktionskostenargumente erklären, warum in der Praxis doch nicht, wie im Rahmen der neoklassischen Theorie angenommen, eine Kostenneutralität der Finanzierungsart von Investitionen besteht. Es ist plausibel, dass unspezifische Kapitalwerte besser als Sicherstellung für einen Kredit dienen können als spezifische Investitionen, die nur im Kontext des jeweiligen Geschäftsmodells profitabel und anderweitig kaum verwertbar sind. Somit wird für unspezifische Investitionen Kreditfinanzierung leichter zu erlangen sein, während bei spezifischen Investitionen Formen von Eigenkapitalbeteiligung (und Mitspracherecht) günstiger sein werden (vgl. etwa Williamson 2008: 56 f).

Im Bereich der Konsumgütermärkte kann die kostenintensive Etablierung von Marken als spezifische Investition zur Absicherung der Konsumenten bzw. zur Gewinnung ihres Vertrauens genannt werden. Unzufriedene Kunden würden zur Einbuße der erheblichen Investitionen in die Markenbildung führen, weswegen rationaler Weise nicht leichtfertig bei der Qualität gespart wird. Somit wirkt ein hoher Werbe- und Marketingaufwand als glaubwürdige Selbstbindung, Qualität zu liefern und reduziert das Konsumentenrisiko, bei der Transaktion enttäuscht zu werden. Aus Sicht der Produzenten ist eine Vorwärtsintegration in den Vertrieb plausibel, um die Kontrolle über einen verantwortungsvollen Umgang mit der Reputation der Marke zu gewährleisten (vgl. etwa Williamson 1990: 121 ff).

In seinem Werk über die *Institutionen des Kapitalismus* führt Williamson (1990) weitere Anwendungen der Transaktionskostentheorie zur Erklärung von „Nicht-Standard-verträgen" zwischen Unternehmen (z.B. Franchise Systeme etc.), Beziehungen zwischen

---

13   Zu diesem Diskurs vgl. Martin 2004: Kapitel 5 und 6; für eine kritische Stellungnahme zu Williamson siehe etwa Erlei 2001: 183 ff.

Investoren und Management von Kapitalgesellschaften (Principal Agent-Problem, Corporate Governance Problem) und andere Bereiche an.

In den jüngeren Publikationen hat Williamson gelegentlich ausdrücklich eingeräumt, dass das Transaktionskostenniveau insgesamt auch von sozialen bzw. kulturellen Faktoren beeinflusst wird. Zum Beispiel präsentiert er im bereits zitierten Aufsatz aus dem Jahr 2000 ein Schema von „vier Ebenen sozialer Analyse", in dem er darlegt, dass sich sowohl informelle Institutionen (soziale Normen, Werte, Traditionen, Religionen etc.) als auch das formelle institutionelle Umfeld (Gesetze, Rechtssprechung, Bürokratie, etc.) auf das Niveau von Transaktionskosten auswirken (Williamson 2000: 596 ff; siehe dazu auch weitere Ausführungen im Beitrag von Resch). Generell wird ein gesellschaftliches Umfeld, welches das Vertrauen in Übereinkünfte fördert, Transaktionskosten senken, ein Umfeld, in dem Opportunismus als legitim gilt und Verträge schwer durchsetzbar sind, wird zu einer Steigerung von Transaktionskosten beitragen. Diese allgemeinen Faktoren für Unsicherheit liegen ebenfall dem oben genannten Schema zur Auswahl von Vertragslösungen zu Grunde. Das heißt, in einem institutionellen Umfeld, das für hohe Transaktionskosten sorgt, wird ein geringerer Teil der Aktivitäten als Markttransaktionen möglich sein und ein größerer Teil integriert werden müssen, wobei das Transaktionskostenniveau generell höher sein wird und folglich mehr Transaktionen, die potentiell die Wohlfahrt steigern würden, gar nicht zustande kommen.

Resümee

Die Transaktionskostenökonomik erweitert das überkommene neoklassische Marktmodell um eine zusätzliche Kostenart – die Transaktionskosten – und um „realistischere" Verhaltensannahmen, nämlich unvollkommene Information und damit im Zusammenhang begrenzte Rationalität und Opportunismusgefahr. Sie unterscheidet zwischen Transaktionskosten ex ante, wie Such- und Spezfikationskosten und jener ex post, wie Durchsetzungskosten und Konsequenzen von entstehenden Abhängigkeiten, bedingt durch Faktorspezifizität und Opportunismusgefahr. Primär ist sie darauf ausgerichtet, Kostenvergleiche von unterschiedlichen Organisationslösungen für Transaktionen bei gegebenen institutionellen Rahmenbedingungen anzustellen; die raison d'être der Firma besteht darin, Transaktionskosten zu minimieren.

Die Transaktionskostenökonomik bleibt als mikroökonomische Theorie dem methodologischen Individualismus verpflichtet, wobei jedoch anstelle gesicherter Nutzenoptimierungen Wahlhandlungen unter Unsicherheit treten. Sie erlaubt damit ansatzweise, wirtschaftliches Handeln eingebettet in informelle und formale Institutionen, die das Ausmaß der Transaktionskosten beeinflussen, zu untersuchen, bleibt jedoch in der Welt einer „erweiterten" Neoklassik befangen, weswegen darüber hinaus führende sozialwissenschaftliche Ansätze nur schwer integrierbar sind. Williamson geht zwar auf den Stellenwert des kulturellen und rechtlichen Umfeldes für die Transaktionskosten ein, in seinem eigenen Werk hinterlassen derartige Ansätze jedoch nur wenig Spuren.

Literatur

Alchian, Armen A./Demsetz, Harold (1972): Production, Information Costs, and Economic Organization. In: The American Economic Review 62, 777-795.

Coase, Ronald H. (1988/1937): The Nature of the Firm. In: Coase, Ronald (Hg.): The Firm, the Market, and the Law. Chicago: The University of Chicago Press, 33-55.

Coase, Ronald H. (1993): 1991 Nobel Lecture: The Institutional Structure of Production. In: Williamson, Oliver E./Winter, Sidney (Hg.): The Nature of the Firm. Origins, Evolution, and Development. Oxford, New York: Oxford University Press, 227-235.

Duda, Helga (1987): Macht oder Effizienz? Eine ökonomische Theorie der Arbeitsbeziehungen im modernen Unternehmen. Frankfurt/Main, New York: Campus.

Erlei, Mathias (2001): Organisationsökonomik und vertikale Integration: Wettbewerbspolitische Implikationen. In: Pies, Ingo/Leschke, Martin (Hg.): Oliver Williamsons Organisationsökonomik (Konzepte der Gesellschaftstheorie, 7). Tübingen: Mohr Siebeck, 183-217.

Knight, Frank H. (1921): Risk, Uncertainty and Profit. New York: Houghton Mifflin.

Martin, Stephen (2004): Advanced Industrial Economics. Second Edition. Oxford u.a.: Blackwell.

Pies, Ingo (2000): Theoretische Grundlagen demokratischer Wirtschafts- und Gesellschaftspolitik – Der Beitrag von Ronald Coase. In: Pies, Ingo/Leschke, Martin (Hg.): Ronald Coase′ Transaktionskosten-Ansatz. Tübingen: Mohr, 1-29.

Pies, Ingo (2001): Theoretische Grundlagen demokratischer Wirtschafts- und Gesellschaftspolitik – Der Beitrag Oliver Williamsons. In: Pies, Ingo/Leschke, Martin (Hg.): Oliver Williamsons Organisationsökonomik. Tübingen: Mohr Siebeck, 1-27.

Richter, Rudolf/Furubotn, Eirik G. (2003): Neue Institutionenökonomik. 3., überarbeitete und erweiterte Auflage, Tübingen: Mohr.

Schoppe, Siegfried G. u.a. (1995): Moderne Theorie der Unternehmung. München, Wien: Oldenbourg.

Simon, Herbert A. (1991): Organizations and Markets. In: Journal of Economic Perspectives 5 (2), 25-44.

Williamson, Oliver E. (1975): Markets and Hierarchies. Analysis and Antitrust Implications. A Study in the Economics of Internal Organization. New York: The Free Press.

Williamson, Oliver E. (1990): Die ökonomischen Institutionen des Kapitalismus. Unternehmen, Märkte, Kooperationen. Tübingen: Mohr Siebeck (zuerst erschienen 1985 als The Economic Institutions of Capitalism. New York: The Free Press).

Williamson, Oliver E. (1996a): The Mechanisms of Governance. New York: Oxford University Press.

Williamson, Oliver E. (1996b): Transaktionskostenökonomik, Hamburg: LIT (zuerst erschienen 1989 als Transaction Cost Economics. In: Schmalensee, R./Willig, R.D. (Hg.): Handbook of Industrial Organization. Vol. I. Amsterdam u.a.: Elsevier).

Williamson, Oliver E. (2000): The New Institutional Economics: Taking Stock, Looking Ahead. In: Journal of Economic Literature XXXVIII, 595-613.

Williamson, Oliver E. (2008): Transaction Cost Economics. In: Ménard, Claude/Shirley, Mary M. (Hg.): Handbook of New Institutional Economics. 2nd Edition. Berlin, Heidelberg: Springer, 41-65.

Williamson, Oliver E. (2009): Transaction Cost Economics. The Natural Progression. Prize Lecture. December 8. http://nobelprize.org/nobel_prizes/economics/laureates/2009/williamson-lecture.html (07.04.2011).

Williamson, Oliver/Wachter, Michael/Harris, Jeffrey (1975): Understanding the Employment Relation. The Analysis of Idiosyncratic Exchange. In: Putterman, Louis (Hg.) (1986): The Economic
   Nature of the Firm. A Reader. Cambridge: Cambridge University Press, 135-155.

Max Weber und die Theorie der Unternehmung

Gertraude Mikl-Horke

1   Max Weber als Soziologe und Ökonom

Interpretationen von Max Webers Sicht der Unternehmung bzw. Versuche, darauf eine Theorie der Firma aufzubauen (Heugens 2004), verweisen vor allem auf die Bedeutung seiner Bürokratietheorie. Die bürokratischen Tendenzen waren in der historischen Phase der Entwicklung der modernen Großunternehmen für diese zwar zweifellos wichtig, Weber bezog sie jedoch auf den Verwaltungsstab der rational-legalen Herrschaftsform, damit primär auf die staatliche Verwaltung und als allgemeines Kulturmerkmal auf alle formalen Organisationen. Die Bürokratisierung war kennzeichnend für große Organisationen und stellte daher keinen spezifischen Aspekt von Unternehmen dar. Das moderne Unternehmen stand für Weber vielmehr in engster Verbindung mit seiner Sicht des okzidentalen Kapitalismus; dessen Merkmale bestimmen auch den privat-kapitalistischen Wirtschaftsbetrieb. Daher muss eine Deutung von Webers Sicht der Unternehmung von seinem Verständnis des modernen Kapitalismus ausgehen; das aber heißt, dass sein gesamtes Werk dafür herangezogen werden muss.

   Die Inthronisierung von Weber als einem der Klassiker der Soziologie hat die Perspektive auf sein Werk maßgeblich bestimmt; sie wurde meist ausschließlich auf soziologische bzw. sozialwissenschaftliche Problemstellungen bezogen. Aber Webers Werk hat für eine breite Palette von Disziplinen Bedeutung, etwa für die Wirtschaftsgeschichte, die Rechtsgeschichte, die Politikwissenschaft, die Religionswissenschaft etc. Weber war Ökonom, hatte zumindest wirtschaftswissenschaftliche Lehrstühle inne, wenngleich er sich selbst nicht der Wirtschaftstheorie oder praktischer Wirtschaftslehre widmete. Seine Bedeutung ist vor allem für die Wirtschaftssoziologie groß, bedingt durch seine besondere Stellung zwischen der historischen Volkswirtschaftlehre, der Auseinandersetzung mit dem Werk von Karl Marx und der österreichischen Wirtschaftstheorie. Aus wirtschaftssoziologischer Sicht hat etwa Maurer (2008; 2010) versucht, Webers Sicht der modernen Unternehmung zu rekonstruieren, wobei sie sich sowohl auf Webers begriffliche Bestimmung der Unternehmung als Wirtschaftsverband als auch auf die Rekonstruktion der gesellschaftlichen Rahmenbedingungen und die kulturelle Konstitution des unternehmerischen Handelns im Zuge der Säkularisierung der protestantischen Ethik bezieht.

   Weber beschäftigte sich selbst zwar nicht mit der Weiterentwicklung der Wirtschaftstheorie, stand allerdings in methodologischer Hinsicht und in Bezug auf die grundlegenden Annahmen über Wirtschaft der „österreichischen" Variante der Wirtschaftstheorie, verkörpert durch seine Zeitgenossen Eugen von Böhm-Bawerk und Friedrich von Wieser, nahe, verfügte aber auch über eine gute Kenntnis der französischen und britischen Theorien (vgl. Weber 1990). Ohne Berücksichtigung von Webers Rezeption der Wirtschaftstheorie kann weder seine Wissenschaftslehre noch die individualistische Dimension seiner Soziologie verstanden werden (vgl. Mikl-Horke 2009; Norkus 2001; Zafirovski 2006).

Webers Beschäftigung mit der Ökonomie war auf die Bestimmung der Kulturbedeutung des modernen Kapitalismus gerichtet; dies ist auch der Rahmen, in dem die moderne Großunternehmung für ihn idealtypische Relevanz hatte. Das wird im Folgenden umrissen, um daraus Aufklärung über einige Aspekte von Webers Perspektive auf Unternehmen zu erhalten. Dabei wird versucht, insbesondere jene Aspekte herauszuarbeiten, die Rückschlüsse auf seine ökonomische Sicht der Unternehmen erlauben, insbesondere auf die Beziehung von privatwirtschaftlicher Unternehmung und ‚verkehrswirtschaftlicher‘ Ordnung der Wirtschaft. Das legt es nahe, Webers Verständnis mit der Theorie der Firma von Coase bzw. mit der neuen Institutionenökonomie zu vergleichen. Coase und Weber verbindet, dass beide das Verhältnis des Unternehmens zur wirtschaftlichen Umwelt thematisierten.

Das Ziel dieses Beitrags ist nicht auf die Herausarbeitung einer Soziologie des Unternehmens oder auf die Konstruktion einer ökonomischen Theorie der Firma auf der Basis von Webers Werk gerichtet, sondern darauf, aus diesem Aufschlüsse für eine Unternehmenskonzeption zu erhalten, in der sowohl die kulturwissenschaftliche als auch die ‚ökonomische‘ Seite seiner Auffassung berücksichtigt werden, denn wie Weber meinte: „nur *ökonomische* Tatbestände liefern das Fleisch und Blut für eine wirkliche Erklärung des Ganges auch der soziologisch relevanten Entwicklung“ (Weber 1985: 63).

2   Die Unternehmung als rationale Vergesellschaftung im modernen Kapitalismus

Max Webers Werk ist für eine Theorie der Unternehmung von großer Bedeutung, obwohl er ihr kein eigenes Kapitel bzw. keine eigene Schrift gewidmet hat. Auch die einzelnen Hinweise auf Unternehmen in seinem Werke sind, da sie in unterschiedlichen Zusammenhängen stehen, vielschichtig und teilweise widersprüchlich; seine Behandlung lässt mitunter sogar in der Kategorienlehre die sonst so klare Begriffsdefinition vermissen, so etwa wenn er darin lapidar feststellt: „Der Begriff des ‚Unternehmens‘ entspricht dem Üblichen (...)“ (Weber 1985: 51). Das erklärt sich paradoxerweise gerade durch die große Bedeutung, die die Unternehmung für die Charakteristik des modernen Kapitalismus in Webers Sicht zukommt. Sein Interesse ist auf die Entstehung und Begründung des modernen Kapitalismus als Kennzeichnung einer Kulturepoche gerichtet, in der das rationale Großunternehmen zwar der idealtypische Wirtschaftsakteur ist, aber nicht losgelöst von den allgemeinen Entwicklungstendenzen verstanden werden kann.

Seine Auffassung muss daher aus den verschiedenen Werken, in denen Weber auf Unternehmen Bezug nimmt, erst herausgefiltert werden. Schon in seiner Doktorarbeit von 1889 über die mittelalterlichen Handelsgesellschaften werden relevante Aspekte angesprochen (Weber 2008), die teilweise wieder Eingang fanden in die Sichtweisen, die in den älteren Abschnitten von *Wirtschaft und Gesellschaft* enthalten sind. *Im Grundriss der Vorlesungen über allgemeine („theoretische“) Nationalökonomie* von 1898 und in der Abhandlung *Die Protestantische Ethik und der Geist des Kapitalismus* von 1904/05 (Weber 1988a) wird ebenfalls auf Unternehmen Bezug genommen. Besondere Bedeutung kommt jedoch der kategorialen Bestimmung der Typen von Wirtschaftshandeln und von Wirtschaftsverbänden in den ersten beiden Kapiteln von *Wirtschaft und Gesellschaft* sowie verschiedenen Stellen in der *Wirtschaftsgeschichte* zu (Weber 1958).

2.1 Unternehmen im Wandel des historischen Kapitalismus

Ganz allgemein nennt Weber technische, soziale und ökonomische Gründe für die Art, in der sich Leistung und Arbeit in einer Menschengruppe vollziehen (Weber 1985: 62). Hinsichtlich des Wirtschaftens unterscheidet er zwei Grundtypen: Haushalt und Erwerb, eine Unterscheidung, die bereits auf die Differenzierung zwischen ‚oikos‘ und ‚chrematistike‘ bei Aristoteles zurückgeht (vgl. Mikl-Horke 1999: 64 ff). Unternehmen werden von Weber mit der Orientierung an Erwerbschancen in Verbindung gebracht, haushaltsmäßiges Wirtschaften kennzeichnet er hingegen durch die Zielsetzung der Bedarfsdeckung (Weber 1985: 64). Diese Zuordnung von Zielsetzungen zu Wirtschaftsformen bedeutet jedoch nur eine idealtypische Hervorhebung, denn Bedarfsdeckung kann in manchen Fällen auch in Unternehmensform betrieben werden, und Erwerb ist nicht notwendig mit einem Unternehmen mit kontinuierlichem Betrieb verbunden. Webers Bestimmung des Unternehmens als „Erwerbswirtschaft, die sich an Marktchancen orientiert, um Tauschgewinn zu machen" (Weber 1958: 6), erklärt sich vielmehr aus dem engen Zusammenhang, den er zwischen Unternehmung und Kapitalismus herstellt, d.h. als jenes System, in welchem Bedarfsdeckung und Erwerb bereits systematisch und legitim miteinander verbunden sind: „Kapitalismus ist da vorhanden, wo die erwerbswirtschaftliche Bedarfsdeckung einer Menschengruppe auf dem Wege der Unternehmung stattfindet" (Weber 1958: 238). Weber bezieht Kapitalismus und Unternehmen aufeinander, sie haben sich zusammen und in wechselseitiger Beeinflussung entwickelt. Der Kapitalismus als institutionell-kulturelle Form ist gleichzeitig Voraussetzung und Produkt der Unternehmung.

Der Kapitalismus ist in Webers Geschichtsverständnis nicht beschränkt auf seine moderne okzidentale Erscheinungsform. In der Diskussion um die antike Wirtschaftsweise, die Ende des 19. Jahrhunderts geführt wurde, nahm Weber eine mittlere Position ein; demzufolge könne man sich diese zwar nicht als ‚modern‘ vorstellen, dennoch habe sie aber bereits einige kapitalistische Züge aufgewiesen (Mikl-Horke 1999: 77 f). Auch sah er die Entwicklung derselben nicht als einen Prozess, der nur in einer einzigen Art und Weise erfolgen konnte. Weber unterschied in kategorialer Betrachtung „artverschiedene typische Richtungen ‚kapitalistischer‘...Orientierung des Erwerbs" (Weber 1985: 95 f) und nahm damit vorweg, was gegenwärtig als ‚varieties of capitalism‘ diskutiert wird (vgl. Hall und Soskice 2001). Kapitalismus gab es in der Geschichte allenthalben, aber nicht als ein allgemeines Wirtschaftssystem, wie er in der Form des rationalen Kapitalismus der europäischen Moderne etwa seit der zweiten Hälfte des 19. Jahrhunderts auftrat, d.h. im Sinne und zum Zweck der Deckung der Alltagsbedürfnisse der Menschen einer Volkswirtschaft (Weber 1958: 239). Die spezifische Eigenart des okzidentalen Kapitalismus charakterisierte Weber durch die Organisation der Bedarfsdeckung einer Gesellschaft durch Unternehmen, das Eindringen des händlerischen Prinzips in die Binnenwirtschaft (damit auch den Wegfall der Schranken zwischen Binnenmoral und Außenmoral) und die rationale Arbeitsorganisation (Weber 1958: 269 f). Dies verweist darauf, dass Weber Kapitalismus und Unternehmen nicht allein auf Erwerbsstreben und Profitziele hin interpretierte, sondern sie im Sinne ihrer modernen Ausprägung auf die Organisation der Bedarfsdeckung, mithin auf die Ordnung der Gesellschaft in wirtschaftlicher Hinsicht bezog. Schon im *Grundriss zu den Vorlesungen über allgemeine („theoretische") Nationalökonomie* von 1898 heißt es: „Die Unternehmung ist Übernahme der Organisation eines Ausschnitts aus der verkehrswirtschaftlich regulierten Bedarfsversorgung zum Zweck des Gewinns auf eigene ökonomische Gefahr" (Weber 1990: 57).

Unternehmen verändern den Charakter des Kapitalismus durch ihr Handeln und sie ändern sich ihrerseits durch den Wandel der historischen politisch-institutionellen und kulturellen Verhältnisse, auf denen der Kapitalismus als Wirtschafts- und Gesellschaftssystem beruht. Es gab zwar bereits im Altertum und insbesondere im europäischen Mittelalter Unternehmen, sie trugen auch schon gewisse Elemente des modernen Kapitalismus in sich, unterschieden sich aber dennoch vom modernen Unternehmen durch dessen ausgeprägte Rationalität und Einbettung in ein gesellschaftliches System der Bedarfsdeckung, das rechtlich und organisatorisch auf individuellem Erwerbsstreben beruht. Die Betonung der Rationalität in Webers Verständnis des modernen Kapitalismus und damit auch des modernen kapitalistischen Unternehmens wurde immer wieder mit der Wirkung der protestantischen Ethik, ihrer Tugenden der methodischen Lebensführung, Berufsarbeit und innerweltlichen Askese bei gleichzeitiger Legitimierung des Erwerbs zur Ehre Gottes und zur Vorbeugung gegen einen sündhaften Lebenswandel verbunden (Maurer 2008: 28). So wichtig der Hinweis auf die religiös-kulturellen Grundlagen auch ist, hebt Weber doch selbst in seiner Schrift über die Agrarverhältnisse im Altertum die Bedeutung des Fehlens einer besonderen Berufsethik hervor (Weber 2006: 359), so erfordert die Interpretation von Webers Verständnis des modernen Unternehmens ergänzende Dimensionen; im Folgenden wird hierfür auf die Entstehung des Geschäftskapitals als Resultat einer spezifischen Form der Vergemeinschaftung zum Zweck des Erwerbs hingewiesen.

2.2 Der Ursprung des modernen Unternehmens: Die Entstehung des Geschäftskapitals

Da Weber die moderne Unternehmung in Zusammenhang mit der Entwicklung des rationalen Kapitalismus sah, kommt der Herauslösung des Kapitals als jenes Teils des Vermögens, der Erwerbszwecken gewidmet wird, aus dem Privatvermögen eine besondere Bedeutung zu. Dies erklärte Weber durch die Gemeinschafts- bzw. Gesellschaftsformen der Unternehmen, etwa bereits in seiner Untersuchung über die *Handelsgesellschaften im Mittelalter*, aber auch in jenen Kapiteln von *Wirtschaft und Gesellschaft*, in denen sich seine spezifische Beschäftigung mit verschiedenen Gemeinschaftsformen im Hinblick auf ihre wirtschaftlichen Aspekte manifestiert, vor allem im zweiten und dritten Kapitel des zweiten Teils (Weber 1985: 199 ff). Die darin entwickelte Perspektive macht nicht nur klar, wie umfassend Weber Wirtschaft verstand, sondern wie sehr er sie mit den verschiedenen Gemeinschaftsformen und ihrer Entwicklung verbunden sah.

Das erfordert zunächst einen Blick auf Webers Verwendung der Begriffe ‚Gemeinschaft' und ‚Gesellschaft'. Diese kennzeichnet er als Typen subjektiven sozialen Handelns, d.h. Gemeinschaft bedeutet für Weber die sinnhafte Orientierung der Individuen an Anderen, Gesellschaft jene an den Normen und Institutionen der Gesellschaft (vgl. Weber 1988b: 441 ff). Anders als etwa in der Sicht Durkheims handelt es sich bei beiden Begriffen nicht um Kennzeichnungen von kollektiven Vorstellungen, sondern um individuelle Handlungsorientierungen; die Verwendung der Begriffe bei Weber deckt sich auch nicht vollkommen mit dem Verständnis, das Tönnies ihnen zugrunde gelegt hatte. Webers Begriffe verweisen nicht auf statische Ordnungen, sondern auf *Prozesse* der individuellen sinnhaften

Orientierung des sozialen Handelns, weshalb er meist von ‚Vergemeinschaftung' und ‚Vergesellschaftung' spricht. Im ersten Kapitel von *Wirtschaft und Gesellschaft* definiert er Vergemeinschaftung als auf subjektiv gefühlter Zusammengehörigkeit beruhend, Vergesellschaftung als das auf rationalen Ausgleich oder rationale Verbindung der Interessen gerichtete Handeln der Individuen (Weber 1985: 21). Beziehungen auf dem Markt charakterisiert er als Vergesellschaftung, sofern sie auf den Normen und Institutionen der Gesellschaft, also etwa dem Eigentumsrecht und dem Vertragsrecht beruhen. Das kommt erst bei Abschluss des Geschäftes zum Tragen, während die Marktakteure zunächst das Handeln der anderen Marktteilnehmer schätzen, was Vorstellungen von Gemeinsamkeiten und damit von Gemeinschaftshandeln voraussetzt.

Weber hebt die Bedeutung der Trennung von Haushalt und Erwerbswirtschaft für die Entstehung von Unternehmen hervor, meint damit jedoch nicht so sehr die räumliche oder sachliche Separierung, sondern die buchhalterische bzw. rechnungsmäßige Trennung zwischen Privatvermögen und Geschäftsvermögen. Diese wurde in seiner Sicht durch die Vergesellschaftung von ‚Fremden' zu Erwerbszwecken, etwa in Form der ‚commenda', die sich von der arabischen Welt aus bis ins Abendland hinein ausgedehnt hatte, gefördert (Weber 1958: 200). Sie war eine Geschäftsbeziehung zwischen zwei Partnern, die jeweils nur für eine Seefahrtsunternehmung geschlossen wurde. Solche und ähnliche Unternehmungen gab es schon relativ früh in der Geschichte des Handels, mitunter führte ihre Ausbreitung auch zur Entstehung dauerhafter Wirtschaftsbetriebe. Nicht überall entwickelten sie jedoch die gleichen Merkmale wie im Okzident, insbesondere dort nicht, wo es zu keiner Vergesellschaftung von Nicht-Familienmitgliedern kam. Diese enge Gemeinschaftsorientierung zwischen Personen, die nicht derselben Familie angehörten, förderte in Webers Sicht, ob in Form der ‚commenda', der römischen ‚societas' oder der mittelalterlichen ‚compagnia', die Rechenhaftigkeit wirtschaftlicher Transaktionen durch die Notwendigkeit getrennter Abrechnung zwischen den Partnern; diese erzwang zum einen die Trennung zwischen Geschäfts- und Privatvermögen, zum anderen die Systematisierung der Gewinn- und Verlustrechnung. Dies wieder begründete über die Institutionalisierung dieser Geschäftsformen die Vergesellschaftung der Unternehmen auf der Grundlage der Entstehung des Geschäftskapitals, des ‚corpo della compagnia', wie es bereits in den spätmittelalterlichen Handelsgesellschaften existierte (vgl. Weber 2008). Da sich diese Formen zunächst in Handelsgeschäften zeigten, sah Weber die Entwicklungen im Handel neben jenen des Kreditwesens als wichtige Voraussetzungen für die Entstehung rationaler Unternehmen (Weber 1958: 198).

2.3 Die Grundlagen des modernen Unternehmens: Kapitalrechnung und Kapitalmarkt

Die Spezifizierung des Geschäftskapitals und die Abrechnung mittels genauer Buchführung betrachtete Weber als das typische Merkmal des Okzidents und des modernen rationalen Kapitalismus. Nicht das Erwerbsstreben als solches ist für Weber – anders als für Sombart – das spezifische Kennzeichen der kapitalistischen Unternehmung, denn die Orientierung an Erwerbschancen beschränkt sich nicht auf den modernen Kapitalismus und das kapitalistische Unternehmen, sondern ist ein mehr oder weniger verbreitetes Merkmal in allen menschlichen Gesellschaften. Das auszeichnende Charakteristikum des Unternehmens ist für Weber vielmehr das Geschäftskapital, das als Grundlage für rationale Güter- oder Leistungserstellung auf der Basis rechnerischer Kalkulation dient. Seine Wurzeln liegen in der *rationalen* Vergesellschaftung von Geschäftspartnern, und seine Form als Vermögen, das Erwerbszwecken gewidmet ist, stellt ein zentrales Merkmal in Webers Verständnis des Wirtschaftsunternehmens im modernen Kapitalismus dar. Daraus folgt die rationale Orientierung an Rentabilität auf der Basis der Kapitalrechnung (Weber 1985: 48). Weber meint sogar, alles rationale wirtschaftliche Erwerben beruhe auf der Kapitalrechnung und jede rationale Unternehmung sei charakterisiert durch diese rechnerische Kalkulation der Rentabilität des Kapitals. Allerdings schränkt er ein, dass dies nur ein *prinzipiell* an Kapitalrechnung ,orientierbares' Handeln voraussetze; es kommt daher nicht darauf an, ob tatsächlich eine Bilanz gelegt wird, sondern nur darauf, dass das Handeln sich an den Kriterien der Kapitalrechnung orientiert; auch Kleinunternehmen, die nur Gewinn und Verlust berechnen, gelten daher als kapitalistische Unternehmen (Weber 1985: 51).

Daraus wird ersichtlich, dass es Weber darum ging, das methodische Prinzip des modernen Kapitalismus als einer historischen Kulturform heraus zu finden; der rechnerischen Rationalität wies er diese Rolle zu und stellte gleichzeitig fest, dass die Herausbildung und Institutionalisierung des Geschäftskapitals eine seiner wesentlichen Voraussetzungen war. Diesem Prinzip kommt in der Wirtschaft idealtypische Bedeutung zu, real manifestiert es sich aber in unterschiedlichem Maß. Darüber hinaus steht es in enger Beziehung zu Formen der Rationalität in anderen Kulturbereichen wie dem Rechtssystem oder dem Glaubenssystem.

Da für Weber das Kapital von konstitutiver Bedeutung für die Unternehmung ist, steht für ihn die rechtliche Begründung des Eigentums bzw. der Verfügungsgewalt über die Produktions- oder Erwerbsmitteln im Vordergrund. Besondere Bedeutung kam dabei in Webers Sicht der Kommerzialisierung der Unternehmensanteile durch Wertpapiere zu, denn sie machte die ausschließliche Orientierung der Bedarfsdeckung an Marktchancen und an Rentabilität möglich. Die Wertpapierbörse wurde zum modernen Mittel rationaler Kapitalbeschaffung (Weber 1958: 241; Weber 2000). Der Kapitalmarkt und die Finanzierung der Unternehmen haben für Weber eine wichtige und zentrale Bedeutung als Charakteristik des modernen Kapitalismus; seine diesbezüglichen Ausführungen muten daher erstaunlich modern an, so dass sie mit gegenwärtigen Diskussionen über Corporate Governance in Verbindung gebracht werden können, obwohl sie in den Anfängen der ,managerial revolution' entstanden. Weber betrachtete die moderne Aktiengesellschaft als die rationalste Form der Unternehmung; sie sah er als den Kern des modernen Kapitalismus, als den typischen rationalen Akteur mit rechnerischer Rentabilitätsorientierung und der größtmöglichen Trennung zwischen Geschäfts- und Haushaltsvermögen.

2.4 Kapitalrationalität und Rationalisierung der Kultur

Die starke Betonung der Rentabilitäts*rechnung* verweist auf die besondere Bedeutung, die Weber der *formalen* Rationalität als Kennzeichen und methodisches Prinzip des modernen Kapitalismus zuwies. Die Unterscheidung zwischen formaler und materialer Rationalität ist von grundlegender Bedeutung für Webers Verständnis des Kapitalismus, denn sie verweist darauf, dass es ihm nicht primär um das materielle Ergebnis des Erwerbsstrebens ging, sondern um die kulturelle Form, in der sich das rationale Handeln manifestiert. Seine Hinweise auf die materiale Rationalität sind nicht besonders ausführlich oder aufschlussreich; sie verweisen nur darauf, dass die Ergebnisse, auch die materialen Geschäftserfolge von Unternehmen, und deren Bewertung von verschiedensten Standpunkten aus betrachtet werden können. Die formale Rationalität hingegen kann an der Einhaltung von Regeln und dem Ausmaß von Rechenhaftigkeit, der Verbreitung von Kalkulationstechniken, Rechnungswesen etc. abgelesen werden. Allerdings ist sich Weber bewusst, dass die formale Rationalität nicht gleichzeitig ein optimales materiales Ergebnis bedeutet, was überdies je nach dem Standpunkt, von dem aus es beurteilt wird, unterschiedlich interpretiert werden kann. Die Unterscheidung zwischen formaler und materialer Rationalität lässt daher den Schluss zu, dass Weber die erstere zwar als allgemeine Tendenz in den verschiedenen Kulturbereichen und in diesem Sinn als idealtypisches Merkmal des modernen Kapitalismus erkannte, aber ihre Dominanz im Hinblick auf die Folgen nicht nur positiv sah.

Die formale Rationalität stellt für Weber das bedeutendste Merkmal der westlichen Zivilisation dar. In der kapitalistischen Unternehmung wird es durch die rechnerische Kalkulation nach Maßgabe der Kapitalrentabilität repräsentiert. Sie ist aber nicht auf ‚Wirtschaften' im engeren Sinn eines an (privat-)wirtschaftlichen Zwecken orientierten und friedlichen Handelns beschränkt, sondern kann – in der modernen Epoche des rationalen Kapitalismus – jedes seinen Zwecken oder seinen Folgen nach ‚wirtschaftlich orientiertes' Handeln betreffen (vgl. Weber 1985: 31 ff). Darüber hinaus verbreitet es sich in der gesamten Kultur und wird auch über die Orientierung an Markterwerbschancen hinaus prägend; auch Unternehmen des öffentlichen Sektors, ideologische, militärische, religiöse Verbände können sich der Prinzipien der Kapitalrechnung bedienen (Weber 1985: 48). Aber der rationale Erwerbsbetrieb mit Kapitalrechnung ist für Weber dennoch eindeutig der idealtypische Akteur des modernen Kapitalismus, daher kommt ihm eine historisch prägende Rolle für die gesamte Kultur zu.

Gleichzeitig war die Entstehung von kapitalistischer Unternehmung und Kapitalrechnung bestimmt durch die spezifischen Gegebenheiten Europas, die Entwicklung der Städte, des modernen Staates, des rationalen Rechts, der Wissenschaft und Technologie sowie der Entstehung eines rationalen Ethos der Lebensführung, die auch zur Grundlage einer rationalen Wirtschaftsethik wurde. Diese war Voraussetzung dafür, dass das rationale Unternehmenshandeln durch die in der Gesellschaft vorherrschenden Werte legitimiert werden konnte. Die Ausgangskonstellation dafür war im Okzident, „wo offiziell eine von der orientalischen und antiken verschiedene, durchaus kapitalfeindliche Wirtschaftstheorie geherrscht hat" (Weber 1958: 304), zunächst gar nicht so gut. Weber bezieht sich damit etwa auf die Folgen der religiösen Wucherkritik in Bezug auf Handel und Kreditwirtschaft für die Kapitalbildung. Die christliche Religion war dem wirtschaftlichen Erwerbsstreben nicht positiv zugeneigt und auch die protestantische Ethik betonte nicht das Erwerbsstreben, sondern die Tugenden von Frugalität, Fleiß und Methodik der Lebensführung. Aber gerade diese Tugenden brachten eine Orientierung des Handelns hervor, die der Akkumulation von Kapital und der rechnerischen Rationalität förderlich war. Sie führten zu einer Wirtschaftsweise, die das Erwerbsstreben durch seine formale Rationalisierung legitimierte, es dabei gleichzeitig regulierte und ihm einen Spielraum zuwies. Die Orientierung an Erwerbschancen wurde in der Unternehmung in rechnerisch-rationale Formen und Regeln umgewandelt. Für Weber ist nicht das unbeschränkte Erwerbsstreben bzw. der individuelle Eigennutzen das typische Merkmal des modernen Kapitalismus, sondern vielmehr deren Zähmung durch Rationalisierung. Ihr Ausdruck ist die rechnerische Kalkulation des modernen Unternehmens, die durch die Rationalisierung der okzidentalen Kultur ermöglicht wurde, ihr aber zugleich auch ihren spezifischen Stempel aufdrückte.

2.5 Die Unternehmung als Industriebetrieb, Wirtschaftsverband und Bürokratie

Weber maß der technisch-industriellen Entwicklung vergleichsweise weniger Gewicht für die moderne Wirtschaft und Gesellschaft zu als andere sozialwissenschaftliche Denker wie Comte, Spencer oder Veblen. Comte und Spencer hatten die Industriegesellschaft als neue historische Konstellation betrachtet und die spezifisch industrielle Produktionsweise besonders betont; in ihr erblickten sie die gestaltenden Prinzipien der modernen Gesellschaft (vgl. Mikl-Horke 2011a: 18 ff). Dem modernen Industrieunternehmen hatte insbesondere Thorstein Veblen große Beachtung geschenkt und die Umsetzung des industriellen Prozesses durch die Profitinteressen des „Business Enterprise" kritisch kommentiert (Veblen 1994).

Weber jedoch hatte mit seiner Erklärung von Unternehmen bereits bei den mittelalterlichen Handelssozietäten angesetzt, die industrielle Produktionsweise stellte nur eine weitere Stufe in dem Prozess der okzidentalen Rationalisierung dar. Sie brachte die rationale Organisation des Industriebetriebs, in der die rationale Technik und die freie Arbeit aber nach Maßgabe der Rationalität der Kapitalrechnung miteinander verbunden wurden. Die Ausbreitung der Industrie in der gesamten Wirtschaft verstärkte die Notwendigkeit rationalen Handelns und dessen Verbreitung und Verallgemeinerung, indem der Markt sich als allgemeines Allokations- und Verteilungsprinzip und damit auch das rechnerische Kalkül des typischen Akteurs des Kapitalismus, des privatwirtschaftlichen Erwerbsunternehmens, durchsetzte. Weber legt aber neben den Voraussetzungen der rationalen Technik und der freien Arbeit, die grundlegend für das Industrieunternehmen waren, besonderen Nachdruck auf die Appropriation aller sachlichen Beschaffungsmittel als freies Eigentum an autonome private Erwerbsunternehmungen und auf das rationale Recht als Grundlage dafür.

Nicht die technische Organisation des Industriebetriebs ist für Webers Sicht des Unternehmens bedeutsam, sondern seine Auffassung desselben als rechtlich begründete Gemeinschafts- bzw. Gesellschaftsform auf der Basis des Eigentums- bzw. der Verfügungsgewalt über das Kapital. Das kommt auch in den ersten beiden Kapiteln von Wirtschaft und Gesellschaft, der Kategorienlehre, zum Ausdruck, denn dort kann man Hinweise auf Unternehmen am ehesten den Ausführungen über die Verbände entnehmen. Ein Verband ist ganz allgemein eine geschlossene soziale Beziehung mit einer durch einen Leiter und eventuell auch einen Verwaltungsstab charakterisierten Ordnung, die auf einen bestimmten Zweck gerichtet ist und deren Einhaltung erzwungen werden kann (Weber 1985: 26). Die Ordnung kann autonom oder heteronom, die Leitung autokephal oder heterokephal bestimmt werden. Eine Form des Verbandes ist der Betriebsverband, den Weber durch eine zweckrationale Ordnung und kontinuierliches Verwaltungshandeln charakterisiert sieht (Weber 1985: 28).

Ein Wirtschaftsverband kann entweder auf Haushaltung oder auf Erwerb ausgerichtet sein und verfolgt den Zweck der Bereitstellung von Nutzleistungen, wobei mehrere Personen durch sachliche Beziehungen kontinuierlich miteinander verbunden werden. Die Leiter werden autokephal, also auf Grund der eigenen Ordnung, bestellt. Die Bandbreite der Wirtschaftsverbände umfasst sowohl den Werkstattverband zweier Handwerker als auch Aktiengesellschaften, Konsumvereine und Genossenschaften etc. Vom Wirtschaftsverband unterscheidet Weber den wirtschaftenden Verband, der primär auf außerwirtschaftliche

Zwecke gerichtet ist, dessen Handeln aber ein Wirtschaften einschließt (z.B. der wirtschaftende Staat, Kirchen etc.). Wirtschaftsregulierende Verbände wie Berufsverbände, Arbeitgeberverbände etc. sind solche, an deren Ordnung sich das autokephale Wirtschaften der Mitglieder material, während sich das Handeln der Mitglieder bei Ordnungsverbänden an deren Ordnung formal orientiert (z.B. Rechtsstaat) (Weber 1985: 37 f).

Weber unternimmt an dieser Stelle in der Kategorienlehre keine nähere Bestimmung der Unternehmung, doch kann man schließen, dass er diese sowohl als Wirtschaftsverband als auch als Betriebsverband verstand. Das Unternehmen als Wirtschaftsverband verweist auf die Vereinigung von autonomen Wirtschaftern zum Zweck der gemeinsamen Leistungserstellung, also von Gesellschaftern oder Aktionären bei Kapitalgesellschaften bzw. von Genossen einer Genossenschaft. In der Regel ist das Unternehmen auch ein Betriebsverband, in welchem Personen auf Grund sachlicher Beziehungen, also etwa auf Grund von Arbeitsverträgen, miteinander verbunden sind, und bei dem das Verhalten dieser Personen durch einen Leiter und eventuell einen Verwaltungsstab im Sinne der Ordnung des Verbandes erzwungen werden kann.

Der Charakter des Verbandes ist in Bezug auf die Autonomie seiner Ordnung und seiner Leitung sowie der Art und Funktion des Verwaltungsstabes durch die zugrunde liegende Herrschaftsordnung bestimmt. Im Fall der Unternehmung im modernen Kapitalismus beruht deren Legitimität nicht auf Tradition, sondern auf rationalem Recht im Sinne der legalen Herrschaft, deren Kennzeichen abstrakte, zweckorientiert gesatzte Regeln sind. Die Unternehmung stützt sich daher einerseits auf die Ordnung des Rechtsstaates, sie kann sich darüber hinaus aber als Verband des privaten Rechts autonom ihre eigenen Regeln setzen und auch selbst die Leitung bestimmen.

Das Unternehmen baut als Betriebsverband eine rationale Organisation der Arbeit auf und rechnet nach formalrationalen Regeln der Bilanzierung ab. Sie weist damit die bürokratischen Merkmale rational-legaler Herrschaft auf: einen kontinuierlichen, regelgebundenen Betrieb der Amtsgeschäfte mit Kompetenzordnung, Amtshierarchie und Aktenmäßigkeit der Verwaltung. Die Amtsinhaber sind nicht Eigentümer des Unternehmensvermögens und auch nicht ihrer Amtsstelle. Der Beamte ist persönlich frei und gehorcht nur sachlichen Amtspflichten, die seinen Kompetenzen im Rahmen der Hierarchie entsprechen; er wird durch Vertrag nach seiner Fachqualifikation angestellt und mit einem festen Gehalt in Geld entlohnt; er unterliegt der Amtsdisziplin und der Kontrolle.

Die Bürokratisierung ist in Webers Sicht eine Folge des okzidentalen Rationalisierungsprozesses, die sich insbesondere in der staatlichen Verwaltung, aber auch in der Wirtschaft auf Grund der Rationalisierung der großen Unternehmen zeigt (Weber 1985: 127). Bürokratie ist zum einen Herrschaft kraft Regeln und gründet daher in der legalen Herrschaft, die auf gesatztem Recht beruht, dem auch der ‚Herr‘, also der Unternehmensleiter, gehorchen muss. Sie bedeutet Disziplinierung und Kontrolle nach Maßgabe der Regeln, und Weber stellt fest, dass neben dem Heer daher auch der wirtschaftliche Großbetrieb ein großer Erzieher zur Disziplin ist, und meint: „So geht mit der Rationalisierung der politischen und ökonomischen Bedarfsdeckung das Umsichgreifen der Disziplinierung als eine universelle Erscheinung unaufhaltsam vor sich und schränkt die Bedeutung des Charisma und des individuell differenzierten Handelns zunehmend ein" (Weber 1985: 687).

Bürokratische Verwaltung bedeutet zum anderen aber auch eine Herrschaft kraft Wissen, und zwar sowohl des Fachwissens als auch des Dienstwissens, d.h. der durch den ständigen Betrieb erworbenen pragmatisch-technischen Kenntnisse. Diese Arten des Wissens begründen die fortdauernde Selbstentwicklung der Unternehmen, eine Sichtweise, die gegenwärtig viel gebrauchte Begriffe wie den der ‚lernenden Organisation' vorwegnimmt. Aus der Erkenntnis der bürokratischen Tendenzen leitet Weber Folgerungen in Bezug auf die Entwicklung des ‚Fachmenschentums' ab. Wenngleich er dies als den Erfordernissen seiner Zeit entsprechend erkannte, sah er darin aber auch eine Gefahr sowohl für die Freiheit individuellen Handelns als auch für die Innovationsfähigkeit der Unternehmen. Er drückte dies in einem berühmten von Pessimismus gekennzeichneten Passus aus, indem er den Geist des industriellen und bürokratischen Rationalisierung kritisierte: „Eine leblose Maschine ist geronnener Geist. Nur, dass sie dies ist, gibt ihr die Macht, die Menschen in ihren Dienst zu zwingen und den Alltag ihres Arbeitslebens so beherrschend zu bestimmen, wie es tatsächlich in der Fabrik der Fall ist. Geronnener Geist ist auch jene lebende Maschine, welche die bürokratische Organisation mit ihrer Spezialisierung der geschulten Facharbeit, ihrer Abgrenzung der Kompetenzen, ihren Reglements und hierarchisch abgestuften Gehorsamsverhältnissen darstellt. Im Verein mit der toten Maschine ist sie an der Arbeit, das Gehäuse jener Hörigkeit der Zukunft herzustellen, in welche vielleicht dereinst die Menschen sich…ohnmächtig zu fügen gezwungen sein werden." (Weber 1985: 835).

Als ein Gegengewicht dazu betrachtete Weber –ähnlich wie die österreichischen Nationalökonomen und Schumpeter – den Unternehmer: „Überlegen ist der Bürokratie an Wissen innerhalb seines *Interessen*bereichs *nur* der private Erwerbsinteressent, also der kapitalistische Unternehmer. Er ist die einzige wirklich gegen die Unentrinnbarkeit der bureaukratischen rationalen Wissens-Herrschaft *immune* Instanz" (Weber 1985: 129). Für Weber beruht die Rationalität der Organisation auf der Verwendung freier Arbeit und auf der Einrichtung von Instanzen, Kompetenzen, Regeln; sie wird aber dem Unternehmerhandeln entgegen gesetzt, das er ganz ähnlich wie später Friedrich A. Hayek als schöpferische Suche nach Marktchancen unter Ungewissheit begreift (Hayek 2002; vgl. auch Mikl-Horke 2011b: 59 ff). Dies ist eine Ambivalenz in Webers Deutung der Entwicklungen der modernen kapitalistischen Unternehmung. Ihre zunehmende rechnerische Rationalität und Bürokratisierung betrachtete er einerseits als Ausdruck einer typischen Entwicklung, andererseits aber als Gefahr der Ausbreitung planwirtschaftlicher Tendenzen.

Diese Ambivalenz durchzieht auch Webers Auffassung vom Kapitalismus, der als ein widersprüchlicher Prozess erscheint: Zum einen ist er immer mehr durch rationale Rechnung, bürokratische Verwaltung und rationale Organisierung der Arbeit charakterisiert; zum anderen stellt das kapitalistische Erwerbsstreben gepaart mit unternehmerischer Innovation, Risikoübernahme und Verantwortung eine Kraft dar, die den planwirtschaftlichen Tendenzen der Zeit entgegenwirken kann. Die Gefahr erblickte er daher weniger im rationalen Markthandeln der Unternehmen als vielmehr in der Unterordnung der Wirtschaft unter die staatliche Bürokratie, in der Ausschaltung des privaten Kapitalismus „durch irgendeine Form von gemeinwirtschaftlicher Solidarität", die „den Geist, der in diesem ungeheuren Gehäuse" (der geschlossenen Großindustrie) „heute lebt, grundstürzend ändern" würde (Weber 1988c: 59 f).

3   Unternehmen und Markt bei Weber und Coase

Wenn im Folgenden Begriff und Erklärung des Unternehmens bei Weber und bei Coase verglichen werden, muss eingangs auf einen grundlegender Unterschied zwischen beider Intention hingewiesen werden: Coase befasste sich mit der Erklärung der Existenz von Unternehmen in wirtschaftstheoretischer Absicht, d.h. er suchte nach einer ,ökonomischen' Erklärung der Existenz und der Größe von Unternehmen, mit der die Wirtschaftstheorie erweitert und überdies die Firma markttheoretisch erklärt sowie auch die empirische Erforschung der gesamten industriellen Struktur ermöglicht werden sollte (für eine Diskussion der Theorie von Coase siehe den Beitrag von Pirker/Resch in diesem Band).

Weber hingegen ging von der historischen Existenz von Unternehmen aus und verband die Analyse ihrer typischen Form mit der Frage der Kulturbedeutung für den modernen Kapitalismus. Weber zielte daher nicht auf eine ökonomisch-theoretische Erklärung der Unternehmung bzw. die Integration desselben in die Wirtschaftstheorie, die er vielmehr ihrerseits auf der Grundlage seiner methodologischen Ausrichtung am Kulturverstehen als idealtypische Manifestationen des epochalen Rationalisierungsprozesses interpretierte. Auf Grund seiner historisch-juristischen Sichtweise erschienen ihm Unternehmen als Gegebenheiten, die bereits eine lange Vorgeschichte aufweisen und sich mit dem geschichtlichen Wandel des Kapitalismus verändern. Der Phase des modernen okzidentalen Kapitalismus entsprach in seiner Sicht die rationale Großunternehmung mit Kapitalrechnung, Trennung von Eigentum und Verwaltung und Finanzierung über den Kapitalmarkt. Für ihn war es eine Selbstverständlichkeit, dass diese modernen Unternehmen die zentralen Akteure der ,Verkehrswirtschaft' darstellen und dass es ihre Strategien sind, die letztlich auch die Nutzenresultate für die Konsumentenhaushalte bestimmen. Was Verkehrswirtschaft bedeutet ist jedoch nicht deckungsgleich mit dem ,Markt', wie er in der Wirtschaftstheorie vorausgesetzt wird.

3.1 Das Unternehmen in der ökonomischen Theorie: Ein sehr kurzer Rückblick

Der klassischen und auch der neoklassischen Ökonomie wurde vorgeworfen, sie hätte das Unternehmen völlig außer Acht gelassen. Aber schon Smith hatte auf die arbeitsteiligen Produktionsprozesse in der Nadelfabrik hingewiesen, sich dann allerdings analytisch mit den Tauschprozessen auseinander gesetzt (vgl. McNulty 1984: 237 f). Im Besonderen hatte Alfred Marshall der Unternehmung sowohl in empirisch-historischer Analyse als auch in theoretischer Hinsicht seine Aufmerksamkeit zugewandt. Einerseits untersuchte er die faktischen Lebensläufe von Firmen, andererseits konstruierte er die „representative firm" als die typische Unternehmung einer bestimmten Industrie (vgl. Marshall 1920). Marshall hatte auch die Organisation als vierten Produktionsfaktor eingeführt und auf die externen Effekte des Unternehmenshandelns hingewiesen. Andere Ökonomen hatten die Rolle des Unternehmers betont, wieder andere jene des Managements der Unternehmen. Besonders unter den historischen und institutionalistischen Ökonomen waren Unternehmen immer schon ein wichtiges Thema. Insbesondere Veblen entwickelte in seiner *Theory of Business Enterprise* eine Auffassung, die Chandlers Beschreibung der Entwicklung des industriellen Großunternehmens durch funktionale Integration (vgl. Chandler 1977), aber auch die Argumentation von Coase' Erklärung der Firma vorbereitet hatte. Er sah die Integration des modernen industriellen Großunternehmens durch Störungen im Prozess der „concatenation" und der „interstitial coordination of the industrial process" (Veblen 1994: 16) verursacht und schloss daraus: „It is in doing away with unnecessary business transactions and industrially futile manoeuvering on the part of independent firms that the promoter of combinations finds his most telling opportunity" (Veblen 1994: 47 f).

Die Marginalisten erklärten jedoch die wirtschaftlichen Zusammenhänge von der Nachfrageseite her auf der Grundlage der Nutzenkonzepte der individuellen Haushalte der Konsumenten (vgl. Mises 1933). Das Unternehmen wurde als Produktionsfunktion aufgefasst, und seine Existenz als empirisches Gebilde trat in den Hintergrund; die Analyse richtete sich auf die Preisbildung auf Märkten. Im Zentrum der Wirtschaftstheorie stand die Preisbildung, und Unternehmen wurden nur im Hinblick auf ihr Verhalten auf dem Markt behandelt. Als dann der Formalisierungsprozess einsetzte, der die neoklassische Wirtschaftstheorie kennzeichnet, kam der Firma nur die Rolle der Reaktion auf die Preisbildung im vollkommenen Markt zu, oder wie Machlup dies ausdrückte: „The firm is only a theoretical link, a mental construct helping to explain how one gets from the cause to the effect" (Machlup 1967: 9). Märkte wurden mit dem Preismechanismus identifiziert und als selbsttätig zu einem Gleichgewichtspreis hin tendierend aufgefasst, wobei als Handlungsmaxime die Orientierung an Nutzenmaximierung durch Markttransaktionen angenommen wurde. Diese Annahme wurde zwar von empirisch forschenden Ökonomen bestritten und führte zur Maximierungs-Kontroverse, die 1946 einen Höhepunkt in der Auseinandersetzung zwischen dem Marginalisten Fritz Machlup und dem institutionalistischen Ökonomen Richard A. Lester fand (vgl. Mongin 1997). Die empirischen Untersuchungen zum Unternehmensverhalten mündeten schließlich in der *Behavioral Theory of the Firm* (Cyert/March 1963), die auf Herbert A. Simons Erkenntnis, dass Unternehmen nicht Gewinnmaximierung, sondern die Erreichung eines zufrieden stellenden Niveaus („satisficing") anstreben, aufbauen und sich mit dem Marktverhalten der Firmen als Resultat interner Verhandlungs- und Lernprozesse auseinandersetzt.

Auch in der Marktökonomie kam es zu einem neuerlichen Interesse am realen Preissetzungsverhalten innerhalb einer Population von Firmen mit identischen Kostenkurven (vgl. Moss 1984). Realistischere Theorien, die auch ein anderes Bild der Unternehmen enthielten, entstanden unter den theoretischen Annahmen unvollkommener Märkte, unvollständiger Information und auf der Grundlage spezifischer Ziele des Managements der Unternehmen. Dies hatte die Entwicklung zahlreicher Ansätze einer Theorie der Firma aus verschiedenen Perspektiven zur Folge. Auch Machlup erkannte schließlich, dass es kein realistisches Modell der Firma geben könne, das allen Zwecken gleichermaßen dienen kann, sondern dass für jeden Zweck eigene theoretische Perspektiven entwickelt werden müssen (Machlup 1967: 27 f). Machlup selbst differenzierte marginalistische, behavioristische und manageriale Theorien der Firma, aber gegenwärtig lassen sich zahlreiche weitere Varianten erkennen, was in einer dreibändigen Sammlung alternativer ökonomischer Theorien der Firma dokumentiert ist (Langois et al. 2002).

Schon bevor Coase 1937 seinen Aufsatz *The Nature of the Firm* veröffentlichte, hatte es eine Diskussion über die Stellung der Unternehmen in der Ökonomie gegeben. Er selbst stellte einen Trend der ökonomischen Analyse fest, von der individuellen Firma und nicht von der Industrie auszugehen, ohne dass jedoch in der Wirtschaftstheorie eine Erklärung für die Entstehung und Existenz von Unternehmen gegeben werde. Es blieb offen, warum es innerhalb des Marktes vom Preismechanismus ausgenommene Bereiche der Planung geben sollte. Coase fragte daher, wie die alternative Form der wirtschaftlichen Koordination, die durch die Firma repräsentiert wird, auf der Grundlage der Markttheorie erklärt werden könne. Die besondere Stellung der Theorie von Coase erklärt sich daher aus seinem Versuch, die Firma markttheoretisch zu begründen.

Ausgehend von der Markttheorie folgert Coase, dass es zu einer „supersession of the price mechanism" kommen müsse, damit Firmen entstehen (Coase 1988: 36), d.h. die Koordination durch Preise muss durch eine andere Koordinationsform ersetzt werden, die er als „firm" bezeichnete. Sie ist durch einen kontinuierlichen Betrieb auf der Basis von Arbeitsverträgen charakterisiert, gleichzeitig ist sie aber Marktakteur. Coase' Begriff der Firma entspricht damit in etwa dem des „kapitalistischen Erwerbsbetriebs" oder des „Markt-Erwerbsbetriebs" bei Weber (z.B. Weber 1985: 53), der durch die Orientierung an Markt und Erwerb von anderen Formen der Unternehmung, wie öffentlichen, karitativen, künstlerischen Unternehmen unterschieden ist, zugleich aber eine rationale Betriebsorganisation aufweist. Für Weber war die Unternehmung, die doppelseitig (im Hinblick auf Beschaffung und Absatz) marktorientiert ist, rational auf Grund rechnerischer Kalkulation und der Abschätzung von Tauschgewinnchancen handelt, und die einen dauerhaften Verband mit kontinuierlichem Betrieb umfasst und sich neben Bankkrediten über den Kapitalmarkt finanziert, typisch für den modernen Kapitalismus. Während für Coase die „firm" eine logische Folge der Entscheidung des Marktakteurs der Wirtschaftstheorie ist, ist sie für Weber ein idealtypischer Ausdruck vielfältiger historischer Entwicklungen.

Coase stellte die Entscheidung zwischen den beiden Koordinationsformen, dem Markt und der Organisation, ins Zentrum seiner Erklärung der Existenz und Größe der Unternehmen; der Markt jedoch benötigt keine Erklärung. Die Entstehung und Ausweitung der Koordinationsform „Firma" hat zwar Einfluss auf die Gestalt des Marktes, da sie seine Struktur und seinen Geltungsbereich verändert, aber seine Existenz wird vorausgesetzt; er existiert unabhängig von der Entstehung von Unternehmen. Für Weber hingegen sind der Markt, seine Existenz und seine Ausdehnung, ein Ergebnis des Verhältnisses zwischen den monopolistischen Bestrebungen der Unternehmen und den staatlichen Regulierungs- und Planungstendenzen.

3.2 Der Markt bei Weber

Webers Verständnis von Markt ist vielschichtig, denn einerseits betrachtete er Märkte als pragmatische Institutionen der modernen Verkehrswirtschaft, andererseits interpretierte er den Markt als die unpersönlichste Form der menschlichen Gemeinschaft, als den Archetypus aller rationalen Vergesellschaftung, dann auch in historischer Sicht als eine Übergangsphase von den ständischen Monopolen zu den kapitalistischen Monopolen (Weber 1985: 382 ff; vgl. Mikl-Horke 2010). Weber charakterisierte die kapitalistischen Erwerbsbetriebe zwar durch ihre rechnerische Rationalität; diese erlangt aber erst durch ihre Orientierung auf die Beherrschung der Marktvorgänge ihre volle Ausprägungsform. Für ihn waren die Wirtschaftsverbände, Erwerbsbetriebe, Unternehmen in ihren verschiedenen Formen und Größen diejenigen Akteure, die das Marktgeschehen bestimmen. Er sprach von Unternehmen als „Marktinteressenten" bzw. auch als „Interessenten des Kapitalismus", deren „ökonomische Lage sie in den Stand setzt, vermöge der formalen Marktfreiheit zur Macht zu gelangen" (Weber 1985: 384 f). Durch ihr Handeln schaffen sie unter spezifischen instituti-onellen Bedingungen „den Markt" bzw. bestimmte Marktformen.

Für Weber spielt daher die Macht eine große Rolle im Markt und zwar einerseits im Sinn der Machtverhältnisse zwischen den Unternehmen und andererseits zwischen ihnen und den Konsumenten bzw. Haushalten. Die Machtasymmetrie zwischen den Unternehmen und den Konsumenten sah er weniger durch die Nachfrage-Angebots-Relation bestimmt als durch das Rentabilitätsstreben begründet. Er wandte sich damit gegen den Standpunkt der Wirtschaftstheorie, die die steuernde Rolle des am Grenznutzen orientierten Verhaltens der Konsumenten betonte: „Für die ökonomische Theorie ist der Grenzkonsument der Lenker der Richtung der Produktion. Tatsächlich, nach der Machtlage, ist dies für die Gegenwart nur bedingt richtig, da weitgehend der ‚Unternehmer' die Bedürfnisse des Konsumenten ‚weckt' und ‚dirigiert', – wenn dieser kaufen *kann*." (Weber 1985: 49). Weber verwies damit bereits auf die Schaffung von Bedürfnissen; das aber setzt die Existenz von mächti-gen Erwerbsbetrieben und deren Absatzstrategien und Rentabilitätsinteressen voraus. Darü-ber hinaus verfügen große Unternehmen nicht nur über Marktmacht, sondern auch über politischen und kulturellen Einfluss.

Das marktbeherrschende rationale Unternehmen tritt den Konsumenten mit all seiner wirtschaftlichen, politischen und kulturellen Macht gegenüber. Wenngleich Weber die preistheoretischen Vorstellungen der Ökonomen übernahm und die Marktpreisbildung als Regulator der Volkswirtschaft verstand, so war der Markt für ihn keine sozialharmonische Koordinationsordnung. Die Geldpreise kommen als Kampf- und Kompromissprodukte, als Resultate von Machtkonstellationen und Preiskämpfen zustande, und Geld ist keine „harm-lose Anweisung auf unbestimmte Nutzleistungen, sondern ‚Kampfmittel'" (Weber 1985: 58). Mit dem ‚Kampf' meint er den Wettbewerb; dieser ist jedoch für ihn kein Allokati-onsmechanismus, sondern ein mit allen erdenklichen Mitteln geführter Konflikt. Zwar bescheinigt er dem Markt, als „eine Vergesellschaftung mit Ungenossen, also Feinden", zu einer Befriedung geführt zu haben, indem sich der Tausch als „spezifisch friedliche Gewin-nung ökonomischer Macht" durchsetzte (Weber 1985: 385). Darin sah Weber auch einen Unterschied zum Kapitalismus, der in verschiedenen historischen Spielarten auftreten, und auch die Durchsetzung ökonomischer Vorteile mit gewaltsamen Mitteln umfassen kann. Für den modernen rationalen Kapitalismus aber sind Märkte, Börsen und Handel als „Insti-tutionen des Verkehrs" (Weber 1990: 22) im Rahmen der „Verkehrswirtschaft" typisch.

Markt impliziert nicht kriegerische Auseinandersetzung, aber Interessengegensätze; auf ihm spielt sich ein zwar friedlicher, aber typisch durch „nackte Interessenlage" be-stimmter Austausch ab (Weber 1985: 23). ‚Interesse' versteht Weber als gleichbedeutend mit zweckrationalem Handeln, d.h. ganz im Sinn der österreichischen Wirtschaftstheorie als nicht-utilitaristisch und nicht-hedonistisch begründetes zweckorientiertes Handeln. Daher spricht er auch immer wieder von den „rationalen Interessen"; ihre Rationalität ist von der Stellung im Markt bestimmt, aber besonders bedeutsam sind die planvolle Vorgangsweise, mit der sie durchgesetzt werden, und die Verwendung der Geldrechnung. Dies wird jedoch durch die Verwendung des Begriffs der Chance konterkariert, denn dieser drückt die Un-gewissheit bzw. das Risiko aus, das jedes Markthandeln bestimmt. Weber sieht den Markt daher nicht als einen selbst steuernden Mechanismus, der durch vollständige Information und vollkommene Märkte geprägt ist, sondern nimmt gleichzeitig Zweckrationalität und Ungewissheit bzw. Risiko an. Damit gewinnt die normative Ordnung, das „kalkulierbare Funktionieren des Rechts", eine große Rolle als Voraussetzung für die „universelle Herrschaft der Marktvergesellschaftung" (Weber 1985: 198). Markt impliziert für Weber daher die Orientierung an den Normen und Regeln der Gesellschaft (Weber 1985: 43ff).

Als Formen der Regulierung der Wirtschaft nennt Weber Tradition, Konvention und Recht sowie die „voluntaristische" Regulierung etwa durch Monopol- bzw. Verbandsbildung. Die Marktregulierung kann der Funktionsfähigkeit des Marktes dienen, wie es bei Vertragsrecht, Eigentumsrecht, Anti-Trust-Gesetzen der Fall ist, er kennzeichnet sie dann als ‚marktrational', sie kann aber auch Einschränkungen derselben bedeuten. Voluntaristische Marktregulierung stellt für Weber die am meisten ‚marktrationale' Regelung dar, weil sie durch Erwerbschancen motiviert bzw. durch die Orientierung an Marktlagen bestimmt ist. Die kapitalistische Monopolbildung ist daher für Weber die letzte Konsequenz der rationalen Marktpreisbildung (Weber 1985: 385).

Die Ordnung des Marktes entsteht weder selbsttätig durch das freie Zusammenwirken der individuellen Handlungen noch allein durch Regulierung, vielmehr stellt Weber eine Wechselwirkung fest, denn „der ökonomisch rationale Sinn der Markt*regulierungen* ist geschichtlich mit Zunahme der formalen Marktfreiheit und der Universalität der Marktgängigkeit im Wachsen gewesen" (Weber 1985: 44). Mit der Ausbreitung und Verallgemeinerung der Markttransaktionen und der Geldwirtschaft seien auch eine spezifische Marktethik und eine „rationale Legalität" entstanden (Weber 1985: 383). Ihre Merkmale sieht Weber insbesondere in den strengen Prinzipien des Börsenhandels und ihrer Charakteristik als einer eigenen Ethik der Marktgemeinschaft als Berufsethik verwirklicht.

Eine der ersten Arbeiten Webers über Märkte von 1894 beschäftigte sich mit der Börse (Weber 2000). Sie ist insofern interessant, weil darin Webers Verständnis von Märkten als konstituiert durch rationales Unternehmenshandeln explizit zum Ausdruck gebracht wird. Börsen funktionieren seiner Meinung nach – allerdings unter der Bedingung strenger Kontrollen – am besten als ein Markt professioneller Händler und Unternehmer. Die rationale Marktprofessionalität der Unternehmen gewährleistet, dass Märkte zum Nutzen der Volkswirtschaft arbeiten. Umgekehrt ist auch die Finanzierung über den Kapitalmarkt ein wesentliches Element des typischen rationalen Unternehmens.

3.3 Marktkosten und Organisationskosten

Der Marktakteur in Coase' Theorie entscheidet, ob er Güter und Leistungen erwerben oder selbst beistellen soll. Ausschlaggebend sind aber nicht die Faktorpreise, sondern die Kosten des Marktes selbst. Dass der Markt Kosten verursacht, ist keine neue Erkenntnis gewesen. So hatte schon Carl Menger auf Grund seiner Erfahrungen mit Marktanalysen auf die „ökonomischen Opfer, welche die Tauschoperationen erfordern", hingewiesen (Menger 1871: 170 f). Er verstand darunter Kosten, die durch Zeitverlust und Havarien entstehen, vor allem aber Frachtkosten, Mautgebühren, Kosten der Korrespondenz, der Versicherungen, Provisionen und Kommissionsgebühren, Lagerkosten sowie „die Ernährung der Handelsleute und ihrer Hilfsarbeiter überhaupt, die ganzen Kosten des Geldwesens" etc. Menger hatte dies jedoch nicht auf die Erklärung der Existenz von Unternehmen bezogen, sondern sie mit Hinblick auf die Einkommen und die Ausgaben des Handels und dessen wichtige Funktion für die Volkswirtschaft betrachtet.

Coase hingegen bezog die Marktkosten generell auf die Kosten, die in Vorbereitung, Abschluss und Einhaltung von Geschäftsverträgen zwischen Marktkontrahenten anfallen.

Diese erkannte er als Begründung für die Existenz von Firmen: "The main reason why it is profitable to establish a firm would seem to be that there is a cost of using the price mechanism" (Coase 1988: 38). Während die Markttheorie ein völlig reibungsloses Funktionieren des Preismechanismus annahm, stellte Coase fest, dass Markttransaktionen mit Suchkosten, Verhandlungskosten, Kosten der Vertragserrichtung etc. verbunden sind. Daher ist es insbesondere im Fall längerfristig benötigter sowie relativ gleichartiger Leistungen vorteilhafter, die einzelnen Geschäftsverträge durch Arbeitsverträge, die auf unbestimmte Dauer und mit nur ungefährer Leistungsvereinbarung abgeschlossen werden, zu ersetzen.

Für Weber beruhen hingegen Gründung und Bestand von Unternehmen nicht nur auf Kosten, die zudem immer nur Schätzungen sein können, sondern auf Rentabilitätsrechnung, denn „nur dann werden Unternehmungen begründet und dauernd (kapitalistisch) betrieben, wenn das Minimum des Kapitalzins erhofft wird" (Weber 1985: 52). Unter Kapitalzins meint Weber den Profit, den der Einsatz von Kapital abwirft; damit verbunden ist stets „die soziologische Tatsache der ‚privaten', d.h. *appropriierten Verfügungsgewalt* über marktmäßige oder andre *Erwerbsmittel*" (Weber 1985: 52). Damit verweist er auf rechtliche und gesellschaftliche Voraussetzungen, die nicht nur die Verträge betreffen, sondern die Eigentumsordnung und die staatliche Wirtschaftsverfassung.

Weber orientiert sich an der Bedingung des Privateigentums und der Verfügungsrechte an den Produktionsmitteln, die erst eine Güter- oder Leistungserstellung zu Gewinnzwecken ermöglicht, wobei er primär den Kapitalbesitz bzw. die Verfügungsmacht über Kapital als Grundbedingung für die Existenz der Unternehmung betrachtet. Die Berücksichtigung sowohl von Organisations- als auch von Marktkosten ist in seinem Verständnis rechnerischer Rationalität zwar impliziert; die letzteren lassen aber die Unternehmung nicht erst entstehen.

Sowohl Coase als auch Weber weisen der Unternehmung als solcher zwei Seiten zu: Einerseits treten sie in Bezug auf die Außenbeziehungen als Marktakteure auf, die durch ihre Entscheidungen aktiv ins Marktgeschehen eingreifen, andererseits entwickeln sie Koordinations- und Kontrollstrukturen innerhalb der Organisation. Beide sehen sowohl das Markthandeln als auch die Organisation der Unternehmung als Ergebnis rationaler Entscheidungen an. Coase sieht die Organisation als Resultat der Entscheidung zwischen den Kosten der internen Koordination und des Managements einerseits und den Marktkosten andererseits. Aus dem Verhältnis von Markt- und Organisationskosten ergibt sich auch die optimale Betriebsgröße als Resultat der Entscheidung für die eine oder andere Koordinationsform. Coase geht davon aus, dass die jeweiligen Kosten monetär errechnet werden können, weshalb es immer eine optimale Lösung für die Entscheidung zwischen Markt und Organisation gibt. Allerdings liegt dann, so könnte man einwenden, eigentlich keine „Entscheidung" vor, denn eine solche wäre nur unter der Annahme von Ungewissheit in Bezug auf die Kosten der Koordination über den Markt bzw. die Organisation notwendig.

Coase setzt als Entscheidungsinstanz einen Unternehmer voraus. Diesen definiert er jedoch nicht primär durch das Markthandeln, sondern durch die Beziehungen innerhalb der Organisation: „A firm, therefore, consists of the system of relationships which comes into existence when the direction of resources is dependent on an entrepreneur" (Coase 1988: 41 f). Diese Textstelle entspricht beinahe wörtlich Webers Definition des ‚Erwerbsbetriebs', der überall da gegeben sei, wo ein „kontinuierlich zusammenhängendes, dauerndes Unternehmer*handeln* stattfindet" (Weber 1985: 64). Das Unternehmerhandeln bezieht sich bei Weber jedoch primär auf die Sicherung und Erhöhung der Kapitalrentabilität und die Suche nach Marktchancen, während Coase die Vorausschau und Beeinflussung des Preismecha-nismus durch Geschäftsabschlüsse als Funktion des Unternehmers definiert. Diese unter-scheidet er von der Funktion des Managements, die in der Reaktion auf Preise und der Kontrolle der Produktion besteht (Coase 1988: 55).

Coase stellt den einzelnen Geschäftsverträgen die ‚firm' als Kombination von Arbeits-verträgen gegenüber; damit entsteht eine betriebliche Organisation durch Spezialisierung und Kombination von Leistungen. Auch Weber hatte eine Typologie von Formen der wirt-schaftlichen Organisation mit Verweisen auf historische Beispiele erstellt, die von der Leis-tungsspezifizierung des Endprodukts bis zur Leistungsspezialisierung im Fabriksbetrieb, von der Leistungsverteilung im Sinn interner technischer Leistungsverbindung bis zur Leis-tungsverteilung im Sinn der „verkehrswirtschaftlichen Vergesellschaftung" zwischen auto-kephalen und autonomen Wirtschaften reicht (Weber 1985: 68).

Als ‚Betrieb' bezeichnet Weber die kontinuierliche technische Verbindung von Ar-beitsleistungen. Im Fall des modernen kapitalistischen Unternehmens nimmt auch die Or-ganisation der Arbeit eine rationale Form an, die jedoch Weber zufolge nicht nur auf den Kostenentscheidungen der Unternehmer, sondern auf einer Reihe von historischen Voraus-setzungen beruht; darunter nennt Weber etwa die Expropriation der einzelnen Arbeiter von den sachlichen Beschaffungsmitteln bzw. die Appropriation derselben durch Kapitalbesit-zer. Dies ermöglichte die Durchsetzung der Arbeitsdisziplin und der Leistungskontrolle im Betrieb, nicht nur die vertragsmäßige Verwertung der Arbeitskraft. Der moderne Betrieb im Kapitalismus beruht auf ‚stehendem' Kapital, freier Arbeit und rationaler Arbeitsspeziali-sierung und –verbindung, aber seine Existenz gründet auf dem Kapital bzw. der Appropria-tion der Beschaffungsmittel, die erst die rationale Produktionsorganisation ermöglichen.

Das typisch moderne Unternehmen beruht Weber zufolge auf kontinuierlichem Be-trieb auf der Basis rationaler Kapitalrechnung. Die Kostenentscheidungen in Bezug auf jede einzelne Transaktion fügen sich in das kontinuierliche Unternehmerhandeln ein, so dass das Unternehmen Webers seine Größe und Form nicht laufend an die externen Bedingungen anpasst, sondern umgekehrt auf diese einwirkt, um seinen Bestand zu sichern (vgl. Weber 1985: 61). Das trägt der Tatsache Rechnung, dass Organisationen eine gewisse Trägheit gegenüber raschem Wandel ihrer Struktur entwickeln und sich nicht ohne Verzögerung an Veränderungen der Marktbedingungen und –kosten anpassen. Webers Verweis auf die bürokratischen Tendenzen in Unternehmen macht dies deutlich und verweist darauf, dass Organisationen ihre eigene Gesetzmäßigkeit und ein Interesse an ihrer eigenen Erhaltung und Entwicklung entfalten, die ihrerseits auf die Marktkonstellationen und damit auch auf die Kosten der Markttransaktionen zurückwirken.

Coase nahm eine ökonomische Begrenzung für das Wachstum von Unternehmen an, denn die Kosten würden mit der Größe der Organisationen überproportional zunehmen, da die Effizienz durch Fehleranfälligkeit, Probleme der Koordination und Kontrolle etc. ab-nehme. Er folgert daraus, dass das Koordinationssystem des Marktes, zumindest aus öko-nomischen Gründen, nicht durch ein Planungssystem ersetzt werde, sondern durch eine von den jeweiligen Kostenentwicklungen beider Koordinationsformen bestimmte Mischung aus Markt und Organisation.

Weber sah wachsende immaterielle ‚Kosten' der Organisation, die er aber der Diszip-linierung und Technisierung im Gefolge der zunehmenden Rationalisierung und Bürokrati-sierung zuschrieb. Dies sah er nicht nur durch die Entwicklungen in der Fabrik und in der Verwaltung bestimmt, sondern als universale historische Tendenz der Rationalisierung aller

Bereiche des Lebens. Insbesondere barg sie – in seiner Zeit eine durchaus realistische Ein-schätzung – durch ihren Einfluss auf den Staat auch die Gefahr der Planwirtschaft.

4   Institutionen für Unternehmen – Unternehmen als Institutionen

Coase' Aufsatz von 1937 und mehr noch *The Problem of Social Cost* von 1960 waren wichtig für die Entwicklung der neuen Institutionenökonomik. Daneben waren auch die ökonomischen Theorien der Demokratie, der Verbände, des Rechts, der Verfassung und der institutionellen Entwicklung Ansätze, in denen die Ökonomen Institutionen in ihre Betrachtungen einbezogen. Schließlich kam es, vor allem durch Oliver E. Williamsons *The Economic Institutions of Capitalism* von 1985 sowie durch Douglass C. North und dessen *Structure and Change in Economic History* von 1981 und sein *Institutions, Institutional Change and Economic Performance* von 1990 zur endgültigen Formulierung der neuen Institutionenökonomik. Sie differiert vom ‚alten' Institutionalismus insofern, als sie eine auf der Basis einer „aufgeklärten" Neoklassik (Erlei 2010) beruhende ökonomisch-theoretische Erklärung der Effizienz von Institutionen und nicht eine breite sozialökonomi-sche Darstellung der Verknüpfung von institutioneller und volkswirtschaftlicher Entwick-lung beabsichtigt. Sie bezieht Institutionen nicht primär als Voraussetzungen wirtschaftli-chen Handelns in ihre Analysen ein, sondern behandelt sie vor allem als Objekte für die Anwendung der ökonomischen Theorie. Letztere unterscheidet sich durch Erweiterungen der Verhaltensannahmen wie begrenzte Rationalität, unvollständige Information und Op-portunismus vom reinen neoklassischen Modell, so dass dieses zwar etwas realitätsnäher, aber nicht außer Kraft gesetzt wurde. Die Verhaltensannahmen lassen Normen und Regeln im Hinblick auf die Absicherung der Transaktionen zwischen Unternehmen als erforderlich für die Funktionseffizienz des Marktes erscheinen.

Douglass North' Erklärung der historischen Entwicklung des Kapitalismus lässt ge-wisse Ähnlichkeiten mit Webers Sicht erkennen, denn er setzt an den institutionellen Grundlagen, insbesondere den Eigentumsrechten und dem Vertragsrecht an, die auch für Weber wichtig für die Entstehung des modernen Kapitalismus waren. Diese institutionelle Ordnung ermöglichte die Funktionsfähigkeit des Marktes, denn sie löste die wirtschaftli-chen Beziehungen aus der Bindung an standesspezifische und statusbezogene Verhältnisse. Damit wurden die Grundlagen für die Eigentums- und Verfügungsrechte und damit für die weite Verbreitung von Markttransaktionen und für die Entstehung moderner Unternehmen geschaffen. Weber sah dies jedoch nicht als einen einseitigen linearen Prozess, sondern hob die Wechselwirkungen zwischen den Veränderungen in verschiedenen Bereichen der mo-dernen Kultur hervor.

Oliver E. Williamson weist die institutionellen Einflüsse verschiedenen Ebenen zu, die im Rahmen unterschiedlicher Zeithorizonte auf das individuelle Handeln einwirken: Die oberste Ebene nehmen die informellen Institutionen wie Traditionen, Sitten, Religion etc. ein; darunter folgt jene der formalen Regeln, die vor allem Eigentumsrechte, Rechtsinstitu-tionen und Bürokratie umfassen; dann jene der Regelung der Transaktionen in Verträgen, und schließlich jene der eigentlichen wirtschaftlichen Transaktionen von Ressourcenalloka-tion und –verwendung (Williamson 2000). Alle diese institutionellen Ebenen wirken auf die Marktkosten und Organisationsformen, schränken die Bandbreite individueller Hand-lungen ein, schaffen andererseits vorhersehbare und verbindliche Grundlagen für Transaktionen. Für die ökonomische Erklärung sind allerdings nur die zwei letzten Ebenen relevant, da sich die Kultur und die staatlichen Regulierungsformen der unmittelbaren Entscheidung auf der Ebene der Wirtschaftssubjekte entziehen.

Die neue Institutionenökonomik bedient sich vor allem zweier Ansätze: der ‚principal-agent'-Theorie und der Transaktionskostentheorie. Letztere baut auf Coase' Erkenntnis von den Kosten der Markttransaktionen auf. Coase verstand die Marktkosten im Sinne der Geschäftsverträge zwischen Firmen als Kosten, die speziell aus der Vertragserrichtung und – einhaltung entstehen. In seinem Aufsatz über die sozialen Kosten (Coase 1960) definierte er sie dann in umfassenderem Sinne als jene Kosten, die für die Funktionsfähigkeit des Marktes aufgewendet werden müssen. Sie sind solcherart die Kosten des Betriebssystems ‚Markt' und werden vom Staat einerseits, von den Unternehmen in ihren Marktoperationen andererseits getragen.

Williamson verwendete die Transaktionskostentheorie dann in seinem bekannten Werk *Markets and Hierarchies* von 1975, in welchem er Transaktionen im Anschluss an Commons als die grundlegende Einheit, mit der sich ökonomische Untersuchungen beschäftigen, definierte. Sie sind bestimmt durch „human factors" wie begrenzte Rationalität und Opportunismus sowie durch Umweltfaktoren, die Ungewissheit und Effizienz beeinflussen. Beide Faktorengruppen bestimmen die „institutional choices between market and nonmarket organisation" (Williamson 1975: 254). Transaktionen unterscheiden sich begrifflich von bloßem Handeln dadurch, dass sie auf Vertragsbeziehungen beruhen. Markt und Organisation gründen auf zwei Arten von Vertragsbeziehungen, deren Effizienz von der Faktorspezifität, der bestehenden Unsicherheit und der Häufigkeit der Transaktionen abhängt. Diese differieren zwischen verschiedenen Märkten und nach Maßgabe spezifischer Organisationsmerkmale. Williamson meint daher: „(…) the choice between market and hierarchy needs to be addressed in terms of particular types of markets and particular internal organizing modes" (Williamson 1975: 248). Die Organisationsformen umfassen „simple hierarchies", d.h. die Unterordnung von Vorgesetzten und Untergebenen, und „complex hierarchies", die als Kombinationen derselben verstanden werden. Das lässt eine Sicht der Organisation erkennen, die diese auf formale Strukturen beschränkt. Funktionale Abweichungen von den formal geplanten Abläufen werden dann nur durch die Einführung von Verhaltensannahmen erklärbar, nicht durch die systematische Berücksichtigung informeller Beziehungen und Prozesse in der Organisation.

Die Prinzipal-Agenten-Theorie zielt auf die Errichtung optimaler Verträge zwischen dem Prinzipal, also im Fall des Unternehmens, der Kapitaleigner, und den Agenten, die mit der Ausführung bzw. dem Management beauftragt werden. Letztere besitzen auf Grund ihrer unmittelbaren Befassung mit den Auftragsobjekten einen Informationsvorsprung, den sie in opportunistischem Sinn ausnützen können, was in den Verträgen unterbunden werden muss. Die Theorie kommt, wie nicht verwunderlich, ursprünglich aus der Rechtswissenschaft; sie hat einen weiten Anwendungsspielraum, besitzt aber auch besondere Relevanz für die moderne Unternehmung, die als Kapitalgesellschaft eine Trennung von Eigentum und Verwaltung aufweist. Diese Tatsache wurde auch schon von Weber festgestellt, der insbesondere im Hinblick auf den Idealtypus der modernen Unternehmung, die Aktiengesellschaft als „Vergesellschaftung von Wertpapierbesitzern" (Weber 1985: 85), eine Differenzierung zwischen Kapitaleignern und expropriierten Unternehmensleitern, die formal zu Beamten würden, feststellte. Er verwies aber auch darauf, dass den sachlichen Interessen einer modernen rationalen Unternehmensführung die persönlichen Interessen der Inhaber von Verfügungsgewalt gegenüber stehen (Weber 1985: 53). Diese für die moderne Unternehmung typische Gegebenheit der Trennung zwischen Eigentum und Verfügungsgewalt einerseits, aber auch zwischen Unternehmens- und persönlichen Zielen bedeutete für Weber jedoch nicht primär ein Informationsproblem bzw. ein Agenturproblem, sondern eine Folge der Rationalisierung und Bürokratisierung.

Von besonderer Relevanz ist hierfür Webers Differenzierung zwischen formaler und materialer Rationalität. Während Weber die formale Rationalität vor allem durch das Maß der technisch möglichen und tatsächlich angewendeten Rechnung kennzeichnet, ist die materiale Rationalität einer Wirtschaftsweise für ihn durch den Grad bestimmt, in welchem die Versorgung einer gegebenen Menschengruppe mit Gütern erfolgt, wobei unterschiedliche wertende Gesichtspunkte je nach ideologischem, religiösem, politischem etc. Standpunkt zur Anwendung gelangen (Weber 1985: 44 f). Damit verweist Weber auf das Problem der Bewertung des wirtschaftlichen Ergebnisses bzw. der Folgen des Wirtschaftens, wobei mental-kognitive und ideologische Dimensionen sowie die Einschätzung der gesellschaftlichen und kulturellen Bedeutung des Wirtschaftens zum Tragen kommen. Demgegenüber bezieht sich der Prinzipal-Agenten-Ansatz nur auf die Effizienz von Verträgen aus der Perspektive des Prinzipals.

Häufig wird argumentiert, dass es zwischen dem ökonomischen und dem soziologischen Institutionalismus zu einer gewissen Annäherung gekommen ist, da auch Ökonomen wie Williamson ihr Erklärungsmodell durch Berücksichtigung von kulturellen, kognitiven und normativen Faktoren erweitert hätten. Soweit es um die Wahrnehmung der nichtökonomischen Faktoren geht, ist dies allerdings keineswegs neu, da sich Ökonomen verschiedener Richtungen durchaus und immer wieder um größere Realitätsnähe bemüht haben. In der Regel resultierte dies zumindest in der Mainstream-Ökonomie darin, dass die nichtökonomischen Faktoren zwar anerkannt, aber außerhalb des eigentlichen Erklärungsmodells angesiedelt wurden. Der neue ökonomische Institutionalismus hat diese Faktoren nun zu einem Teil in das Modell hinein genommen, das dennoch in seinen Grundlinien nach wie vor neoklassisch ist. Die Beachtung, die kulturelle und institutionelle Faktoren in der neuen Institutionenökonomie finden, kann nicht als Annäherung zwischen Ökonomie und Soziologie gesehen werden. Wie schon Weber aufzeigte, kommt es nicht auf den Objektbereich bzw. seine Ausweitung an, sondern auf die Problemstellung bzw. das Erkenntnisziel. Während die Institutionenökonomie in Bezug auf Unternehmen zu erklären sucht, unter welchen institutionellen Bedingungen Unternehmen „effizient" sind, beruht die Unternehmenssoziologie auf der Annahme, dass Unternehmen soziale Institutionen sind und daher nicht isoliert von der Gesellschaft und als einsame Entscheider, die über die Märkte und die industrielle Struktur nach individualistischen Erwerbsinteressen befinden, behandelt werden können.

Sowohl die Institutionenökonomik als auch Weber beziehen die Unternehmen auf ihre Umweltbedingungen; für erstere bedeutet dies die durch die Institutionen und die Markttransaktionen bedingten Kosten für die Unternehmung zu kalkulieren. Für Weber hingegen verweist dies auf Bedeutung und Stellung der Unternehmung in der ‚Verkehrswirtschaft'. Weber hatte damit bereits zu Beginn des 20. Jahrhunderts den Markt aus der Perspektive des Handelns von Unternehmen thematisiert und seine Wechselwirkung mit den institutionellen, politischen und kulturellen Gegebenheiten beschrieben. Der Bezug der Märkte und der Unternehmen auf die Volkswirtschaft und ihre rechtlichen und gesellschaftlichen Grundlagen war für ihn jedoch selbstverständlich. Er stellte nicht ‚Markt' und ‚Hierarchie' als die zwei Entscheidungsalternativen des rationalen Unternehmers gegenüber, sondern verband volkswirtschaftliche Bedarfsdeckung und privatwirtschaftliches Erwerbsstreben qua Unternehmung miteinander.

Der damals allgemein übliche Begriff der ‚Verkehrswirtschaft' entspricht nicht dem Begriff des Marktes, wie er in der Wirtschaftstheorie und damit auch der Institutionenökonomie vorausgesetzt wird. Nicht das Resultat der „business-to-business"-Transaktionen steht dabei im Vordergrund, sondern die Regulierung der volkswirtschaftlichen Bedarfsdeckung und damit der Bezug auf die Bedürfnisse der Gesellschaftsmitglieder und auf die Normen des staatlichen Ordnungsverbandes (Weber 1985: 68). Die Verkehrswirtschaft, auf die Weber die Unternehmung bezieht, ist daher vom Markt zu unterscheiden, denn dieser Begriff verweist auf den kulturellen, institutionellen und sozialen Kontext für Markt und Unternehmen, und damit auf deren historische Erscheinungsformen.

Das Unternehmen ist in dieser Perspektive kein autonomer ‚player', der auf Entscheidungen über seine Kosteneffizienz reduziert werden kann, vielmehr übernimmt es selbstverantwortlich einen Beitrag zu den Versorgungsleistungen der Wirtschaft. Das direkt proportionale Verhältnis von Kosten- (bzw. Gewinn)effizienz der Unternehmen und volkswirtschaftlicher Wohlfahrt wird jedoch nicht als ein Automatismus unterstellt, sondern beruht auf Regulierung und Bewertung nach den jeweils vorgegebenen Zielen. Verkehrswirtschaft ist nicht deckungsgleich mit Markt als Preismechanismus, aber auch nicht mit Kapitalismus, denn sie ist eine an Prinzipien der einzelwirtschaftlichen Handlungsfreiheit und anderen gesellschaftspolitischen Zielen orientierte und geregelte ‚Wirtschaft der Gesellschaft', während Kapitalismus die durch das gewinnorientierte Handeln der Erwerbsbetriebe beherrschte ‚Gesellschaft der Wirtschaft' meint. Obgleich in Webers Sicht die Rentabilitätsziele der Unternehmen ihre Bedeutung für die Wirtschaft haben, so sind diese gleichzeitig im Rahmen der verkehrswirtschaftlichen Ordnung auf die Funktion der Bedarfsdeckung der Bedürfnisse der Bevölkerung bezogen. Dies erfolgt nicht selbsttätig, denn die Wirtschaft und der Markt sind für Weber soziale Felder, die durch die Machtverhältnisse zwischen Unternehmen und Haushalten bestimmt sind.

Die Unternehmung ist in der Sicht Webers eine Institution der Gesellschaft, die zwar auf der individuellen Suche nach Marktchancen und auf der rationalen Kalkulation nach Maßgabe der Rentabilität des eingesetzten Kapitals beruht, deren Handeln aber auch an den sozialen Zielen der Gesellschaft gemessen wird, was allerdings wiederum von unterschiedlichen Standpunkten aus geschieht; sie ist damit nicht nur ein Marktakteur, der Normen und Regeln berücksichtigen muss, weil sie für seine Kosteneffizienz wichtig sind. Als Institution der Gesellschaft ist das Unternehmen in Bezug auf seine Existenz, Größe und Struktur nicht durch die kurzfristig gegebene Kostensituation bestimmbar. Webers Hervorhebung der Kapitalrentabilität beruht auf einer langfristigen Sicht derselben. Die bewegende Kraft der modernen Wirtschaft ist für Weber zwar das Kapital, dieses benötigt aber für seine Bildung und sein Wachstum bestimmte historisch-kulturelle Bedingungen. Diese ermöglichen nicht nur die Manifestation des individuellen Erwerbsstrebens und des autonomen Handelns von Unternehmen, sondern auch die Ausrichtung derselben an der Bedarfsdeckung der Gemeinschaft und seine Legitimierung auf der Grundlage der gesellschaftlichen Wertbeziehung. Für Weber sind Unternehmen daher stets in einen sozialen, politischen und kulturellen Kontext integriert, aus dem sie hervorgegangen sind, den sie mitgeprägt haben und ständig weiter beeinflussen, der aber auch ihre Funktion mitbestimmt.

Literatur

Chandler, Alfred D. (1977): The Visible Hand: The Managerial Revolution in American Business. Cambridge, MA: The Belknap Press of Harvard University.

Coase, Ronald H. (1960): The Problem of Social Cost. In: Journal of Law and Economics 3, 1-44.

Coase, Ronald H. (1988 [1937]): The Nature of the Firm. In: Coase, Ronald H. (ed.): The Firm, the Market, and the Law. Chicago: Chicago University Press, 33-55.

Cyert, Richard M./March, James G. (1963): A Behavioral Theory of the Firm. Englewood Cliffs, NJ: Prentice Hall.

Erlei, Mathias (2010): Neoklassik, Institutionenökonomik und Max Weber. In: Maurer, Andrea (Hg.): Wirtschaftssoziologie nach Max Weber. Wiesbaden: VS Verlag für Sozialwissenschaften, 69-94.

Hall, Peter A./Soskice, David (eds.)(2001): Varieties of Capitalism. Oxford: Oxford University Press.

Hayek, Friedrich A. (2002 [1968]): Competition as a Discovery Process. In: The Quarterly Journal of Austrian Economics 5, 9-23.

Heugens, Pursey (2004): A Neo-Weberian Theory of the Firm. Tjalling C. Koopmans Research Institute, Discussion Paper Series Nr. 04-02. Utrecht: Utrecht University, http://www.koopmansinstitute.uu.nl

Langois, Richard N./ Fu-Lai Yu Tony/Robertson Paul (eds.) (2002): Alternative Theories of the Firm, 3 vols. Cheltenham, UK-Northampton, MA, USA: Edward Elgar.

Machlup, Fritz (1967): Theories of the Firm: Marginalist, Behavioral, Managerial. In: The American Economic Review LVII, 1-33.

Marshall, Alfred (1920): Industry and Trade. 2nd ed. London: Macmillan.

Maurer, Andrea (2008): Das moderne Unternehmen: Theoretische Herausforderungen und Perspektiven für die Soziologie. In: Maurer, Andrea /Schimank, Uwe (Hg.): Die Gesellschaft der Unternehmen – Die Unternehmen der Gesellschaft. Wiesbaden: VS Verlag für Sozialwissenschaften, 17-39.

Maurer, Andrea (2010): Der privatkapitalistische Wirtschaftsbetrieb: ein wirtschaftssoziologischer Blick auf Unternehmen? In: Maurer, Andrea (Hg.): Wirtschaftssoziologie nach Max Weber. Wiesbaden: VS Verlag für Sozialwissenschaften, 118-141.

McNulty, Paul J. (1984): On the Nature and Theory of Economic Organization: the Role of the Firm Reconsidered. In: History of Political Economy 16, 233-254.

Menger, Carl (1871): Grundsätze der Volkswirtschaftslehre. Wien: Braumüller.

Mikl-Horke, Gertraude (1999): Historische Soziologie der Wirtschaft. München, Wien: Oldenbourg.

Mikl-Horke, Gertraude (2009): Das Ökonomieverständnis in der Wirtschaftssoziologie. In: Becker, Joachim et al.: Heterodoxe Ökonomie. Marburg: Metropolis, 177-214.

Mikl-Horke, Gertraude (2010): Der Markt bei Weber und in der neuen Wirtschaftssoziologie. In: Maurer, Andrea (Hg.): Wirtschaftssoziologie nach Max Weber. Wiesbaden: VS Verlag für Sozialwissenschaften, 97-117.

Mikl-Horke, Gertraude (2011a): Soziologie. Historischer Kontext und soziologische Theorie-Entwürfe. 6. Aufl., München: Oldenbourg.

Mikl-Horke, Gertraude (2011b): Historische Soziologie – Sozioökonomie – Wirtschaftssoziologie. Wiesbaden: VS Verlag für Sozialwissenschaften.

Mises, Ludwig (1933): Grundprobleme der Nationalökonomie. Jena: G. Fischer.

Mongin, Philippe (1997): The Marginalist Controversy. In: Davis, John B./Hands, D. Wade/Maki, Utaki (eds.): Handbook of Economic Methodology. London: Edward Elgar, 558-562.

Moss, Scott (1984): The History of the Theory of the Firm from Marshall to Robinson and Chamberlin: The Source of Positivism in Economics. In: Economica 51, 307-318.

Norkus, Zenonas (2001): Max Weber und Rational Choice. Marburg: Metropolis.

North, Douglass C. (1981): Structure and Change in Economic History. New York: Norton.

North, Douglass C. (1990): Institutions, Institutional Change and Economic Performance. Cambridge: Cambridge University Press.

Swedberg, Richard (2008): Grundlagen der Wirtschaftssoziologie. Wiesbaden: VS Verlag für Sozialwissenschaften.

Veblen, Thorstein (1994 [1904]): The Theory of Business Enterprise. London: Routledge/Thoemmes Press.

Weber, Max (1958): Wirtschaftsgeschichte. Abriß der universalen Sozial- und Wirtschaftsgeschichte. Berlin: Duncker & Humblot.

Weber, Max (1985): Wirtschaft und Gesellschaft. 5. Aufl. Tübingen: J.C.B.Mohr (Paul Siebeck).

Weber, Max (1988a [1920]): Die Protestantische Ethik und der Geist des Kapitalismus. In: Max Weber: Gesammelte Aufsätze zur Religionssoziologie I. 9. Aufl., Tübingen: J.C.B.Mohr (Paul Siebeck), 17-206.

Weber, Max (1988b [1913]): Über einige Kategorien der verstehenden Soziologie. In: Max Weber: Gesammelte Aufsätze zur Wissenschaftslehre. 7. Aufl., Tübingen: J.C.B. Mohr (Paul Siebeck), 427-474.

Weber, Max (1988c): Methodologische Einleitung für die Erhebungen des Vereins für Sozialpolitik über Auslese und Anpassung (Berufswahlen und Berufsschicksal) der Arbeiterschaft in der geschlossenen Großindustrie (1908). Tübingen: J.C.B. Mohr (Paul Siebeck), 1-60.

Weber, Max (1990 [1898]): Grundriss zu den Vorlesungen über allgemeine („theoretische") Nationalökonomie. Tübingen: J.C.B.Mohr (Paul Siebeck).

Weber, Max, 2000: Die Börse. Zweck und äußere Organisation der Börsen (1894). In: Max Weber-Gesamtausgabe. Abt. I, Bd. 5. Borchardt, Knut/Meyer-Stoll, C. (Hg.), Tübingen: J.C.B.Mohr, 135-174.

Weber, Max (2006 [1908]): Agrarverhältnisse im Altertum. In: Max-Weber-Gesamtausgabe, Abt. I, Bd. 6: Zur Sozial- und Wirtschaftsgeschichte des Altertums. Feininger, Jorgen (Hg), 3. Fassung. Tübingen: J.C.B. Mohr, 300-747.

Weber, Max (2008 [1889]): Zur Geschichte der Handelsgesellschaften im Mittelalter. In: Max Weber-Gesamtausgabe I/1. Dilcher, Gerhard /Lepsius, Susanne (Hg.). Tübingen: J.C.B.Mohr (Paul Siebeck), 139-340.

Williamson, Oliver E. (1975): Markets and Hierarchies. Analysis and Antitrust Implications. New York: Free Press.

Williamson, Oliver E. (1985): The Economic Institutions of Capitalism. New York: Free Press.

Williamson, Oliver E. (2000): The New Institutional Economcs: Taking Stock, Looking Ahead. In: Journal of Economic Literature XXXVIII, 595-613.

Zafirovski, Milan (2006): Max Weber's Analysis of Marginal Utility Theory and Psychology Revisited. Latent Propositions in Economic Sociology and the Sociology of Economics. In: History of Political Economy 33, 437-458.

Die Firma als Anstoß für institutionalistisches Denken in der Ökonomie

Reinhard Pirker

1 Einleitung

Institutionalistisches Denken ist in der Ökonomie über lange Zeit nicht en vogue gewesen. Dies hat wesentlich mit den aus der klassischen Physik (Mechanik) übernommenen Denktraditionen zu tun. Auch war der zentrale Fokus über Jahrzehnte auf die Marktebene konzentriert; die Produktionsebene, die in den klassischen Konzeptionen bis in die 1870er Jahre eine zentrale Rolle gespielt hatte, wurde vom neoklassischen Denken ausgeblendet. Obwohl es immer wieder Ansätze zu einer Theorie der Firma gab, kann man von einer intensiveren Diskussion über die Firma eigentlich erst mit Beginn der 1970er Jahre sprechen. Alle grundlegenden firmentheoretischen Konzepte wurden – unter Rückgriff auf Vorläuferinnen und Vorläufer – in den 1970er und 1980er Jahren entwickelt, weshalb sich die verwendete Literatur hauptsächlich auf diesen Zeitraum bezieht. So kann man das Folgende auch als einen theoriegeschichtlichen Beitrag lesen.

Im Zentrum der Ausführungen steht die „Wissensbasierte Theorie der Firma" („Competence-Based-Theory of the Firm"), weil diese die vorherrschende Transaktionskostenerklärung, welche eine ungenügende Begründung der Firma bietet, transzendiert. Abschließend wird kurz gezeigt, dass solche wissensbasierten Ansätze zu einer verfeinerten (Re-) Etablierung der institutionellen Ökonomie in der Tradition des großen Pioniers Thorstein Veblen geführt haben.[1]

2 Die anti-institutionalistische Stoßrichtung der ökonomischen Denktradition

Die vorherrschende ökonomische Theorie hat die Unternehmung – Ökonomen sprechen in diesem Zusammenhang von der Firma, weshalb ich diesen Begriff verwende – über lange Zeit als „Black Box" behandelt, was mit ihrer mechanistischen, aus der klassischen Physik herrührenden Denktradition zu tun hat (vgl. dazu Georgescu-Roegen 1978). Die „Firma" war zwar in der Produktionsfunktion enthalten, in der Input in sozial mysteriöser Weise in Output verwandelt wird, sie wurde jedoch nicht als eine eigenständige Institution gesehen. Die Gewohnheit, den Output als ein automatisch zustande kommendes Resultat des Inputs zu begreifen, geht auf David Ricardo zurück. Im Gegensatz zu Adam Smith, welcher die Dynamik (Produktivitätssteigerungen) seiner „commercial society" noch auf die soziale Verfasstheit des Produktionsprozesses zurück führte, richtet Ricardo sein theoretisches Interesse primär auf die Verteilung des Outputs, der für ihn technologisch fixiert ist (vgl. dazu Hodgson 1982: 215). Die im Anschluss an Ricardo – und Marx – sich durchsetzende

---

1   Einleitende Passagen dieses Beitrages beziehen sich wesentlich auf einen anderen Aufsatz von mir (vgl. Pirker 2000).

Neoklassik hat nicht nur die mechanistische Denktradition übernommen, sondern auch ihr Erkenntnisinteresse von der Produktions- auf die Marktebene verlagert (vgl. dazu Dobb 1977).

Auch in Keynes' *General Theory* (1936) hat eine Sichtweise der Produktion überlebt, die sich in der einseitigen Betonung des „demand managements" orthodoxer Keynesianischer Politikkonzepte fortsetzen konnte. In Sraffas *Production of Commodities by Means of Commodities* (1960) wird zwar die logische Konsistenz der aggregierten neoklassischen Produktionsfunktion bestritten, jedoch ihr prinzipiell technologisch-mechanistischer Charakter nicht angetastet. Erst Anfang der 1970er Jahre setzte dann unter Ökonomen, vor allem ausgelöst durch Alchian und Demsetz eine intensivere Diskussion über firmentheoretische Fragen ein, was allerdings nicht heißt, dass das mechanistische Paradigma hintangestellt worden wäre.

Bis zu Beginn der 1960er Jahre hat die ökonomische Theorie von der Existenz von Eigentumsrechten kaum Notiz genommen, was mit der anti-institutionalistischen Stoßrichtung ökonomischen Denkens zu tun hat. Die herrschende Markttheorie beinhaltete ein Konzept von Tausch als einer Universalkategorie, die die einsamen Aktivitäten eines Robinson Crusoe genauso involvierte wie irgendwelche Angebot-Nachfrage-Relationen, ohne eine Beziehung zu Eigentumsrechten herzustellen. Diese Vorstellung von Tausch war auch genügend breit, um sogar Produktion darunter subsumieren zu können. So ist die Sichtweise der Produktion als direkter, ohne über eine Produktionsorganisation wie der Firma vermittelter, „Austausch mit der Natur" im ökonomischen Denken nicht unbekannt.

Die Property-Rights-Schule (vgl. dazu Coase 1960; Demsetz 1967; Furubotn/Pejovich 1974) hat dann darauf hingewiesen, dass ökonomische Transaktionen nicht nur Güter und Dienste als solche betreffen, sondern auch die Übertragung von Eigentumsrechten implizieren. Dies setzt voraus, dass ein Vertragsrecht existiert, mit dessen Hilfe Eigentum übertragen werden kann. Im Rahmen dieser Theorie der Eigentumsrechte wird radikal auf das Instrument des Vertrages abgestellt und die Möglichkeit des Vertragsschließens als zentraler Anreiz für ökonomisches Handeln gesehen. Alle gesellschaftlichen Institutionen – nicht nur Märkte – können damit als ein Netzwerk von Verträgen interpretiert werden.

Eine extreme Anwendung dieses vertrags- bzw. kontrakttheoretischen Paradigmas auf die Firma stellt der „Principal-Agent"-Ansatz dar (vgl. dazu Fama 1980). Die Firma besteht dabei aus nichts Anderem als horizontalen Vertragsbeziehungen zwischen Unternehmern (principals) und Beschäftigten (agents). Mit Hilfe dieser Verträge werden die Transaktionen von Arbeit koordiniert. Von allen Beteiligten wird üblicherweise angenommen, dass sie über alle ökonomischen Eventualitäten wie Preise oder Grenzproduktivitäten voll informiert und dass sie fähig und willens sind, Verträge auszuhandeln, von ihnen Abstand zu nehmen und sie neu zu verhandeln, bis das Gleichgewichtsresultat eintritt. Nutzenmaximierende Individuen operieren in einer Welt, in welcher die ökonomischen Bedingungen („Logik der Situation") den optimalen Kontrakt determinieren. Somit wird die aus der Markttheorie stammende Gleichgewichtswelt auf die Firma übertragen. In den folgenden Abschnitten 3 bis 6 möchte ich zeigen, dass die kontrakttheoretische Fundierung der Firma in ihren unterschiedlichen Ausprägungen eine ungenügende Basis für eine Theorie der Firma darstellt.

3 Der Pseudo-Unterschied zwischen Firmen und Märkten: das Alchian-Demsetz-Modell

Alchian und Demsetz konstatieren, dass Gewinne durch Spezialisierung und Kooperation eher in „Organisationen" als durch „Markttransaktionen" anfallen. Sie weisen jedoch jede essentielle Unterscheidung zwischen Märkten (einem alltäglichen Warentausch am Markt) und Firmen (einem Arbeitsvertrag) zurück. Die zentrale theoretische Konsequenz dieser Zurückweisung führt zur Verneinung von Macht bzw. der Autoritätsbeziehung zwischen Unternehmer und Beschäftigten innerhalb der Firma.

> "It is common to see the firm characterized by the power to settle issues by fiat, by authority, or by disciplinary action superior to that available in the conventional market. This is delusion. The firm does not own all its inputs. It has no power of fiat, no authority, no disciplinary action any different in the slightest degree from ordinary market contracting between any two people" (Alchian/Demsetz 1972: 777).

Auch die Längerfristigkeit wird nicht als Spezifikum des Arbeitsvertrags gewertet:

> "To speak of managing, directing or assigning workers to various tasks is a deceptive way of noting that the employer continually is involved in renegotiation of contracts on terms that must be acceptable to both parties" (ebd.).[2]

Das Spezielle an der Firma ist nach Alchian und Demsetz die Teamarbeit, eine technologisch nicht-separierbare Produktion, was das Problem der Messung und Belohnung der individuellen Beiträge zum kollektiven Output aufwirft. Es besteht zwar die Möglichkeit der gegenseitigen Beobachtung der Inputleistung, jedoch könnte dies zu Kosten führen, da sich die Arbeiter weniger anstrengen, „Shirking" betreiben könnten. Wenn die individuellen Kosten des „Shirking" geringer sind als die Kosten für die gesamte Gruppe – und dies ist bei technologisch nicht-separierbarer Teamproduktion plausibel – entsteht ein Anreiz dazu, sofern „Shirking" nicht kostenlos entdeckt werden kann. Deshalb muss ein „shirking-minimierender Monitor" (eine Art Unternehmer) eingesetzt werden, dem die aus der Teamarbeit erzielten Produktivitätsgewinne zustehen („residual claimant"). Sind diese größer als die Kosten der internen Organisation und Überwachung, dann hat die Firma relativ zur dezentralen Marktkoordination Kostenvorteile.

Der „Monitor" lukriert die Gewinne eben „not only by the price that he agrees to pay the owners of the inputs but also by observing and directing the actions of uses of those inputs" (Alchian/Demsetz 1972: 782). Daraus folgt, dass für den Unternehmer das Sammeln von Informationen, einschließlich Daten über die Leistungsfähigkeit und -willigkeit der Beschäftigten zentral ist. So nimmt die Firma Eigenschaften eines effizienten Marktes an, in dem „information about the productive characteristics of a large set of specific inputs is now more cheaply available" (Alchian/Demsetz 1972: 795). Und der Unternehmer wird damit zu einem Koordinator eines „Marktes" innerhalb der Firma. Mit dieser Sichtweise der Firma korrespondiert die schon angedeutete Notwendigkeit der kontinuierlichen Neu-

---

2   Fairerweise muss eingeräumt werden, dass Alchian diesen offensichtlichen Unsinn später revidiert hat (Alchian 1984). Auch Demsetz hat sich in wesentlichen Punkten davon abgesetzt (Demsetz 1993).

verhandlung des Arbeitsvertrages, wohl auch durch implizites Bargaining.[3] Gegen diese Auffassung spricht, dass der Arbeitsvertrag wegen des Offenhaltens von Anpassungsmöglichkeiten an nicht vorhersehbare Ereignisse nicht voll spezifiziert sein kann und dass hauptsächlich aus diesem Grunde eine Autoritätsbeziehung als eine Anpassungsmöglichkeit implementiert werden muss. Das kann sowohl explizit als auch implizit geschehen, kann jedoch nicht kontinuierlich durch rationale Kalkulationen im Wege von Neuverhandlungen passieren, wie dies die beiden Autoren uns nahelegen.

Wenn das Alchian-Demsetz-Modell akzeptiert werden würde, könnte es auf alle Institutionen übertragen werden, und man würde entdecken, dass „Märkte" nicht nur in Firmen, sondern überall anzutreffen seien, was dem Marktbegriff jede substantielle Bedeutung nehmen würde. Gegen diesen universellen Anspruch des Marktparadigmas ist vor allem Oliver Williamson aufgetreten, der eine essentielle Unterscheidung zwischen Märkten und Firmen trifft (Williamson 1975). Er interpretiert Firmen als hierarchische Nicht-Markt-Institutionen, deren Hauptzweck das „economizing on transaction costs" ist (Williamson 1985: 1).

4 Die transaktionskostenminimierende Funktion von Hierarchien: die Coase-Williamson-Variante

Schon in den 1930er Jahren hat Ronald Coase (1937) zwischen Firmen und Märkten unterschieden und damit die Frage verbunden, warum Firmen existieren. Das Schlüsselmerkmal ist für ihn der Umstand, dass in Firmen die Allokation von Ressourcen über Anweisungen und nicht über Preise gesteuert wird. Daraus folgt, dass eine Antwort auf die Frage gefunden werden muss, warum der Preismechanismus zur Allokation der Ressourcen firmenintern nicht zur Anwendung kommt. Coase gibt zur Antwort, dass es vorteilhaft sei, die Ressourcen mittels Anweisungen zu allozieren, da die Anwendung des Preismechanismus mit Kosten verbunden ist. Die Entdeckung der relevanten Preise ist nicht kostenlos, ebenso wenig wie das Abschließen von Verträgen.

> „The costs of negotiating and concluding a separate contract must also be taken into account (...) A factor of production (the owner thereof) does not have to make a series of contracts with the factors with whom he is co-operating within the firm, as would be necessary, of course, if this co-operation were as a direct result of the working of the price mechanism" (Coase 1937: 390 f).

Diese Begründung der Existenz von Firmen, die als Transaktionskostenansatz bekannt wurde, hat Williamson ausgebaut. Zentral für Williamson sind die Transaktionen, wobei jede Transaktion auf Verträgen basiert. Anders ausgedrückt, entspricht jede Organisation einem bestimmten Vertragstyp, der die Transaktionen innerhalb dieser Organisation reguliert. Williamson gibt in seiner grundlegenden Arbeit vier mögliche Vertragstypen an (Williamson 1975: 64 ff; vgl. dazu auch Duda 1987: 81 ff):

---

3   Nutzinger hat den Alchian-Demsetz-Ansatz als untauglich für die Charakterisierung kapitalistischer Firmen bezeichnet. Die von Alchian und Demsetz aufgezählten Charakteristika beschreiben eher das Verlagswesen (vgl. auch Duda 1987: 71). Auch stellt Nutzinger eine Beziehung zwischen dem Alchian-Demsetz-Modell und Samuel Seaburys Charakterisierung und Rechtfertigung der Sklaverei als eines impliziten Kontraktes zwischen Herren und Sklaven her (Nutzinger 1976: 232).

- Ein gewöhnlicher Zukunftsvertrag.
  Darin wird vereinbart, dass zu einem bestimmten Zeitpunkt in der Zukunft eine bestimmte Leistung erbracht wird. A priori ist hier jede Anpassungsmöglichkeit an unvorhersehbare Ereignisse ausgeschlossen. Dieser Vertrag ist für Firmen daher un-
  brauchbar.
- Ein bedingter Zukunftsvertrag.
  Hier wird vereinbart, welche Leistung in Abhängigkeit vom dann gegebenen Zustand
  der Welt in Zukunft zu erbringen ist. Diese Regelung impliziert komplexe Vorkehrungen, die bei Annahme von unvollständiger Rationalität problematisch werden. Auch
  werden möglicherweise Konfliktkosten daraus entstehen, dass sich die Vertragspartner
  nicht darüber einigen können, welcher Zustand der Welt nun tatsächlich eingetreten
  ist. Ein solcher Vertrag ist sowohl mit hohen Kosten der Erstellung als auch der
  Durchsetzung verbunden.
- Mehrere sequentielle Spot-Verträge.
  Zu verschiedenen Zeitpunkten wird je ein Vertrag über die zu erbringende Leistung
  abgeschlossen. Spot-Verträge sind nach Williamson nur dann angemessen, wenn Arbeit vollkommen homogen ist und Arbeitskräfte damit vollkommen mobil sind. Im
  Falle von „Idiosynkrasien", der Existenz betriebsspezifischen Humankapitals, wird
  sich jedoch die anfangs kompetitive Situation in eine monopolistische verwandeln.
  Arbeitskräfte werden dann in die Lage versetzt sein, „opportunistisches" Verhalten zu
  zeigen.[4] Das Vorhandensein solcher transaktionsspezifischer Assets kann auch als
  strategische Spielsituation gedeutet werden, deren Lösung von der Verhandlungsmacht
  und dem Verhandlungsgeschick der Parteien abhängt. Unternehmer könnten ja ebenso
  „opportunistisch" handeln, wenn beispielsweise die Informationsweitergabe von einer
  Generation von Arbeitern zu nächsten behindert wird. Für die Unbrauchbarkeit dieses
  Vertragstyps sprechen hohe Verhandlungskosten und die Gefahr, dass eine Verhand-
  lungslösung nicht zustande kommt.
- Ein Arbeitsvertrag (eine „Autoritätsbeziehung").
  Hier kann der Unternehmer flexibel auf Umweltveränderungen reagieren; auch Ver-
  handlungskosten werden wegen der Langfristigkeit des Arbeitsvertrages minimiert.

Williamson bietet hiermit eine logische Begründung von Firmen. Die aus dem Arbeitsvertrag folgende Firmenhierarchie wird als effizientes Resultat der Minimierung von Transaktionskosten begriffen. Daher wird die Anweisungsmöglichkeit, wird Macht von Williamson
als essentiell für die Überlebensfähigkeit von Firmen gesehen.

5   Die Kritik der „Radikalen": die Nicht-Identität von Macht und Effizienz

Ein wichtiger Punkt zum Verständnis der Firma scheint mir ihre Fähigkeit zu sein, die
Präferenzen ihrer Mitglieder so zu formen, dass die sozialen Beziehungen in der Firma als
stabil gelten können. Williamson, ganz in der Tradition individualistischen Denkens ste-
hend, stellt den „Opportunismus" als eine Eigenschaft der individuellen Natur dar – so
zumindest die Sichtweise der Radikalen – und nimmt einfach an, dass diese Vorstellung in

---

4   Ich möchte darauf hinweisen, dass dieses betriebsspezifische Humankapital im theoretischen Zusammen-
     hang weniger als Wissensressource, denn als transaktionskostentreibende „Spezifität" gesehen wird.

gleicher Weise sowohl auf Märkte als auch auf Firmen anwendbar sei. Kein Gedanke wird vorerst verschwendet, sich über die Beeinflussung der Bildung von Präferenzen und damit von Handlungsgrundlagen durch die institutionelle Umgebung selbst klar zu werden.

Wenn die „work-performance-function" nicht als exogen gegeben angesehen wird, dann muss „Shirking" nicht aus der „Malfeasance", der unveränderlich selbstbezogenen Natur des Individuums abgeleitet werden, sondern kann als Funktion der institutionellen Bedingungen der Firma verstanden werden. Bowles (1985) nennt in seiner Kritik an Shirking-Präferenzen unterstellendem Verhalten dieses „hobbesianisch". Auch wenn man einräumt, dass das rationale Konstrukt des „homo oeconomicus"[5] für die Analyse von Entscheidungskalkülen auf Märkten nicht bedeutungslos ist, so kann diese Sichtweise wohl nicht unhinterfragt auf eine soziale Institution wie die Firma angewendet werden, in der Menschen auf einer dauerhaften Basis operieren. Damit soll jedoch nicht der Eindruck erweckt werden, dass Firmen Wohltätigkeitsinstitutionen oder philanthropische Einrichtungen seien, sondern betont werden, dass außer-vertragliche Elemente, wie ein Mindestmaß an Loyalität und Vertrauen, für die Aufrechterhaltung von Firmenfunktionen essentiell sind. Deshalb kann man meines Erachtens Firmen nur dann adäquat verstehen, wenn nicht-vertragliche Elemente einbezogen werden. In diesem Sinne repräsentieren Firmen eine symbiotische Beziehung zwischen der institutionell gebundenen Rationalität ihrer Akteure und zusätzlichen nicht-utilitaristischen Dynamiken (Hodgson 1988: 211).

Kostentheoretische Fundierungen der Firma haben ursprünglich historische Fragen nach der Entstehung von Firmen ignoriert, oder man glaubte, sie beantworten zu können, indem man diese historischen Fragen auf Fragen der Effizienz reduzierte. Dabei wurde häufig ein Evolutionismus unterstellt, um eine Äquivalenz von Effizienz und Existenz von Firmen zu demonstrieren. Die Existenz bzw. Nicht-Existenz eines spezifischen Organisationstyps wurde als direkter Ausdruck seiner Effizienz bzw. Nicht-Effizienz angesehen (vgl. Alchian 1950; Friedman 1953). Dieser Punkt ist von „radikalen" Ökonomen bestritten worden. Alle zentralen Argumente der „Radikalen" gehen auf den Marglin-Aufsatz *What Do Bosses Do* (Marglin 1974) zurück. In diesem Aufsatz wird vor allem zweierlei behauptet (vgl. zum Folgenden auch Duda 1987: 116 ff):

- Die kapitalistische Arbeitsteilung (die Organisation der sozialen Arbeit in Firmen) ist nicht das Resultat der Suche nach einer technologisch überlegenen Arbeitsorganisation, sondern die Arbeitsorganisation entspricht eher den Erfordernissen der sozialen Kontrolle der Arbeiter durch die Unternehmer.
- Auch die Durchsetzung des andauernden Erfolges des Fabriksystems ist nicht technologisch begründbar.

Was Marglin kritisiert, ist jedoch nicht die Arbeitsteilung per se, sondern die Fragmentierung des Produktionsprozesses in routinisierte Teilschritte. Den einzelnen Arbeitern wurde dadurch die Kontrolle über den Arbeitsprozess entzogen. Diese „Teile und Herrsche-Strategie" garantierte dem Unternehmer seine zentrale Rolle im Produktionsprozess. Er konnte damit die Teilarbeiten der Arbeiter zu einem absetzbaren Endprodukt integrieren. Marglin unterstreicht weiter, dass der Siegeszug der Fabrik nicht auf die technologischen Innovationen reduziert werden kann, dann hätte sie schon früher entstehen müssen. Es

---

5   Der „homo oeconomicus" ist bei Williamson quasi ein durch Informationsprobleme beschädigter, doch dieses mechanische Konstrukt wird nicht aufgegeben.

waren die sachlichen Arbeitsmittel anfangs in der Fabrik die gleichen, die die Arbeiter schon im Verlagswesen benutzten. Die Überlegenheit des Fabrikswesens basiert nach Marglin eben nicht auf höherer technischer Effizienz, da die Produktionssteigerungen durch die Erhöhung der Intensität der Arbeit, also durch ein erhöhtes Inputniveau hervor gerufen wurden. „Technisch effizienter" wäre die Fabrik aber nur gewesen, wenn mit demselben Inputniveau ein höherer Output erreicht worden wäre.

Die „Radikalen" bestreiten nicht nur, dass die höhere technische Effizienz die Entstehung des Fabrikswesens bewirkte, sondern sie weisen ebenso darauf hin, dass nur solche Technologien zum Einsatz kommen, die die soziale Disziplinierung der Arbeiter fördern oder ihr zumindest nicht hinderlich sind. Somit bekommt die Wahl einer bestimmten Technik und Arbeitsorganisation einen interessensbezogenen Charakter. Das hat zur Folge, dass Unternehmer nicht notwendigerweise eine technisch effiziente Arbeitsorganisation wählen; dies bedeutet, dass Gewinnstreben mit Ineffizienzen vereinbar ist (Duda/Fehr 1984; Bowles 1985), was in Modellen vom Typ Coase-Williamson keine Rolle spielt. Da Arbeit an den Menschen gebunden und damit von der arbeitskraftveräußernden Person nicht zu trennen ist und somit der Arbeitsvertrag keine klare Trennung der Eigentumssphären zulässt, muss Arbeit immer erst aus der Arbeitskraft extrahiert werden.

Die Profitabilität dieses Extraktionsprozesses ist jedoch nur gesichert, wenn die Arbeiterpräferenzen so gestaltet werden, dass die Möglichkeit des „Shirking" nicht in einem solchen Ausmaß genützt wird, dass es profitabilitätsgefährdend wirkt. Die Möglichkeit des „Shirking" ist dann gegeben, wenn die gewinnmaximierende Kontrolle nicht ununterbrochen erfolgt und es daher eine positive Wahrscheinlichkeit gibt, beim „Shirking" nicht ertappt zu werden. Ein Modus, „Shirking" zu unterbinden, liegt in der Schaffung von Barrieren für die Arbeiter. Diese können beispielsweise in der Bezahlung von „Effizienzlöhnen" bestehen. Um die Arbeiter zu einer höheren Leistung anzuhalten, ist es für die Unternehmer rational, einen Lohn über dem Konkurrenzlohn zu zahlen. Aus der Konflikthaftigkeit der Arbeitsbeziehungen innerhalb der Firma entsteht somit ein Lohn, der den Arbeitsmarkt nicht räumt, also zu Arbeitslosigkeit führt und damit die Kosten des Arbeitsplatzverlustes erhöht (Shapiro/Stiglitz 1984). Somit kann der Effizienzlohn als eine besonders subtile Form der Machtausübung interpretiert werden. Was „radikale" Ansätze von der Transaktionskostenerklärung der Firma unterscheidet, ist der Umstand, dass Macht nicht aus der anthropologisch gegebenen Neigung zum „Shirking", der „Malfeasance" abgeleitet wird, sondern dass Konflikte über die Arbeitsintensität als endogene Konsequenz der Arbeitsorganisation zu begreifen sind. Arbeiterpräferenzen sind nicht mehr Inkarnationen menschlicher Natur, sondern hängen von der sozialen Verfasstheit des Produktionsprozesses selbst ab. Somit ist das „Shirking" kein unvermeidlicher Kostenanfall aus Transaktionen, was Williamson zu unterstellen gezwungen ist, sondern eine Fehlallokation der Ressourcen durch eine falsche Gestaltung der Arbeitsorganisation.

Trotz ihrer kritischen Haltung haben „Radikale" eine viel stärkere Affinität zu Firmenmodellen des Coase-Williamson-Typs, als sie vielleicht selbst wahrhaben wollen; vor allem stört sie der in diesen Ansätzen gleichsam anthropologisch gegebene Opportunismus der Beschäftigten, weshalb sie die Arbeiterpräferenzen nicht als gegeben annehmen, sondern als endogene Konsequenz der Arbeitsorganisation begreifen. Ihre Nähe zum kontrakttheoretischen Denken (Zentralität des Arbeitsvertrages) und ihr – überwiegend – mikroökonomisches Instrumentarium ließen jedoch meines Erachtens keine eigenständige Theorieentwicklung zu, weshalb im Folgenden auf andere Theorietraditionen eingegangen wird.

Hierbei wird eben nicht primär auf Transaktionskostenminimierung, sondern auf Wissenserwerb und Aufrechterhaltung dieser Fähigkeiten in der Firma abgestellt. Vorher soll jedoch noch auf ein in der Literatur immer wieder angeführtes Problem kontrakttheoretischer Deutungen der Firma eingegangen werden.

6   Der Unterschied zwischen simpler Informationsaufnahme und Wissensgenerierung

In kontrakttheoretischen Deutungen der Firma, deren elaborierteste der Transaktionskostenansatz darstellt, agieren die Handelnden, als ob sie dasselbe Modell von Welt teilten. Wenn beispielsweise Probleme unvollständiger Information behandelt werden, dann sind diese weniger das Resultat von interpretativen Zweideutigkeiten oder von Wahrnehmungsdifferenzen. Was die effiziente Koordination innerhalb der Firma gefährdet, ist typischerweise in individuellen Interessensgegensätzen und Zielkonflikten begründet, wofür Williamsons in unterschiedlicher Stärke und Ausprägung immer wieder kehrender „Opportunismus" ein schlagendes Beispiel ist.[6] Klarerweise folgt daraus, dass die theoretische Aufmerksamkeit auf die Abwesenheit bzw. den Mangel einer für alle gleich zugänglichen Information gerichtet ist. Diese Sichtweise braucht deshalb keinen Gedanken darauf zu verschwenden, um sich darüber klar zu werden, dass Information, um zum Wissen werden zu können, interpretiert werden muss, und unterschiedliche Interpretationen stets möglich sind, auch bei Vorliegen von ein und derselben Information (Nooteboom 1992). In der Transaktionskostenerklärung der Firma werden Effizienzhindernisse primär nicht auf die Existenz unterschiedlicher Wahrnehmungsmuster und damit möglicher unterschiedlicher Sicht- und Verstehensweisen der Welt zurückgeführt. Lernen und Fähigkeitserwerb ist aber nicht nur ein rationaler Prozess simpler Informationsaufnahme, wie die Transaktionskostenökonomie zu unterstellen gezwungen ist, sondern Lernen ist ein essentiell offener, provisorischer und potentiell irrtumsbehafteter Prozess. Lernen impliziert die Veränderung von Wahrnehmungsmustern und mentalen Modellen („mental maps") der Welt (Argyris/Schön 1978).

Für den oben beschriebenen Mangel der Transaktionskostentheorie wird Williamson in einem von ihm selbst herausgegebenen Sammelband wie folgt kritisiert:

> "He has a theory of firms, but his theory of the relationship between individuals and firms could be better. He believes firms vary, but not individuals. He has the same representative rational individual marching into one kind of contract or refusing to renew it and entering another kind for the same set of reasons, namely the cost of transactions in a given economic environment" (Douglas 1990: 102).

Theoretisch können hier nur Transaktionskosten für die Kontraktierung maßgeblich sein, nichts sonst.

Darüber hinaus entwickelt sich Wissen innerhalb von Firmen wesentlich durch die Organisation selbst bzw. die Gruppe, der die Individuen angehören, und ist kaum auf individuell Geschaffenes rückführbar. In der Firmenorganisation ist produktives Wissen kollektiv institutionalisiert. „Thus, even if the contents of the organizational memory are stored only in the form of memory traces in the memories of individual members, it is still an organiza-

---

6   Damit gibt es bei Williamson das für die Mikroökonomie typische „repräsentative Individuum".

tional knowledge in the sense that the fragment stored by each individual member is not fully meaningful or effective except in the context provided by the fragment stored by other members (...) it is firms, not the people that work for firms, that know how to make gasoline, automobiles and computers" (Winter 1982: 76).

Organisationswissen emergiert zu einer Eigenschaft eines lernenden Systems und wird durch die Interaktionen zwischen verschiedenen Lernprozessen geformt, die die Organisation konstituieren (Dosi/Marengo 1994: 162). Transaktionen sollten daher nicht als solche isoliert, sondern in ihrer Abhängigkeit voneinander analysiert werden. So können Transaktionen eine stimmige Ganzheit formen, die durch eine gemeinsame Wissensbasis zusammen gehalten wird, welche das zentrale Aktivum der Firma darstellt. Diese Wissensbasis impliziert normative Strukturen, die den Firmenwandel ermöglichen. Die Lernfähigkeit der Firma bestimmt endogen ihre Entwicklung.

Es kann für Firmen aber auch der Fall sein, dass, obwohl eine neue Technologie verfügbar wäre, diese nicht angewendet wird, da aufgrund der gegebenen Wissensbasis und der „mental maps" die Firma diese Alternative einfach nicht wahrnehmen kann. Umgekehrt können Firmen in der Lage sein, ihre eigenen Teams mit spezifischen Fähigkeiten zu kreieren, die wiederum neue Technologien und Produkte entwickeln. Zentral innerhalb dieses institutionellen Ansatzes ist der Schutz, den die Firma den individuellen Beschäftigten bietet. Im Transaktionskostenansatz sind alle Beteiligten zumindest der Möglichkeit nach ständig durch den Opportunismus der Anderen bedroht. Dies erfordert nicht voll spezifizierte (Arbeits-)Verträge bzw. spezielle Regulierungsformen (*governance structures*), um die Transaktionskosten zu minimieren. In den wissensbasierten Ansätzen werden Firmen als soziale Institutionen gesehen, die die Kooperation zwischen den Mitgliedern organisieren und diese gegenüber dem opportunistischen „rent-seeking-behaviour" schützen. Durch diese spezielle normative Steuerung wird die „Ausbeutung" von Fähigkeiten durch Andere begrenzt. Mit der Absicherung einer bestimmten Normstruktur werden spezifische Investitionen und damit Wandel ermöglicht und nicht nur Transaktionskosten minimiert. Erst wenn wir die Welt der Transaktionskostenvergleiche von verschiedenen *governance structures* verlassen, sind wir in der Lage, Firmen als lernende soziale Institutionen zu begreifen, welche einerseits dem Wandel unterworfen sind und andererseits ihn auch initiieren können (Groenewegen 1996: 10).

7   Wissensbasierte Theorien der Firma

Vorerst soll darauf hingewiesen werden, dass unter diesem Theoriestrang unterschiedliche Ansätze subsumierbar sind. Nichtsdestotrotz sind jedoch die Umrisse seiner Entwicklung sichtbar. Diese soll beispielshaft an fünf wichtigen Autorinnen und Autoren dargestellt werden, nämlich an Adam Smith, Frank Knight, Edith Penrose, Richard Nelson und Sidney Winter.

7.1 Adam Smith, Frank Knight und Edith Penrose: Meilensteine in der Entwicklung der Wissensbasierten Theorie der Firma

Der Anfang der wissensbasierten Theorien der Firma kann mit Adam Smith angesetzt werden. In seiner *Wealth of Nations* argumentiert Smith, dass die Arbeitsteilung innerhalb der Firma zur Folge hat, dass die Arbeiter ihre Fähigkeiten durch „learning by doing" spezialisieren und damit verbessern können. Dies wiederum geht mit der Ausdehnung der Märkte einher, was wiederum zur Folge hat, dass die Firmeneigner, die Kapitalisten ihre Aktivitäten weiter ausdehnen und die Arbeitsteilung noch weiter verfeinern, was dann wieder zu vermehrtem Produktivitäts- und Outputwachstum führt. Dabei werden notwendigerweise die individuellen Fähigkeiten der Arbeiter ebenso progressiv verbessert (Smith 1976: 13 ff, 25 ff, 31 ff)

Smiths Schilderung des oben beschriebenen Prozesses muss jedoch aus der Perspektive moderner firmentheoretischer Ansätze als ungenügend bezeichnet werden. In dieser Hinsicht argumentiert Williamson (1975), dass Smith es unterlässt zu zeigen, warum die Produktion innerhalb einer Firma organisiert sein muss. Die Arbeitsteilung könnte genauso die Produktivität erhöhen, wenn die Arbeiter selbständig produzieren würden, indem sie Rohmaterialien und Halbfertigprodukte kaufen und ihre Produkte nach Hinzugabe ihrer speziellen Fertigkeiten verkaufen würden.

> "Consider Adam Smith's pin-making example (…). Pin manufacture involved a series of technologically distinct operations (wire-straightening, cutting, pointing, grinding, and so forth). In principle, each of these activities could be performed by an independent specialist, and work could be passed from station to station by contract. The introduction of buffer inventories at each station, moreover, would decrease the coordination requirements and thereby reduce contractual complexity. Each worker could then proceed at its own pace, subject only to the condition that he maintains his buffer inventory at some minimum level. A series of independent entrepreneurs rather than a group of employees, each subject to an authority relation, would thus perform the tasks in question" (Williamson 1975: 50).

Williamson folgt hier niemand Anderem als Coase (siehe dazu den Beitrag von Pirker/Resch in diesem Band), wenn er in der Folge darstellt, dass die Firma nur dann eine vorteilhafte Einrichtung sein kann, wenn die Transaktionskosten des Markttausches jene des firmenbegründenden Arbeitskontraktes übersteigen. Klarerweise fehlt bei Smith jeder Hinweis auf die Rolle der spezifischen Organisation der Firma bei der Generierung, der Weitergabe und des Schutzes des praktischen Wissens. Smith versteckt sozusagen die Frage nach einer ausführlichen Begründung der Steigerung des Wissens der Arbeiter in seiner historisch sicher überzeugenden Behauptung von der unmittelbaren Einsicht in die Produktivitätssteigerungen arbeitsteiliger Arbeit. Er parallelisiert einfach die Steigerung der Geschicklichkeit, „the increase of dexterity in every particular workman" (Smith 1976: 17) damit. Es soll hier nicht behauptet werden, dass der Einwand von Williamson einfach zurückzuweisen ist, doch wird darauf hingewiesen, dass Williamsons Kritik nichts mit der Frage der mangelnden Begründung der Generierung und Weitergabe von Wissen zu tun hat, sondern ausschließlich auf die optimale Vertragsgestaltung abstellt.

Smith sieht wiederum historisch verständlich den spezifischen Vorteil des „learning by doing" durch Arbeitsteilung ausschließlich in der Verbesserung handwerklicher Fähigkeiten. Weitergehende Bemerkungen über Lernen und Wissensaneignung kommen – zumindest im ersten Buch der *Wealth of Nations*, in dem Smith über die Produktivitätssteigerungen durch Arbeitsteilung schreibt – nicht vor. Und obwohl Smith die Wichtigkeit technologischer Veränderungen betont, wird nicht auf eine Steigerung (kognitiver) Fähigkeiten, sondern primär auf eine Steigerung im Output physischer Güter fokussiert. Abgesehen von der Steigerung handwerklicher Fähigkeiten (der Fähigkeiten, Handgriffe schneller zu vollziehen), bleibt das Begriffsvermögen der Arbeiter unberührt.[7]

Mit der Durchsetzung der Neoklassischen Ökonomie in den 1870er Jahren richtete sich dann das Augenmerk hauptsächlich auf den Markt, und der Produktionsprozess wurde in den Hintergrund gedrängt. Doch auch führenden Neoklassiker, wie beispielsweise Alfred Marshall, wiesen darauf hin, dass Kapital zu einem wichtigen Teil aus Wissen und Organisation besteht. "Knowledge is our most powerful engine of production (…). Organization aids knowledge" (Marshall 1949: 115). Von Marshalls neoklassischen Nachfolgern wurde dies jedoch weitestgehend ignoriert.

Nahezu eineinhalb Jahrhunderte nach dem Erscheinen der *Wealth of Nations* erschien Frank Knights *Risk, Uncertainty and Profit* (1921), ein weiterer wichtiger Meilenstein in der Entwicklung der wissensbasierten Theorie der Firma. Knight betont in seiner Sichtweise der Firma explizit die Rolle des Wissens und bringt dies in Zusammenhang mit dem allgemeinen Vorherrschen von Unsicherheit. Das Faktum der Unsicherheit erklärt in der Tat die Existenz von Firmen. Knight interpretiert die Firma als ein Mittel, mit Unsicherheit umzugehen, indem Aktivitäten in größeren organisatorischen Einheiten zusammengefasst werden („grouping together").

"The difference between free enterprise and mere production for a market represents the addition of specialization of uncertainty-bearing to the grouping of uncertainties" (Knight 1921: 244). Dieser Prozess findet unter dem Druck der Schätzung von Bedürfnissen und der Kontrolle der Produktion, also mit Bezug auf Zukünftiges statt. Hier geht es jedoch nicht nur um die bloße Addition von Fähigkeit und Aktivitäten unter einem beliebigen organisatorischen Dach. Der Umgang mit Unsicherheit bedingt ein evolviertes System von verkopftem („cephalized"), hierarchischem Management:

> "When uncertainty is present the task of deciding what to do and how to do it takes the ascendancy over that of execution, the internal organization of the productive groups is no longer a matter of indifference or a mechanical detail. Centralization of this deciding and controlling function is imperative, a process of 'cephalization', such as has taken place in the evolution of organic life, is inevitable, and for the same reasons as in biological evolution" (Knight 1921: 268 f).[8]

Unsicherheit kann niemals ausgeschaltet werden, woraus für Knight folgt, dass das Unternehmerhandeln in einem solchen Kontext vor allem Urteilsvermögen („judgement") und andere, schwer fassbare Fähigkeiten verlangt.[9] Die zentrale Rolle des Firmenmanagements

---

7   Ebenso wie Adam Smith hat Karl Marx Elemente einer Theorie der Firma, vor allem im vierten Abschnitt des ersten Bandes des *Kapital* über „die Produktion des relativen Mehrwerts" (Marx 1968: 331 ff.)

8   In wissensbasierten Ansätzen zur Theorie der Firma wird häufig mit biologischen Metaphern gearbeitet. Sowohl Knight, wie auch Nelson und Winter machen davon Gebrauch (zu einer ausführlichen Darstellung der Funktion biologischer Metaphern in der Ökonomie vgl. Hodgson 1993: 18 ff).

9   Hier bezieht sich Knight auf Kenntnisse, die später dann als nicht kodifizierbares Wissen, als „unteachable" oder „tacit knowledge" bezeichnet werden (vgl. Polanyi 1967).

besteht darin, dieses Urteilsvermögen anzuwenden und solche Beurteilungsfähigkeiten auch in Mitarbeitern zu entwickeln:

> "The fundamental fact or organized activity is the tendency to transform the uncertainties of human opinion and action into measurable probabilities by forming an approximate evaluation of the judgement and capacity of the man. The ability to judge man in relation to the problems they are to deal with and the power to inspire them to efficiency in judging other men and things, are the essential characteristics of the executive" (Knight 1921: 311).

Knight weist in der Folge darauf hin, dass nicht alle ökonomischen Befähigungen, vor allem jene, welche sich auf die Anwendung des Urteilsvermögens in unsicheren Kontexten beziehen, kontraktfähig sind, was vertragstheoretische Konzeptionen wie die Transaktions-kostenökonomie notgedrungen unterstellen müssen. Seine implizite Antwort auf die Frage, warum Firmen existieren, ist damit klarerweise von jener der Coase-Williamson-Variante unterschieden. Firmen existieren gemäß Knight nicht darum, weil sie relativ zu miteinander im Austausch stehenden selbständigen Produzenten geringere Transaktionskosten aufwei-sen, sondern deshalb, weil es einen vollständigen Markt für alle unternehmerischen Tätig-keiten aus Unsicherheitsgründen prinzipiell gar nicht geben kann.

In seinem grundlegenden Aufsatz zur Theorie der Firma versucht Coase Knights Ar-gumente zu entkräften. "We can imagine a system where all advice or knowledge was bought as required" (Coase 1937: 400 f). Damit unterstellt er, dass Wissen und Information eine Ware wie jede andere sei. Verglichen mit Gütern und anderen Dienstleistungen kann man aber Information nicht so einfach kaufen. Denn wir wissen nicht um den Wert und Inhalt einer Information Bescheid, bis wir sie nicht schon gekauft haben. Unsicherheit schafft die Notwendigkeit, dass man eher auf Grund von Meinungen und weniger auf Grund von informiertem Wissen handelt. Das Problem der Selektion menschlicher Fähig-keiten für den Umgang mit unvorhersehbaren Situationen führt zu Paradoxien und theore-tisch offensichtlich unlösbaren Problemen (Knight 1921: 298).[10]

Dies scheint mir eine wesentliche Differenz zwischen vertragstheoretischen und wissensbasierten Ansätzen zu sein. Coase betrachtet alle unternehmerischen Fähigkeiten als potentiell kontraktierbar, während Knight dies prinzipiell verneint. Knights Betonung von Unsicherheit und seine Sichtweise menschlichen Beurteilungsvermögens, das notwendig ist, um mit diesen unsicheren Situationen umzugehen, verweist auf Grenzen des kontrakt-theoretischen Herangehens. Durkheim (1977: 251) hat explizit darauf hingewiesen, dass es in allen Kontrakten nicht-kontraktliche Elemente gibt: „Nicht nur außerhalb der Vertrags-beziehungen wirkt die soziale Aktion, sie wirkt auch auf das Spiel dieser Beziehungen selber, denn nicht alles ist vertraglich im Vertrag" (vgl. dazu auch Pirker 2004: 100 ff). Knight argumentiert dies in seinem Unsicherheitskontext insofern, als eben bestimmte Fähigkeiten nicht gekauft werden können. Diese sind jetzt nicht mehr nur eine Angelegen-heit (exzessiver) Transaktionskosten, da dafür kein adäquater Kostenkalkül zur Verfügung steht. Gemäß seiner Theorie kann eben kein Markt dafür existieren, den Wert des Unter-nehmers zu bewerten. So weisen zwei aktuell führende Exponenten des wissensbasierten Ansatzes ebenfalls auf die Notwendigkeit des Wahrnehmens der Grenzen kontrakttheoreti-schen Denkens hin:

---

10   Die Allokation (der Kauf) von Wissen und Fähigkeiten erfordert selbst schon solche. Das Problem des „judgement of judgement" verweist auf einen infiniten Regress.

"The very essence of capabilities/competences is that they cannot be readily assembled through markets (...). (T)he properties of internal organization cannot be replicated by a portfolio of business units amalgamated through formal contracts, as the distinctive elements of internal organization simply cannot be replicated in the market. That is, entrepreneurial activity cannot lead to the immediate replication of unique organizational skills through simply entering a market and piecing the parts together overnight" (Teece/Pisano 1994: 540).

Einer der wichtigsten Meilensteine für diese Einsichten war die Arbeit von Knight, obwohl sein Beitrag, wie auch jener von Coase von der Ökonomenzunft über lange Zeit gar nicht wahrgenommen wurde. Er war im 20. Jahrhundert einer der ersten, der auf die Rolle des Wissens und der Unsicherheit bei der Analyse von Organisationen hingewiesen hat. Damit stellt sein Ansatz diesbezüglich eine große Weiterentwicklung, auch in Bezug auf Smith dar. Es soll hier darauf hingewiesen werden, dass im Gegensatz zu Knights firmentheoretischen Überlegungen seine Sichtweise von Unsicherheit in den Jahren nach dem Erscheinen seines Werkes doch auch einen starken Einfluss, nämlich auf die Entwicklung der Makroökonomie (z.B. auf Keynes) hatte.

Aktuelle, noch in den Kinderschuhen steckende neuroökonomische Ansätze kommen – ohne immer Knight zu zitieren – auf Fragen der Unsicherheit in organisationalen Kontexten zurück. Jeder Wandel schafft Situationen von Unsicherheit und kreiert damit Ängste, die bestimmte Prozesse im Gehirn auslösen, welche dann die neuronale Basis des Verhaltens bilden. So zeigen neurowissenschaftliche Untersuchungen, dass je nachdem, ob eher stark routinisierte oder eben weniger routinisierte Tätigkeiten anstehen, unterschiedliche Gehirnregionen aktiviert werden. Die Resultate moderner Hirnforschung statten somit Organisationsforscher mit einem zusätzlichen Wissen aus, um menschliches Verhalten besser zu verstehen (Beugre 2010: 296 f).

Es gibt eine große Anzahl von Übereinstimmungen zwischen Knights Argumentation und jener von Edith Penrose, deren Hauptwerk *The Theory of the Growth of the Firm* 1959 erschien. Ihr Buch ist ein für die Entwicklung der wissensbasierten Theorie der Firma nicht hoch genug einzuschätzender Beitrag. Wie Knight interpretiert auch Penrose die Firma als eine Kombination von Kenntnissen und Fähigkeiten. Sie sieht in Firmen mehr als nur eine administrative Einheit, nämlich vorrangig eine Ansammlung produktiver Ressourcen, deren unterschiedliche Nutzung im Zeitablauf durch administrative Entscheidungen bestimmt wird (Penrose 1959: 24). An Knight gemahnend stellt sie heraus, dass eine Firma eine Vielfalt von „Reserven" für ihr Handeln benötigt, z.B. finanzielle, Lager- oder Arbeitskraftreserven (Penrose 1959: 94), um mit den Unsicherheitssituationen umgehen zu können. Ebenso wie Knight betont sie die schwer zu fassende Natur von Befähigungen. Eine Menge an Wissen kann nicht formell gelehrt oder mittels Sprache kommuniziert werden. "It is the result of learning but learning in the form of personal experience (...), experience itself can never be transmitted; it produces a change – frequently a subtle change – in individuals and cannot be separated from them" (Penrose 1959: 53). Dieses Lernen durch Erfahrung zeigt sich zweierlei: durch Veränderung im Gelernten selber und Veränderungen in der Fähigkeit, das Gelernte zu benutzen.

Die Entwicklung dieses verschwiegenen, von der Person nicht zu trennenden Wissens („tacit knowledge") wird dann zum Kernstück ihrer Vorstellung vom endogenen Wandel und Wachstum der Firma. Die zentrale Idee ist jene des „learning by doing": "That the knowledge possessed by a firm´s personnel tends to increase automatically with experience means, therefore, that the available productive services from a firm´s resources will also tend to change" (Penrose 1959: 76). Penrose entwickelt somit eine Theorie des Firmenwachstums, welches auf einer Steigerung von Wissen beruht. In Firmen ist quasi sowohl eine automatische Steigerung von Wissen, als auch ein Anreiz zur Suche nach neuem Wissen eingebaut (Penrose 1959: 78).

Wissen haust jedoch nicht nur in Individuen. Es hängt gemäß Penrose vom Organisationskontext und von den Interaktionen der Beschäftigten innerhalb der Firma ab:

> "When men have become used to working in a particular group of other men, they become individually and as a group more valuable to the firm in that the services they can render are enhanced by their knowledge of their fellow-workers, of the methods of the firm, and the best way of doing things in the particular set of circumstances in which they are working" (Penrose 1959: 52).

Und an anderer Stelle argumentiert Penrose, dass das Management mehr ist als eine bloße Ansammlung von Individuen; es ist eine Gruppe von Menschen, welche schon Erfahrungen in Zusammenarbeit hatten. Führungspersonal erbringt Dienstleistungen, die frisch angeheuerte Personen von außerhalb der Firma niemals erbringen könnten. Die Erfahrung, die es von der Arbeit innerhalb der Firma gewonnen hat, ermöglicht ihm, Dienste zu leisten, die einzigartig wertvoll für die Gruppe sind, der es angehört (Penrose 1959: 46).

7.2 Richard Nelson und Sidney Winter: Die Evolution von Wissen in Firmen

Bevor im Detail auf das zentrale Oevre zur wissensbasierten Theorie der Firma *An Evolutionary Theory of Economic Change* (Nelson/Winter 1982) eingegangen wird, müssen ein paar überblickshafte Bemerkungen zum Begriff der Evolution, wie ihn Nelson und Winter verwenden, gemacht werden. Obwohl es Vorläufer des evolutorischen Denkens in der ökonomischen Disziplin gibt (vgl. Hodgson 1993), ist die Entwicklung der evolutorischen Theorie der Firma hauptsächlich ein Phänomen der zweiten Hälfte des 20. Jahrhunderts. Es entspringt – zumindest teilweise – einer Kontroverse über die Adäquatheit der Annahme profitmaximierenden Firmenverhaltens. Der schon mehrmals zitierte Armen Alchian betrat die wissenschaftliche Bühne und versuchte diese Debatte mit der Behauptung zu beenden, dass es keine Rolle spiele, ob Firmen in der Tat profitmaximierende Intentionen hätten oder eben nicht. Die Marktkonkurrenz als solche würde ein Umfeld kreieren, das ähnlich wie die natürliche Selektion in der Biologie die bessere (effiziente) Lösung ausdifferenzieren würde (Alchian 1950). Dieser Erfolg hinge von den Resultaten des Verhaltens, nicht jedoch von den Motivationen der Handelnden ab. Des Weiteren sei individuelles Verhalten, da es unter Unsicherheit erfolge, nicht vorhersagbar. Auch wenn Firmen nicht versuchen würden, Profite zu maximieren, würde ein evolutionärer Prozess der Selektion und Nachahmung das Überleben der profitableren Firma sicherstellen. Alchian sah seine aus der Biologie übernommene Idee weniger als eine Stütze, sondern eher als eine Alternative zur Profitmaximierungsannahme. Obwohl individuelles Verhalten nicht vorhersagbar sei, würden evolutionäre Prozesse Entwicklungsmuster im Resultat beobachtbar machen.[11]

---

11 Penrose (1952) schrieb eine vernichtende Kritik an der Verwendung biologischer Metaphern in der Ökonomie. Aus zwei Gründen ist ihrer Meinung nach diese Analogie zurückzuweisen: Erstens sind menschliche

Die Idee der natürlichen Auslese – nun als Stütze der Annahme der Profitmaximierung – wurde dann in der Folge aufgegriffen und durch den häufig zitierten Essay von Milton Friedman über die *Methodologie der positiven Ökonomie* populär gemacht (Friedman 1953). Eine erste bemerkenswerte Kritik an der Friedmanschen Verteidigung der Profitmaximierungsannahme stammt von Winter, der jedoch keinesfalls die biologische Analogie zurückweist, sondern darauf insistiert, dass der sehr unspezifisch gehaltene Beitrag niemals eine genügende Begründung für Profitmaximierung sein kann.

Worauf Winter abstellt, ist der Umstand, dass Friedman nirgends zeigt, wie Maximierungsverhalten über die Zeit reproduziert wird. Denn wenn Selektion funktionieren soll, muss ein mehr oder weniger stabiles Merkmal existieren, das es ermöglicht, dass die Maximierer, die via Konkurrenz selektiert werden, über eine gewisse Zeit ihr Verhalten fortsetzen. Wie auch Penrose (1952) herausarbeitete, braucht die natürliche Selektion, um funktionieren zu können, eine „heritable variation of fitness". Diese fehlt in Friedmans Analogie. Wenn Selektion zum Vorteil bestimmter Charakteristika (z.B. Profitmaximierung) und zum Nachteil anderer wirken soll, dann kann das Verhalten nicht rein zufällig sein. Es muss ein dem Genotyp äquivalentes Merkmal aufgefunden werden, das den Phänotyp (in diesem Fall die profitmaximierende Firma) formt und stabil hält (Winter 1964; vgl. dazu auch Hodgson 1994).

Winter weist darauf hin, dass Firmenroutinen von über die Zeit relativ dauerhafter Qualität sind. Sie unterstützen den Wissenserwerb und haben zumindest in gewissem Ausmaß die Eigenschaft, sich durch Nachahmung zu reproduzieren. Dabei können Routinen auch – beispielsweise durch Managementpraktiken – im Zeitverlauf verändert werden, sollten die Firmenprofite unterhalb eines zufriedenstellenden Niveaus sein: „The assumption that firms have decision rules, and retain or replace them according to the satisficing principle, provides both genetic stability and indogenous mutation mechanism" (Winter 1971: 247).

Winters Arbeit ist somit sowohl eine Antwort auf Penrose als auch eine Attacke auf Friedman. Mit dem Begriff der Routine reagiert er auf Penroses Einwand, dass in den von ihr kritisierten früheren Arbeiten die weiterwirkenden Merkmale, die für einen evolutionären Prozess notwendig sind („heritable variation of fitness"), fehlen. Gemeinsam mit Nelson hat Winter auf dieser Basis dann eine evolutorische Theorie der Firma entworfen, die inhaltlich auf die Generierung und Weitergabe von Wissen aufbaut und welche die herausragende Stellung unter den wissensbasierten Firmenkonzeptionen einnimmt: Beide Autoren machen unmissverständlich die Zentralität der aus der Biologie stammenden Denkform klar. Der Begriff „evolutionary" ist „above all a signal that we have borrowed basic ideas from biology, thus exercising an option to which economists are entitled in perpetuity by virtue of the stimulus our predecessor Malthus provided to Darwin's thinking" (Nelson/Winter 1982: 9).

Aus der *Evolutionary Theory of Economic Change* geht gleich am Anfang ein tiefes Misstrauen gegen neoklassisches Denken hervor. Dies führt zur Zurückweisung der in den 1980er Jahren noch viel stärker als heute vorherrschenden zentralen Annahmen im neoklas-

---

Wesen von Zwecken und Absichten geleitet, im Darwinismus wird hingegen angenommen, dass Organismen einfach durch ihre Gene programmiert sind. Zweitens ist diese Analogie irreführend, da es in der sozioökonomischen Sphäre kein Äquivalent zu über die Zeit vererbbaren Eigenschaften gibt. Es ist in gewisser Weise eine Ironie der Geschichte, dass Nelson und Winter dann doch auf biologische Metaphern zurückgreifen, dabei aber einen zentralen Begriff, jenen der Routine einführen.

sischen Denken. Alle noch so unterschiedlich argumentierten Gleichgewichtsvorstellungen machen die ökonomische Disziplin blind gegenüber Phänomenen, die mit historischen Veränderungen einhergehen. "Although it is not literally appropriate to stigmatize orthodoxy as concerned only with hypothetical situations of perfect information and static equilibrium, the prevalence of analogous restrictions in advanced work lends a metaphorical validity to the complaint" (Nelson/Winter 1982: 8).

Anstelle des profitmaximierenden Verhaltens entwickeln Nelson und Winter eine theoretische Vorstellung, in der die Selektion qua Routinen wirksam wird. Diese können beispielsweise spezialisierte technischen Routinen oder beschäftigungspolitische Prozeduren sein, Forschung und Entwicklung, Werbung, Produktdifferenzierung oder Auslandsinvestitionen betreffen, und „(t)hese routines play the role that genes play in biological evolutionary theory" (Nelson/Winter 1982: 14).

Routinen sind aber nicht nur weitverbreitet und charakteristisch für die Aktivitäten innerhalb von Organisationen, sie haben auch ihnen eigene Funktionen. Wenn Nelson und Winter die Frage des Erwerbs und der Weitergabe von Befähigungen innerhalb der Firma diskutieren, dann stellen sie dabei überzeugend dar, dass Routinen als relativ dauerhafte Wissensspeicher fungieren, sie wirken als „organizational memory" der Firma (Nelson/Winter 1982: 99). Wegen ihrer relativ stabilen Eigenschaften, ihrer Fähigkeit sich zu reproduzieren, bilden sie die ökonomische Analogie zu den Genen in der Biologie. Sie übertragen Informationen über die Zeit in einer Art und Weise, die mit der Konservierung und Weitergabe von Informationen durch die Gene zu parallelisieren ist.

Nelson und Winter akzeptieren selbstverständlich, dass in Firmen innovatives Verhalten möglich sein muss und Organisationsverhalten nicht gänzlich routinisiert sein kann. Sie lassen unvorhersagbares Verhalten und damit stochastische Elemente auch im Verhaltensresultat zu. Auch hier gibt es klare Parallelen zur biologischen Evolutionstheorie, wo stochastische Variationen ebenso vorgesehen sind (Nelson/Winter 1982: 15).

Ebenso wie Nelson und Winter eine Analogie zwischen den Genen und Routinen sehen, übernehmen sie ein weiteres Konzept direkt aus der Biologie, nämlich das Konzept der Suche („search"), um Veränderungen der Routinen zu argumentieren. "Our concept of search obviously is the counterpart of that of mutation in biological evolutionary theory" (Nelson/Winter 1982: 18). Beispielshaft nehmen sie einen Schwellenwert an Profitabilität an, bei dessen Unterschreitung die Firma dann notgedrungen gezwungen sein wird, alternative Handlungsmöglichkeiten aufzuspüren. Sie wird dann möglicherweise in Forschung und Entwicklung investieren, um so eine über dem Schwellenwert liegende Profitabilität wiederherzustellen. Wenn allerdings die Profitabilität zufriedenstellend ausfällt, wird sie ihre überkommenen Routinen aufrechterhalten und keinen Suchprozess nach Neuem einleiten (Nelson/Winter 1982: 209 ff).[12]

Die dritte Analogie bezieht sich auf die Idee der natürlichen Selektion: "Market environments provide a definition of success for business firms, and that definition is very closely related to their ability to survive and grow" (Nelson/Winter 1982: 9). Hier wird die Marktkonkurrenz mit dem Überlebenskampf in der Biologie parallelisiert. In diesem Punkt sind Nelson und Winter wohl am ehesten in der Nähe von Alchian und Friedman, jedoch muss betont werden, dass Nelson und Winter Märkte niemals als etwas Natürliches oder a fortiori ökonomisch Überlegenes begreifen.

---

12   Dabei übernehmen Nelson und Winter die von Herbert Simon entwickelte Vorstellung des „satisficing behavior".

Nelson und Winter sind sich jedoch klar darüber, dass ihr evolutorischer Ansatz nicht völlig mit den Evolutionsprozessen in der Biologie übereinstimmen kann. In sozioökonomischen Theorien werden Routinen durchaus als relativ robust angenommen, jedoch so robust wie die biologischen Gene können sie klarerweise nicht sein. Wenn Routinen sich ändern, können ihre neuen Merkmale direkt von Nachahmern kopiert und einverleibt werden. In der sozioökonomischen Sphäre werden erworbene und nicht genetisch angeborene Eigenschaften weitergegeben. Damit ist – im Gegensatz zur genetischen Programmierung – im menschlichen Verhalten Platz für Intentionalität und Neues. So kann auch der Einwand von Penrose gegen die Übernahme biologischer Metaphern in die Ökonomie zurückgewiesen werden (vgl. dazu Hodgson 1993: 214 ff).[13]

Die Theorie von Nelson und Winter legt großes Augenmerk auf Prozesse des Lernens und der Entwicklung innerhalb der Firma. Die Handelnden sind Entdecker und Schöpfer und keine Maximierer. Die Firma ist ein sich verändernder Gesamtzusammenhang, der sowohl durch reaktives als auch durch zweckorientiertes Verhalten geprägt ist.

Schon vor der Veröffentlichung der *Evolutionary Theory of Economic Change* hat Nelson – an Penrose und Knight gemahnend – die orthodoxe Behandlung von Information und Wissen kritisiert. Er weist dabei die übliche Vorstellung, dass technologisches Wissen in der Form von kodifiziertem „how-to-do-it knowledge" vorliegen würde, zurück. Ein solches Wissen könne niemals zufriedenstellend sein, man würde damit so tun, als ob der Zugang zur Anleitung schon genügen würde, um den Vorgang dann auch ausführen zu können. Auch die Behauptung, dass man Wissen einfach direkt durch die Aufstockung der Mittel für Forschung und Entwicklung erweitern könne, wird von ihm nicht geteilt: „If the salient elements of techniques involve special personal skills, or a personalized pattern of interaction and cooperation among a group of individuals in an important way, then one cannot easily infer how it would work from an experiment conducted elsewhere" (Nelson 1980: 67).

Diese Vorstellung des Wissens betrifft nicht kodifizierbares, kontextabhängiges „tacit knowledge", welches in der *Evolutionary Theory of Economic Change* die Hauptrolle spielt. Es ist jene Art von Wissen, das in den Routinen gespeichert ist und damit den theoretischen Kern der Theorie ausmacht. Somit ist die Konzeption von Nelson und Winter ein herausragendes Beispiel einer wissensbasierten Theorie der Firma.

Dadurch können Nelson und Winter auch begründen, dass es differente Typen von Firmen geben kann, die in der Lage sind zu überleben, und nicht nur die kostenmäßig gleich effizienten. Der Hauptgrund für diese Varietät liegt darin begründet, dass gegebene Information unterschiedlich interpretiert werden kann, dass die Reaktion auf externe Stimuli eben auf Grund unterschiedlicher Routinen unterschiedlich ausfallen kann, weil eben eine firmenspezifische Informationslage die Regel darstellt. Wie schon festgestellt, haben frühere Vertreter wissensbasierter Firmentheorien – beispielsweise Penrose – unterschiedliche Möglichkeiten der Organisation und des Verhaltens herausgearbeitet. So kann festgestellt werden, dass für die Begründung der Heterogenität von Firmen die biologische Metapher nicht immer die Inspirationsquelle war.

Folgearbeiten haben die (empirische) Nützlichkeit des theoretischen Beitrags von Nelson und Winter vor allem für industriepolitische Forschung gezeigt (Teece/Pisano 1994). Nelson entwickelt ein Konzept *Nationaler Innovationssysteme*, wobei das zentrale Argu-

---

13   Im Schlusskapitel wird die Bedeutung eines solchen sozialwissenschaftlichen Verständnisses von habituellem und routinisiertem Verhalten für die Institutionelle Ökonomie resümiert.

ment dabei ist, dass Innovation und technischer Wandel nicht einfach eine Angelegenheit der individuellen Unternehmen ist, sondern auch kulturelle und institutionelle Merkmale auf nationaler Ebene berücksichtigt werden müssen (Nelson 1993), etwas, das uns auch an aktuelle Diskussionen über Bildungspolitik erinnert. Wissen kann nur innerhalb eines kulturellen und institutionellen Rahmens etabliert werden, und die Metapher der evolutionären Selektion und Mutation dient dazu, den Prozess der Entwicklung von Wissen innerhalb eines ökonomischen Systems zu beschreiben. Neuere Ansätze, die wissensbasierte Konzeptionen verwenden, arbeiten mit der Vorstellung eines „competence bloc", der eine Minimalanzahl von Personen mit solchen Fähigkeiten auflistet, die gebraucht werden, um neue Geschäftsideen zu kreieren und neue industrielle Entwicklungen zu initiieren (Eliasson/ Eliasson 2009: 104 ff).

8   Zum Begriff der Institution

Das Verständnis von Unsicherheit und Wissen in den wissensbasierten Ansätzen schlägt nun die Brücke zum Begriff der Institution, wie er in modernen wirtschafts- und sozialwissenschaftlichen Forschungen verwendet wird. Die über Jahrzehnte verdrängten instinktpsychologischen und aus der pragmatischen Philosophie stammenden Ideen werden durch moderne Forschungsresultate zu einem großen Teil rehabilitiert. So wird Thorstein Veblens „ökonomische Psychologie" als durchaus mit aktuellen entwicklungspsychologischen und kognitionswissenschaftlichen Erkenntnissen kompatibel dargestellt. Veblens Perspektive „stressed the active and multitiered natur of the mind in which instincts, habits and conscious reasoning are all significant for understanding human behaviour" (Twoomey 1998: 437).

Habitus und Routine als Basis für reflexives und nicht-reflexives Verhalten sind die Grundkonzepte des modernen Institutionenbegriffs. Habitus ist „a more or less self actuating disposition or tendency to engage in previously adopted or acquired action" (Camic 1986: 1044). Habituelle Gewohnheiten („habits") werden durch Wiederholung von Handlungen geformt, weisen dadurch dauerhafte, sich selbst perpetuierende Qualitäten auf. Ein Habitus ist nicht dasselbe wie konditioniertes Verhalten. Er ist eine erworbene Disposition, welche in aktuelles Verhalten ausmünden kann, aber nicht notwendigerweise muss.

Für Veblen ist jeder ökonomische Wandel in letzter Instanz einer Veränderung in den Denkgewohnheiten geschuldet (Veblen 1919: 75). So kommen auch institutionalistische Untersuchungen zum Schluss, dass die Durchsetzung von Regeln und Auflagen die Existenz unterstützender habitueller Gewohnheiten erfordert (Schlicht 1998). Jede wirtschaftspolitische Maßnahme, die institutionellen Wandel herbeizuführen beabsichtigt, kann nur erfolgreich sein, wenn sie obiges berücksichtigt.

Der zentrale Punkt für das Verstehen habitueller Gewohnheiten ist der, dass akzeptiert wird, dass vernünftiges Denken und Handeln unmöglich ist, ohne vorher bestimmte Denkroutinen erworben zu haben. „Tacit knowledge" (vgl. Anm. 9) formt das Denken und Handeln in erheblichem Ausmaß mit. "Ideas, thougts of ends, are not spontaneously generated. There is no immaculate conception of meaning or purposes. Reason pure of all influence from prior habits is a fiction" (Dewey 1922: 30 f).

Im Unterschied zum Habitus bezieht sich der Begriff der Routine nicht auf eine Einzelperson, sondern auf eine kontinuierliche Gruppe von Personen (z.B. eine Firma), die bestimmte habituelle Gewohnheiten teilen. Wie bereits ausführlicher dargestellt, hat die Idee der Routine eine Wiedergeburt erfahren, was mit dem beeindruckenden Werk von Nelson und Winter zusammenhängt (vgl. 7.2.) Ihre Arbeit zeigt, dass Routinen als „organizational memory" (Nelson/Winter 1982: 99) notwendig sind, um komplexe technologische Fertigkeiten zu erwerben und sie innerhalb der Organisation weiterzugeben.

Routinen sind nicht eingefrorene Handlungen, denn sie spielen eben die zentrale Rolle für die Ermöglichung von Folgehandlungen. Routinen ermöglichen sinnvoll wiederholbare alltagspraktische Handlungen, indem sie das Ausmaß der Bewusstheit dieser Handlungen in komplexen Situationen reduzieren. Dies ist notwendig, um Handlungen überhaupt möglich zu machen. Wenn wir nicht Routinen entwickelt hätten, dann könnten wir von den Anderen nur sehr vage Informationen empfangen und auch innerhalb der Institution an die Anderen nur wenig brauchbare senden.

Indem Routinen mehr oder weniger fixe Verhaltensmuster etablieren, liefern sie für die Anderen sinnvoll wahrnehmbare Informationen. Solche in der Standardtheorie wohl „Imperfektionen" genannten Rigiditäten helfen Situationen zu vermeiden, wo jedes Schwanken im ökonomischen System zu völlig chaotischen Reaktionen führen kann. Routinen spielen somit eine stabilisierende Rolle, weil sie eine auf verlässlichen Informationen basierende Verhaltenssteuerung ermöglichen. So machen Routinen bewusste Verhaltensweisen für Andere erst möglich.

Institutionen sind in diesem Sinne über die Zeit dauerhafte Systeme etablierter Regeln und Konventionen, welche soziale Interaktionen strukturieren. Ihre Dauerhaftigkeit resultiert daraus, dass sie stabile Erwartungen über das Verhalten Anderer zu generieren in der Lage sind. Sie ermöglichen geordnetes Handeln, indem sie Grenzen für Form und Inhalt menschlicher Verhaltensweisen auferlegen. Sie hängen von den Denkgewohnheiten („Habits" und „Routines") und den daraus resultierenden Aktivitäten der Individuen ab, ohne jedoch auf diese reduzierbar zu sein. Institutionen begrenzen also das Verhalten, andererseits ermöglichen sie es auch. Klar ist, dass die Existenz von Regeln dem Handeln Beschränkungen auferlegt, jedoch sollte nicht übersehen werden, dass solche Beschränkungen auch bestimmte Möglichkeiten eröffnen, die ansonsten nicht gegeben wären. Sie lassen Platz für intentionale Entscheidungen, strukturieren einen Raum mit Freiheitsgraden. So muss „Regulierung" nicht notwendigerweise die Antithese zu „Liberalisierung" sein, wie im aktuellen wirtschaftspolitischen Diskurs häufig unterstellt wird.

Weil Institutionen von den Aktivitäten ihrer Mitglieder abhängen und gleichzeitig diese Aktivitäten beschränken und formen, weisen sie einen selbstverstärkenden und selbstreproduzierenden Charakter auf. Sie sind also nicht nur dauerhaft, weil sie Grenzen für eine angemessene Verhaltenskoordination bieten, sondern weil sie auch die individuellen Verhaltensaspirationen selbst formen.

Literatur

Alchian, Armen (1950): Uncertainty, Evolution and Economic Theory. In: Journal of Political Economy 58, 211-222.

Alchian, Armen (1984): Specificity, Specialization and Coalitions. In: Zeitschrift für die gesamte Staatswissenschaft 140, 34-49.

Alchian, Armen/Demsetz, Harold (1972): Production, Information Costs, and Economic Organization. In: The American Economic Review 62, 777-795.

Argyris, Chris/Schön, Donald (1978): Organizational Learning. A Theory of Action Perspective. Reading, MA: Addison-Wesley.

Beugre, Constant (2010): Brain and Human Behavior in Organizations. A Field of Neuro-Organizational Behavior. In: Stanton, Angela/Day, Mellani/Welpe, Isabell (Hg.): Neuroeconomics and the Firm. Cheltenham: Edward Elgar, 289-303.

Bowles, Samuel (1985): The Production Process in a Competitive Economy. In: The American Economic Review 75, 16-36.

Camic, Charles (1986): The Matter of Habit. In: American Journal of Sociology 91, 1039-1087.

Coase, Ronald (1937): The Nature of the Firm. In: Economica 4, 386-405.

Coase, Ronald (1960): The Problem of Social Cost. In: Journal of Law and Economics 3, 1-44.

Demsetz, Harold (1967): Towards a Theory of Property Rights. In: The American Economic Review (Proceedings) 57, 347-359.

Demsetz, Harold (1993): The Theory of the Firm Revisited. In: Williamson, Oliver/Winter, Sidney (Hg.): The Nature of the Firm. Origins, Evolution, and Development. Oxford and New York: Oxford University Press, 159-178.

Dewey, John (1922): Human Nature and Conduct. An Introduction to Social Psychology. New York: Holt.

Dobb, Maurice (1977): Wert und Verteilungstheorien seit Adam Smith. Eine nationalökonomische Dogmengeschichte. Frankfurt/Main: Suhrkamp.

Dosi, Giovanni/Marengo, Luigi (1994): Some Elements of an Evolutionary Theory of Organizational Competences. In: England, Richard (Hg.): Evolutionary Concepts in Contemporary Economics. Ann Arbor: University of Michigan Press, 157-178.

Douglas, Mary (1990): Converging on Autonomy. Anthropology and Institutional Economics. In: Williamson, Oliver (Hg.): Organization Theory. From Chester Barnard to the Present and Beyond. Oxford: Oxford University Press, 98-115.

Duda, Helga (1987): Macht oder Effizienz? Eine ökonomische Theorie der Arbeitsbeziehungen im modernen Unternehmen. Frankfurt/Main und New York: Campus.

Duda, Helga/Fehr Ernst (1984): Die radikale Theorie der Firma. Ein interpretierender Überblick. SAMF-Arbeitspapier Nr. 2.

Durkheim, Emile (1977): Über die Teilung der sozialen Arbeit. Frankfurt/Main: Suhrkamp.

Eliasson, Gunnar/Eliasson, Asa (2009): Competence and Learning in the Experimentally Organized Economy. In: Bjuggren, Per-Olof/Mueller, Dennis (Hg.): The Modern Firm, Corporate Governance and Investment. Cheltenham: Edward Elgar, 104-136.

Fama, Eugene (1980): Agency Problems and the Theory of the Firm. In: Journal of Political Economy 88, 288-307.

Friedman, Milton (1953): The Methodology of Positive Economics. In: ders. (Hg.): Essays in Positive Economics. Chicago: University of Chicago Press, 3-43.

Furubotn, Eirik/Pejovich, Svetozar (Hg.) (1974): The Economics of Property Rights. Cambridge MA: Ballinger.

Georgescu-Roegen, Nicholas (1978): Mechanistic Dogma in Economics. In: British Review of Economic Issues 2, 1-10.

Groenewegen, John (1996): Institutional Economics. Method, Theory and Applications. Paper based on the Presentation and Discussion at the Seminar on Institutional Economics, organized by the Austrian Academy of Sciences and the Economic University Vienna, Vienna: 15 December 1995.

Hodgson, Geoffrey (1982): Theoretical and Policy Implications of Variable Productivity. In: Cambridge Journal of Economics 6, 213-226.

Hodgson, Geoffrey (1988): Economics and Institutions. A Manifesto for a Modern Institutional Economics. Cambridge: Polity Press.

Hodgson Geoffrey (1993): Economics and Evolution. Bringing Life back into Economics. Cambridge: Polity Press.

Hodgson, Geoffrey (1994): Optimization and Evolution. Winter´s Critique of Friedman Revisited, In: Cambridge Journal of Economics 18, 413-430.

Keynes, John Maynard (1936/1971): The General Theory of Employment, Interest and Money. The Collected Writings of John Maynard Keynes, vol. VII.

Knight, Frank (1921): Risk, Uncertainty and Profit. New York: Houghton Mifflin.

Marglin, Stephen (1974): What do Bosses do? The Origins and Functions of Hierarchy in Capitalist Production. In: The Review of Radical Political Economics 6, 60-112.

Marshall, Alfred (1949): The Principles of Economics, 8th (reset) ed. (1st ed. 1890). London: Macmillan.

Marx, Karl (1968): Das Kapital. Bd. 1. MEW 23.

Nelson Richard (1980): Production Sets, Technological Knowledge and R&D. Fragile and Overworked Constructs for Analysis of Productivity Growth? In: The American Economic Review (Papers and Proceedings) 70, 62-67.

Nelson Richard (1993): National Innovation Systems. A Comparative Analysis. Oxford: Oxford University Press.

Nelson, Richard/Winter Sidney (1982): An Evolutionary Theory of Economic Change. Cambridge MA: Harvard University Press.

Nooteboom, Bart (1992): Towards a Dynamic Theory of Transactions. In: Journal of Evolutionary Economics 2, 281-299.

Nutzinger, Hans (1976): The Firm as a Social Institution. The Failure of the Contractarian Viewpoint. In: Economic Analysis and Workers´ Management 10, 217-237.

Penrose, Edith (1952): Biological Analogies in the Theory of the Firm. In: The American Economic Review 42, 804-819.

Penrose Edith (1959): The Theory of the Growth of the Firm. Oxford: Basil Blackwell.

Pirker, Reinhard (2000): Die Unternehmung als soziale Institution. Eine Kritik der Transaktionskostenerklärung der Firma. In: Ortmann, Günther/Sydow Jörg/Türk, Klaus (Hg.): Theorien der Organisation. Die Rückkehr der Gesellschaft. Wiesbaden: Westdeutscher Verlag. 2. Auflage, 67-80.

Pirker Reinhard (2004): Märkte als Regulierungsformen sozialen Lebens. Marburg: Metropolis.

Polanyi, Michael (1967): The Tacit Dimension. London: Routledge and Kegan Paul.

Schlicht, Ekkehart (1998): On Custom in the Economy. Oxford and New York: Clarendon Press.

Shapiro,Carl/Stiglitz, Joseph (1984): Equilibrium Unemployment as a Worker Discipline Device. In: The American Economic Review 74, 433-444.

Smith, Adam (1976): An Inquiry into the Nature and Causes of the Wealth of Nations. (1st ed. 1776). Oxford: Clarendon Press.

Sraffa, Piero (1960): Production of Commodities by Means of Commodities. Prelude to a Critique of Economic Theory. Cambridge: Cambridge University Press.

Teece, David/Pisano, Gary (1994): The Dynamic Capabilities of Firms. An Introduction. In: Industrial and Corporate Change 3, 537-556.

Twoomey, Paul (1998): Reviving Veblenian Economic Psychology. In: Cambridge Journal of Economics 22, 433-448.

Veblen, Thorstein (1919): The Place of Science in Civilization and other Essays. New York: Huebsch. Repr. (1990) by Samuels, Warren. New Brunswick: Transaction.

Williamson, Oliver (1975): Markets and Hierarchies. Analysis and Antitrust Implications. New York and London: The Free Press.

Williamson, Oliver (1985): The Economic Institutions of Capitalism. Firms, Markets, Relational Contracting. London: Macmillan.

Winter, Sidney (1964): Economic "Natural Selection" and the Theory of the Firm. In: Yale Economic Essays 4, 225-272.

Winter, Sidney (1971): Satisficing, Selection and the Innovating Remnant. In: Quarterly Journal of Economics 85, 237-261.

Winter, Sidney (1982): An Essay on the Theory of Production. In: Hymans, Saul (Hg.): Economics and the World Around It. Ann Arbor: University of Michigan Press, 55-91.

Wirtschaftssoziologische und gesellschaftstheoretische Perspektiven der Unternehmung

Gertraude Mikl-Horke

1 Einleitung: Die Unternehmung in der Soziologie

Die Unternehmung war in der Soziologie lange Zeit kein spezifisches Forschungsobjekt, wenn man darunter die ‚Außenseite' des privatwirtschaftlichen Erwerbsbetriebs in seinen Bezügen auf Markt und Gesellschaft versteht. Anders als in der Ökonomie wurde sie jedoch in der Soziologie schon seit Beginn des 20. Jahrhunderts, etwa bei Max Weber und Werner Sombart, auf Grund ihres auf die Erfassung der Charakteristik des modernen Kapitalismus gerichteten Erkenntnisinteresses als eine Institution der Gesellschaft aufgefasst. Max Weber hatte darüber hinaus mit seinem Idealtypus der bürokratischen Verwaltung auch der Entwicklung der großen Unternehmen zu „geschlossenen" rational und formell strukturierten Organisationen Rechnung getragen, dies aber in einem unmittelbaren Zusammenhang mit der Rationalisierung der abendländischen Kultur gesehen (siehe den Beitrag *Max Weber und die Theorie der Unternehmung* in diesem Band). Die Perspektive des Unternehmens als Erscheinung des modernen Kapitalismus, wie sie Weber und Sombart behandelt hatten, fand für lange Zeit keine Fortsetzung innerhalb der Soziologie. Die Perspektive richtete sich vielmehr auf das Innenleben der Unternehmung als Organisation der Arbeit. In der weiteren Entwicklung standen die Probleme der Arbeitsmotivation und des Arbeitsverhaltens sowie der Struktur und Dynamik der Organisationen im Zentrum der Forschungen im Rahmen der Arbeits- und Industriesoziologie einerseits, der Organisationssoziologie andererseits.

Die Aufmerksamkeit der soziologischen Forschungen konzentrierte sich auf den Industriebetrieb als der typisch modernen Form der Produktion in der Industriegesellschaft. Motivation und Verhalten der Industriearbeiter in der Organisation bildeten vor allem seit den Hawthorne-Studien Elton Mayos den zentralen Gegenstand sozialwissenschaftlicher Forschung. Die Entdeckung und Wirkung der informellen Gruppen im Betrieb und die Bedeutung von Führungsstil und Betriebsklima für die Arbeitsleistung bestimmten die Diskussion (vgl. Mikl-Horke 2007: 111 ff). Unter dem Eindruck der Mechanisierung und Automatisierung der Produktion wurden die Folgen derselben für die Anforderungen an die Industriearbeiter sowie für ihr Bewusstsein erkennbar und führten in Frankreich zu den Studien im Rahmen der Arbeitssoziologie Georges Friedmanns (Friedmann 1952; 1959; Friedmann/Naville 1961) mit ihrer Orientierung an den subjektiven und beruflichen Folgen der Fließbandarbeit. Zu erwähnen sind hier auch die Studien von Seeman (1959) und Blauner (1964) über die Entfremdung, von Popitz et al. (1957) sowie von Kern/Schumann (1970) über Technik und Arbeiterbewusstsein. Gleichzeitig hatte sich mit der wachsenden Größe der Unternehmensorganisationen die Aufmerksamkeit auf die formelle Strukturierung der Arbeit im Betrieb und auf die bürokratischen Aspekte der Organisation gerichtet (Crozier 1963; Gouldner 1964; Jacques 1951; Woodward 1965). Die Untersuchungen über die informellen Gruppen in der Organisation und jene über die technischen Arbeitssysteme mündeten in den soziotechnischen Ansätzen, die die Qualifikation der Arbeitenden und ihre Rolle in der partizipativen Arbeitsgestaltung ins Zentrum der Betrachtung rückten (Trist 1975; Fürstenberg 1977; Sydow 1985; Emery/Thorsrud 1982; Kern/ Schumann 1984).

Drei Schwerpunkte bildeten sich heraus: Zum einen beschäftigten sich die industrie- und berufssoziologischen Forschungen mit den Problemen der beruflichen und betrieblichen Qualifikationen der Arbeitenden im technisch-organisatorischen Wandel, zum anderen untersuchte die Arbeitssoziologie die Voraussetzungen und Folgen der Motivation, des Bewusstseins und der Zufriedenheit der Arbeitenden, und schließlich setzten sich die organisationssoziologischen Studien mit der Struktur und Dynamik von Organisationen auseinander. Letztere trugen der Tatsache Rechnung, dass wachsende und sich wandelnde Organisationen zunehmend die Gestalt der modernen Gesellschaft bestimmen. Sie beschäftigen sich mit den internen Strukturen und Prozessen in Organisationen im Allgemeinen und richten sich nicht speziell auf Wirtschaftsbetriebe. Aber auch in Bezug auf diese stehen die sozialen Prozesse innerhalb des Unternehmens im Vordergrund der Betrachtung (vgl. Mikl-Horke 2009b).

Seit den 1980er Jahren kam es zu einer Veränderung, die das Unternehmen, d.h. vor allem das privatwirtschaftliche Unternehmen, wieder verstärkt in Beziehung zu seiner Umwelt setzte. Zum einen hing dies mit dem Aufstieg des Marktliberalismus zusammen, der auch in der Soziologie das Interesse auf die Rolle der Unternehmung als Akteur in Beschaffungs- und Absatzmärkten lenkte. Gleichzeitig damit wurden zum anderen die Form und Gestalt des Unternehmens als abhängige Variable des technologischen und des globalwirtschaftlichen Wandels und als ein Resultat von Entscheidungen auf Grund von Effizienzzielen und Kapitalmarkterwartungen erkannt. Die politischen und institutionellen Bedingungen, die Unternehmensentscheidungen und Unternehmenserfolg beeinflussen, rückten damit ins Blickfeld einer an den „Außenbeziehungen" zu Markt, Politik und Öffentlichkeit von Erwerbsbetrieben orientierten Betrachtung. Entsprechend der angebotsorientierten Perspektive der Wirtschaftspolitik der Zeit stehen die Faktormärkte für Kapital, Wissen und unternehmensnahe Dienstleistungen im Zentrum des Interesses, während die Absatzmärkte und damit die Konsumenten, aber auch der Faktor Arbeit an Bedeutung verloren. ‚Markt' wurde als Spielfeld von Unternehmen und als durch Beziehungen zwischen diesen konstituiert begriffen. In der Ökonomie erhielten damit die Theorie der Firma, die Transaktionskostentheorie, die Prinzipal-Agenten-Theorie im Rahmen des Neo-Institutionalismus große Beachtung. Aber auch in der Wirtschaftssoziologie kam es zu einem neuen Interesse am Unternehmen als Akteur des Marktes sowie als Teil von Wirtschafts- und Gesellschaftssystemen, deren institutionelle, politische und kulturelle Merkmale die Bedeutung und das Handeln der Unternehmen beeinflussen.

2   Unternehmen, Märkte und soziale Beziehungen

2.1 Die wirtschaftssoziologische Kritik an „Markets and Hierarchies"

Die „neue" Wirtschaftssoziologie, wie sie sich seit den 1980er Jahren von den USA ausgehend entwickelte, ist vor allem mit den Bestrebungen einer soziologischen Interpretation von Märkten verbunden. Man kann sie daher auch als Marktsoziologie kennzeichnen. Der Aufsatz, der als ihr Gründungsstatement betrachtet wird, ist Mark Granovetters *Economic Action and Social Structure* von 1985; dieser richtete sich gegen den „ökonomischen Imperialismus", d.h. den Anspruch der Ökonomen, mit ihrem Erklärungsmodell auch soziales Verhalten, Organisationen und Institutionen erklären zu können. Im Gegenzug meinte Granovetter, dass die Soziologie ebenfalls Erklärungen für Markt und Preisbildung bieten könne. Den Ökonomen warf er vor, in ihrer neoklassischen Version von einem untersozialisierten Menschenbild, in ihren institutionalistischen Ansätzen aber von einem übersozialisierten Menschenbild auszugehen, das auf der Aggregation individueller Verhaltensweisen zu kollektiven Reaktionen auf Normen beruht. Demgegenüber betonte Granovetter die intermediäre Ebene der sozialen Beziehungen, auf welcher individuelle Verhaltensweisen mit institutionellen Gegebenheiten situativ und dynamisch miteinander verbunden werden.

Granovetters Aufsatz von 1985 enthält auch eine Kritik der Argumentation von Oliver Williamsons Konzeption in *Markets and Hierarchies* (1975). Sie richtet sich gegen dessen Verständnis von Institutionen, gegen die diametrale Kontrastierung von Markt und Organisation und gegen das Festhalten an einer orthodoxen Sicht des Marktes. In Bezug auf letzteren meint Granovetter: „I argue that the anonymous market of neoclassical models is virtually nonexistent in economic life" (Granovetter 1985: 495). Die vermittelnde Rolle der sozialen Beziehungen muss sowohl in Bezug auf die Wirkung von Normen und Institutionen, in Bezug auf die Verbindung zwischen Hierarchie und individuellem Handeln als auch im Hinblick auf das Verhalten im Markt berücksichtigt werden. In Märkten spielen soziale Interaktionen und persönliche Beziehungen eine große Rolle, denn sie bestimmen die Wirksamkeit von organisatorischen Regeln und institutionellen Strukturen für das Verhalten und für die Durchsetzungschancen der Eigeninteressen der Marktakteure. Durch die ‚Einbettung' des Markthandelns in soziale Beziehungsmuster formen sich erst die individuellen Interessen und die organisatorischen Ziele und Strategien und auch die Normen werden erst durch ihre Interpretation, Modifikation und Anwendung in interaktiven Situationen handlungswirksam. Dieser Dimension der Märkte wurde bisher weder in der Ökonomie noch in der Soziologie Rechnung getragen, zu groß war der Einfluss der von der Wirtschaftstheorie performativ geprägten Vorstellungen vom abstrakten Marktmechanismus bzw. vom Markt als dem Ort, wo individuelle Nutzenerwartungen von Angebot und Nachfrage aufeinander treffen.

Granovetters Aufsatz rief deshalb so große Aufmerksamkeit hervor, weil er für die Soziologie zum ersten Mal die Rolle der Ökonomie als exklusive Definitionsagentin für die Erklärung der Wirtschaft zurückwies und zeigte, „that all market processes are amenable to sociological analysis and that such analysis reveals central, not peripheral, features of these processes (…)" (Granovetter 1985: 505). Dieser Anspruch hat jedoch auch Folgen für die Erkenntnisweise der Soziologie, da diese nunmehr auf die Erklärung zentraler wirtschaftlicher Vorgänge gerichtet ist. Zum einen wird damit das Objekt und in gewisser Weise auch seine Deutung von der Ökonomie übernommen, d.h. im Zentrum des Interesses steht ‚der Markt' und dieser wird als von Unternehmen geschaffen und geprägt verstanden. Auch die neue Wirtschaftssoziologie wandte sich daher der Untersuchung des Verhältnisses von Unternehmung und Markt zu. Anders als die Organisationsökonomie, die die Existenz und Größe von Unternehmen auf der Grundlage der Transaktionskostentheorie erklärt, sucht sie eine soziologische Erklärung der Märkte als Resultat von Beobachtungen und Beziehungen zwischen Firmen zu geben. Man kann sie daher auf Grund ihres zentralen Erkenntnisobjekts auch als ,Marktsoziologie' bezeichnen, allerdings in dem Sinn des Marktes als primär begründet in den Beziehungen zwischen Firmen, während die Konsumenten weitgehend in den Hintergrund treten.

In dem ebenfalls schon klassischen Aufsatz von White wird gezeigt, dass sich Produktionsunternehmen ihre Märkte selbst formen, indem sie einander beobachten und danach trachten, eine Position in diesem Markt einzunehmen (White 1981). Jedes Unternehmen muss sich, um auf Zeit bestehen zu können, „seinen" Markt, seine Marktnische, schaffen. Dabei spielen die Konsumenten und die Schätzung ihres Verhaltens, wie White meint, nur eine sekundäre Rolle, während die Beziehungen zu den anderen Unternehmen, wobei er die Konkurrenzbeziehungen im Auge hat, von primärer Bedeutung sind. Die Perspektive, die dabei auf den Markt angelegt wird, unterscheidet sich nur wenig von jener der Organisationsökonomie, denn die Marktprozesse werden von den Unternehmen und deren Zielen her betrachtet. Die Zielsetzungen der einzelnen Unternehmen werden übernommen.

Der Anspruch, eine genuin soziologische Erklärung für Märkte zu geben, bringt auch mit sich, dass die Erklärung sich auf das ,ökonomische' Problem zu richten gezwungen ist. Die Wirtschaftssoziologie muss daher zu zeigen versuchen, dass soziale Beziehungen in Märkten sich günstig für das wirtschaftliche Ergebnis auswirken. Da die makrostrukturelle Ebene und damit die volkswirtschaftlichen Wirkungen meist außer Betracht bleiben, bezieht sich die Erklärung auf das wirtschaftliche Ergebnis der einzelnen Unternehmung. Granovetter hat sich zwar gegen die ausschließliche instrumentelle Orientierung wirtschaftssoziologischer Erklärung gewandt, aber dennoch auch den Beitrag derselben zur Lösung des ökonomischen Problems hervorgehoben (Granovetter 2005a). Er hat diesem Dilemma dadurch auszuweichen gesucht, dass er großes Gewicht auf die Hervorhebung kooperativer Aspekte in den Beziehungen zwischen Firmen gelegt hat. Diese sind darin begründet, dass auch Marktprozesse durch Interaktion zwischen Personen aus bestimmten sozialen und kulturellen Kontexten vor sich gehen.

Auch in „interfirm relations" sind es individuelle Akteure, die aus ihren unterschiedlichen Kontexten heraus miteinander in Beziehung treten, so dass sich ökonomische und soziale Aspekte untrennbar miteinander vermischen. Zwar sind Kooperationen meist durch sachliche Aspekte wie die kapitalmäßige Verflechtung, durch funktionale Zusammenhänge im „Supply Chain" oder durch Finanzierungs-, Beratungs- oder sonstige Dienste bestimmt. Sie werden aber auch durch persönliche oder soziale Aspekte, durch kulturelle Traditionen oder politische, religiöse, ethnische Bedingungen beeinflusst. Diese können mitunter sogar maßgebend sein für die Entstehung von Beziehungen zwischen Firmen (etwa im Fall des „Ethnic Business"), sie werden aber in jedem Fall zusammen mit den sachlich-funktionalen Strukturbedingungen in wirtschaftlichen Beziehungen wirksam.

Granovetter versteht die soziologische Analyse nicht nur als Kritik, sondern auch als eine Erweiterung der „markets-hierarchies question" und fordert „careful and systematic attention to the actual patterns of personal relations by which economic transactions are carried out" (Granovetter 1985: 504). Die Orientierung am Markt und die Betonung des Beitrags der Wirtschaftssoziologie zum besseren Verständnis wirtschaftlicher Probleme bedeuten daher weder einen vollständigen Bruch mit der ökonomisch geprägten Sicht von Markt und Unternehmen noch eine einfache Übernahme der Problemstellungen der Wirtschaftstheorie.

2.2 *Effizienz, Macht und Vertrauen in Firmenbeziehungen in verschiedenen Ansätzen*

Das Erkenntnisinteresse der Wirtschaftssoziologie richtet sich nicht primär auf die Frage, warum es Firmen gibt und auch nicht auf die ökonomischen Folgen der Wettbewerbskonstellationen zwischen Firmen im Markt; das unterscheidet sie nicht nur von der Transaktionskostentheorie, sondern auch von den populationsökologischen oder ressourcenorientierten Theorien, die sich ihrerseits auch mit Beziehungen zwischen Firmen befassen (vgl. Swedberg 2009: 105 ff). In populationsökologischer Sicht teilen sich Unternehmen den Markt mit mehr oder weniger gleichartigen Firmen; je größer die Zahl dieser Unternehmen im Markt ist, umso höher ist die Legitimation für jedes einzelne Unternehmen, während die Konkurrenz bewirkt, dass die Zahl der Wettbewerber reduziert wird (Carroll/Hannan 2000). Ressourcen-orientierte Theorien gehen davon aus, dass Firmen nicht selbstgenügsam sind, sondern von externen Ressourcen verschiedener Art abhängen, die sie im Austausch mit anderen Wirtschaftssubjekten meist in Form von Vertragsbeziehungen erwerben (Pfeffer/Salancik 1978). Unternehmen sind an ihrer eigenen Erhaltung und Entwicklung orientiert und passen sich daher an die Umweltbedingungen an, setzen Ressourcen ein und entwickeln Strategien, um in einer Situation der Ungewissheit zu überleben bzw. erfolgreich zu sein (vgl. Swedberg 2003: 88 ff). Auch die Beziehungen des Unternehmens zu anderen Unternehmern, zu Zulieferern, Investoren sowie Mitarbeitern etc. stellen Ressourcen dar.

Von der empirischen Feststellung intermediärer Firmenstrukturen ausgehend hatte auch die Diskussion über die „flexible Spezialisierung" die kooperativen Beziehungen zwischen kleineren spezialisierten Firmen hervorgehoben, wie sie etwa unter den Klein- und Mittelbetrieben in Norditalien entstanden (vgl. Piore/Sabel 1984). Meistens verbanden sich diese Beobachtungen aber mit Argumenten eines epochalen Wandels der Industriegesellschaft; sie wurden daher nicht als ‚normale' Gegebenheiten der Wirtschaft gesehen, sondern als Anzeichen einer neuen Struktur der Produktion. Demgegenüber betonen die Netzwerkstudien der neuen Wirtschaftssoziologie den allgemeinen Tatbestand kooperativer Beziehungen als eine normale Erscheinung in der Wirtschaft.

Beziehungen zwischen Firmen wurden in einer Reihe von Untersuchungen unter Machtaspekten behandelt. So hatte etwa schon C.Wright Mills auf die Machtelite von Wirtschaftskapitänen, hohen Militärs und Politikern in der Epoche des Kalten Krieges verwiesen (Mills 1956). Kapital- und Personalverflechtungen zwischen Firmen sind Gegenstand der Studien über „interlocking directorates" (Mintz/Schwartz 1985; Mizruchi/Schwartz 1992). Diese zeichnen sich dadurch aus, dass die „board directors" wechselseitig in mehreren US-Firmen sitzen; sie kontrollieren dadurch den Zugang zu diesen Positionen und entwickeln große Macht innerhalb der Branche oder Region in Bezug auf die Unternehmensstrategien und den Informationsfluss (Burt 1983). Die „director networks" verstärken damit die Wirkungen der „corporate networks", wobei vor allem den Finanzinstitutionen in den „interlock"-Systemen eine zentrale Bedeutung zukommt; durch die Kontrolle über den Kapital- und Kreditfluss können sie die Koordination der Unternehmensaktivitäten steuern. Die „interlock"-Studien zeichnen sich durch eine kritische Sicht auf die machtpolitischen Wirkungen dieser Strukturen aus, wobei sie auf die Verhältnisse in den USA abstellen. Wenngleich die Unternehmensstrukturen in Europa sich von jenen in den USA unterscheiden, treten hier ähnliche Netzwerkeinflüsse auf, die allerdings auf Grund der größeren formalen Legitimation der Konzernstrukturen schon lange bekannt, wenn auch nicht wirklich im Hinblick auf ihren Einfluss untersucht wurden. Im Vergleich zeigten die kontinentaleuropäischen Strukturen eine höhere Inzidenz von Kapital- und Personalverflechtung als die britischen und US-amerikanischen Systeme, wobei sich insbesondere das „Latin"-System durch einen hohen Anteil von multiplen Direktoren und einer hohen Kommunikationszentralität der Positionen auszeichnete, während das deutsche System eine größere Variationsbreite aufwies (Stokman et al. 1985).

Vereinzelt verwiesen auch manche Untersuchungen auf die persönlichen Kontakte und Freundschaften zwischen Vertretern verschiedener Unternehmen; so stellte etwa Stephen Hill deren große Rolle im Wirtschaftsleben Großbritanniens fest (Hill 1995). Für Frankreich wurde die Bedeutung des Absolvierens der „Grandes Écoles" für die Zusammensetzung der Managerelite betont, wobei die klassenbedingte Reproduktion derselben und die Bedeutung von Habituskriterien hervorgehoben wurde (vgl. Bourdieu/Saint Martin 1978). Kriterien wie lokale oder ethnische Herkunft, gemeinsamer Schulbesuch („old boys networks") und politische Affiliierung erkannte Ouchi als Faktoren, die soziale Kohäsion und Netzwerkbeziehungen zwischen Managern begünstigen und zur Entstehung einer Clan-Struktur der Wirtschaftselite führen (vgl. Ouchi 1991). Innerhalb derselben kann es durch ihre Wirkung in Bezug auf Rekrutierung, Aufstieg und Unternehmenserfolg zu klientelartigen Beziehungen kommen (vgl. Eisenstadt/Roniger 1984).

Diese soziologischen Forschungen unterscheiden sich von den Studien der „neuen" Wirtschaftssoziologie vor allem durch ihre macht-, klassen- bzw. elitetheoretische Ausrichtung. Sie betonen nicht die solidarischen und kooperativen Aspekte der Beziehungen, sondern die Wirkungen der Netzwerke auf Macht, Einfluss, Elitebildung und Klassenreproduktion. Die Studien im Sinne von Granovetters neuer Wirtschaftssoziologie gehen hingegen von der Perspektive der „Einbettung" der Unternehmen und der Märkte in Netzwerkstrukturen zwischen Firmen aus, die kooperative bzw. nicht-ökonomische Elemente in die Marktinteraktion hineinbringt. Damit werden zwar Machtaspekte nicht ausgeschlossen, sie konstituieren aber nicht das zentrale Erkenntnisinteresse, das vielmehr auf die Hervorhebung der faktischen Gegebenheit solcher kooperativer Beziehungen und ihrer Rolle in Märkten und auf die Tatsache der Vermengung von ökonomischen und persönlichen Aspekten in den Firmenbeziehungen abzielt.

Die nicht-ökonomischen Aspekte beziehen sich auf persönliche Einstellungen, wertorientiertes Handeln, habituelle und emotionale Merkmale von Interaktionen. In den realen Situationen des Geschäftslebens treffen nicht Firmen aufeinander, sondern Menschen in unterschiedlichen Positionen und Rollen, aber auch mit verschiedenen Eigenschaften, Bedürfnissen, Werten und persönlichen Zielen. Diesen nicht-ökonomischen Elementen wurde in der Ökonomie, aber vielfach auch in sozialwissenschaftlichen Perspektiven der Charakter von störenden Variablen zugewiesen. In der Wirtschaftssoziologie hingegen wird ihnen über die Betonung der instrumentellen Nutzung der Beziehungen als „Sozialkapital" hinaus ein Eigenwert zugestanden, d.h. sie werden nicht nur als zweckrational einsetzbare Ressourcen betrachtet, um eigene Vorteile zu erringen, um den Gewinn zu steigern, um Marktanteile zu vergrößern oder Kursnotierungen zu verbessern. Sie stellen auch nicht nur Rahmenbedingungen dar, sondern werden als zentrale Elemente von Marktprozessen verstanden. Die konkreten Beziehungen zwischen Firmen weisen stets eine Vermengung verschiedenster Motive auf, so dass auch soziale, persönliche Elemente notwendig darin enthalten sind und mit Werten verbunden werden.

2.3 Intermediäre Strukturen zwischen Markt und Organisation

Der Fokus der insbesondere von Granovetter, White und Burt ausgehenden Perspektive richtet sich auf die Beziehungen zwischen Firmen, zielt somit nicht direkt auf eine Erklärung von Existenz, Größe und Struktur von Unternehmen ab. Dennoch enthält sie Hinweise darauf, die sich auf die Bedeutung der sozialen, persönlichen und kooperativen Beziehungen als Voraussetzung für das Handeln der Unternehmen und damit auch ihre Existenz und Form beziehen.

Die „interfirm relations" sind soziale Beziehungen, die zwar auch durch Unterschiede des Ansehens, der Macht, des ökonomischen Erfolgs, aber ebenso durch Erwartungen von Kooperation, Vertrauen und Solidarität charakterisiert sind. Diese Elemente von Firmenbeziehungen sind vor allem mit allen länger dauernden bzw. wiederholt vor sich gehenden Interaktionen zwischen menschlichen Akteuren verbunden; sie können zwar auch negative Effekte wie Korruption, Absprachen und Begünstigung etc. haben oder sich mitunter negativ auf das wirtschaftliche Ergebnis auswirken. Granovetter betont aber, dass Kooperation und Vertrauen die Voraussetzung für alle erfolgreichen Geschäftsbeziehungen zwischen den Firmen sind und schreibt daher diesen Elementen grundsätzlich eine positive Wirkung zu (Granovetter 2005a). Die sozialen Aspekte in den Interaktionen, die kooperativen Beziehungen zwischen Firmen sowie die informellen Normen und Regeln, die sich daraus entwickeln, sind wichtig für die Formierung adäquater Erwartungen und für das effektive Handeln der Marktakteure. Sie helfen, die Ungewissheit zu überwinden, und wirken sich durch Informationsaustausch, gemeinsame Problemlösungen und gegenseitige Hilfestellung, durch die Bestimmung der eigenen Position im Markt etc. günstig auf die wirtschaftliche Situation der Unternehmen aus (Burt 2002). Sie haben aber über den Markt und das Geschäft hinaus Bedeutung für die handelnden Personen und stehen als Handlungsmotive gleichrangig neben den materiellen Interessen. Die sozialen Aspekte haben daher zwar funktionale Bedeutung für die Wirtschaftstransaktionen, sind aber nicht deren Logik unterworfen; sie stellen keine irrationalen Elemente dar. Allerdings ist ihre Rationalität eine andere als die ökonomische Zweckrationalität. Der Begriff der Rationalität muss daher überdacht und erweitert werden, denn auch in wirtschaftlichem Handeln wirkt keine eindimensionale Orientierung, sondern eine Mischung verschiedener Motive, die unterschiedliche Logiken implizieren.

Granovetter wandte sich gegen einige auch in den Sozialwissenschaften übliche Annahmen: Zum einen dagegen, dass die Exklusion persönlicher und emotionaler Beziehungen aus dem Geschäftsverkehr, also die Rationalisierung der Wirtschaft, wie sie auch Weber beschrieben hatte, die Effizienz erhöhe. In seiner Sicht sind soziale Aspekte notwendige und durchaus auch effiziente Gegebenheiten wirtschaftlicher Beziehungen; die Rationalität wirtschaftlicher Entscheidungen beruht nicht auf dem Ausschluss sozialer Aspekte, sondern schließt diese mit ein (vgl. Burt 2002; Granovetter 2005a). Zum anderen widerlegen die wirtschaftssoziologischen Forschungen die Annahme, dass kooperative Strukturen zwischen Firmen instabil sind und nur Übergangsformen darstellen, eine Auffassung, die etwa auch Alfred Chandler, der auf die Tendenz zum integrierten Großunternehmen hingewiesen hatte, vertrat (Chandler 1990). Granovetter betont hingegen die Stabilität und Dauerhaftigkeit der intermediären Formen, die durch Firmenbeziehungen entstehen. Auf diese hatte zwar auch Williamson im Sinne von Hybridformen zwischen Unternehmen und Markt hingewiesen, diese aber durch die Transaktionskosten und die Faktorspezifität begründet (vgl. Williamson 1981). Diese Formen zwischen Markt und Organisation verändern sich gemäß der Kostenentwicklung, der Produktdiversifikation und im Gefolge der technologischen Entwicklung, aber auch durch einen Wandel der Einstellungen, der Werte und der Verhaltensmuster. Allerdings haben auch neue Managementtheorien und Organisationskonzepte einen Einfluss darauf. So argumentiert etwa Hirsch-Kreinsen, der die Hinwendung zu Netzwerkstrukturen als Strategie von Unternehmen betrachtet, die von spezifischen Situationsbedingungen der Firmen abhängig ist. Damit sieht er Unternehmensnetze als Resultate von Entscheidungen des Managements, die teils durch objektive Faktoren bestimmt sind, teils durch Modeerscheinungen beeinflusst werden, denn die Rolle des „Networking" wurde auch von der Ökonomie, in der Managementlehre und von der Beratungsindustrie entdeckt. Er stellt daher die Dauerhaftigkeit der Beziehungen zwischen Firmen in Frage, da er sie nicht als gewachsene soziale Strukturen versteht (Hirsch-Kreinsen 2002). Granovetter hingegen begreift sie als normale Erscheinungen des wirtschaftlichen Handelns, das sich in sozialen Interaktionen in subjektiv gedeuteten Situationen vollzieht. Sie sind für ihn in Bezug auf ihre Existenz grundsätzlich nicht von strategischen Entscheidungen abhängig, können aber auch instrumentalisiert werden.

2.4 Quasi-firms: Theorie der Unternehmensnetze als Erweiterung der Theorie der Firma

Die sozialen Aspekte sind wesentlich daran beteiligt, dass sich in der Wirtschaft kooperative Beziehungen entwickeln, die der einseitigen Orientierung der Marktökonomie an Konkurrenz entgegen gehalten werden können. Ihre Bedeutung erschloss sich für Granovetter aus der Untersuchung der Arbeitsmarktrelevanz kleiner Unternehmen (Granovetter 1984). Anhand von Daten über die USA, Schweden und Japan zeigte er darin die Persistenz kleiner Unternehmen und ihre Bedeutung für den Arbeitsmarkt auf. Er kritisierte, dass sich nicht nur die Ökonomie, sondern auch die Organisations- und Wirtschaftssoziologie ausschließlich mit großen komplexen Organisationen befasse und den kleinen Betrieben nur wenig Interesse entgegen gebracht habe. In Granovetters bekannter Untersuchung über die Arbeitsplatzsuche von Angestellten (Granovetter 1973) zeigte sich, dass viele Arbeitsuchende Jobs in kleinen Firmen durch persönliche soziale Kontakte fanden; er schloss daraus „that workers in such firms are in an environment structured more by personal relationships than by bureaucratic procedures" (Granovetter 1984: 333). Von diesem Interesse an kleinen Unternehmen und der Bedeutung von persönlichen Beziehungen war es dann nur mehr ein relativ kleiner Schritt hin zur Ausweitung des Fokus auf die Untersuchung sozialer Beziehungen zwischen Firmen. Darüber hinaus hatte sich Granovetter schon früh mit Netzwerkanalysen im Rahmen von Diffusionsstudien befasst (Granovetter 1983; 1986), was seine Aufmerksamkeit dann auch auf die Firmennetze lenkte.

Unternehmen beobachten andere Firmen, orientieren sich an einander, beliefern einander oder leisten einander Dienste, stehen in Wettbewerb miteinander etc. Durch länger dauernde Interaktionen kommt es zwischen ihnen aber auch zu gemeinsamen Interpretationen von Situationen und zur Entstehung von Vertrauen und kooperativem Verhalten. Granovetter sieht darin die Möglichkeit einer Erweiterung von Coase' ursprünglicher Fragestellung: "I suggest that parallel to Coase's 1937 question is another of at least equal significance, which asks about firms what Coase asked about individual economic actors: why do they coalesce into identifiable social structures. That is, why is it that in every known capitalist economy, firms do not conduct business as isolated units, but rather form cooperative relations with other firms" (Granovetter 1995: 94). Er fragt daher weiter: "what makes possible the agglomeration of firms into some more or less coherent social structure, and what determines the kind of structure that results?" (Granovetter 1995: 95).

Granovetter verwendete zur Kennzeichnung dieser strukturierten Kooperationen in seinem Aufsatz von 1985 auch den Ausdruck „quasifirm" (Granovetter 1985: 497), der darauf verweist, dass die Beziehungen ein neues Gebilde entstehen lassen, das zwar aus autonomen Firmen besteht, aber nach außen einem Unternehmen vergleichbar agiert. Danach bezeichnete er diese Agglomerationen, deren Charakteristika die kooperativen Beziehungen unter den Firmen als Mitgliedern einer Gruppe sind, als „Business Groups"; dazu meinte er: „One can consider as business groups those collections of firms bound together in some formal and/or informal ways, characterized by an ‚intermediate' level of binding" (Granovetter 1995: 95). Nicht unter diesen Begriff fallen kurzfristige strategische Allianzen sowie rechtlich konsolidierte Firmenstrukturen wie etwa Konzerne mit einheitlicher Leitung. Wichtig ist für solche Unternehmensgruppen, dass die Autonomie der einzelnen Firmen trotz der kapitalmäßigen Verflechtungen bzw. der funktionalen Abhängigkeiten erhalten bleibt. Diese intermediären Strukturen haben vielfach die Form von Koalitionen oder von Verbänden von Firmen, weisen kooperative Beziehungen zwischen den Mitgliedern auf, was sich etwa in „relational contracting" manifestiert.[1]

Als konkrete Beispiele repräsentieren insbesondere die japanischen „Keiretsu", die koreanischen „Chaebol" und die taiwanesischen Firmengruppierungen die typischen Merkmale von „Business Groups" (Granovetter 2005b). Die Tatsache, dass sie vor allem in asiatischen bzw. nicht-westlichen Gesellschaften beobachtet wurden, verweist jedoch nicht notwendig auf kulturspezifische Gründe allein. Im Fall der japanischen „Keiretsu" gibt es dafür historische Voraussetzungen, die bis in die Feudalzeit hineinreichen bzw. auf Vorgänger in den „Zaibatsu" der Zwischenkriegszeit verweisen. Die Zerschlagung der „Zaibatsu" unter dem Einfluss der amerikanischen Besatzung und das Verbot der Holdinggesellschaften, das allerdings vor kurzem aufgehoben wurde, hatten die Zusammenarbeit in Form loser und stark durch informelle Beziehungen charakterisierter Kooperationsnetze begünstigt. Die „Keiretsu"-Gruppen beruhen auf einer wechselseitigen kapitalmäßigen Verflechtung, die generell niedrig ist, und die bewirkt, dass Erhaltung und Wachstum jedes einzelnen Unternehmens der Gruppe im Interesse aller anderen ist. Diese wechselseitigen Beteiligungen dienen daher auch als Sicherheitsnetz für die Firmen und als Garant für die Verfügbarkeit ausreichender Kapitalmittel (vgl. Mikl-Horke 2011: 127 ff.). Diese Gruppen wurden so sehr ein grundlegender Bestandteil der japanischen Wirtschaftsstruktur und des japanischen Geschäftsstils, dass sie wesentlichen Anteil an dem erstaunlichen Wachstum der Wirtschaft Japans bis weit in die 1980er Jahre hinein hatten. Sie repräsentieren in besonders deutlicher Weise die Vermischung wirtschaftlicher und sozialer Faktoren im Geschäftsleben.

Die Sichtweise, wonach im Geschäftsverkehr nur der unpersönliche Austausch, die rationale Kalkulation und das strategische Handeln zählen, ist eine verkürzte Auffassung, die durch die Übertragung theoretischer Annahmen auf die Wahrnehmung der Wirklichkeit entstanden ist. Wenngleich es auch im Westen kooperative und solidarische Beziehungen zwischen Unternehmen gibt, wurden sie von der Forschung vernachlässigt, weil die Theo-

---

1   Die Rolle informeller „relational contracts" wurde auch in Bezug auf ihre Bedeutung für die Theorie der Firma untersucht; siehe dazu: Baker/Gibbons/Murphy (2002).

rie sie nicht beachtete oder als Reste traditionaler Wirtschaftsweisen bzw. als vorüberge-
hende Erscheinungen erklärte. Daher gibt es kaum Studien über diese intermediären Strukturen von Firmenbeziehungen in westlichen Gesellschaften, so dass Granovetter sich auf
empirische Beispiele aus nicht-westlichen Gesellschaften stützen musste (Granovetter
2000). Dabei bezog er sich insbesondere auf die Forschungen von Strachan (1976), der
Familienunternehmen in Entwicklungsländern erforscht und dabei drei Merkmale festgestellt hatte: Eine große Diversität der Firmen in der Gruppe, eine pluralistische Eigentümer-
struktur und ein Klima von Vertrauen und Loyalität innerhalb der Gruppe, das auch mit
einem höheren Standard von Fairness und Offenheit verbunden ist (Granovetter 1995: 106).

Auch in hoch entwickelten Wirtschaftsgesellschaften spielen Familienbetriebe, Klein-
und Mittelbetriebe und deren Netzwerke auf Grund funktionaler Kooperation, persönlicher
Beziehungen, ethnischer Zusammengehörigkeit etc. eine nicht unbeträchtliche Rolle.
Granovetter verwies etwa auf die Beziehungsmuster im Baugewerbe, wo umfangreiche und
langfristige Beziehungen zwischen Firmen bestehen, die eine strukturelle Ebene zwischen
dem Markt und der vertikal integrierten Unternehmung darstellen. In der Sicht Granovetters
sind diese „intermediate forms (…) so intimately bound up with networks of personal relations that any perspective that considers these relations peripheral will fail to see clearly
what ,organizational form' has been effected" (Granovetter 1985: 504). Diese „intermediate
structure" erweist sich in den meisten Fällen als vorteilhafter als reine Markttransaktionen
bzw. als die Integration in einer großen Firma.

Familienbeziehungen und Verwandtschaftsstrukturen sowie die verschiedenen Kontakte und Verbindungen, über die Menschen in Alltagssituationen verfügen, sind auch häufig die ursprünglichen Wurzeln, aus denen sich Firmen entwickelt haben bzw. die wesentlichen Anteil an der Gründung und dem Wachstum von Unternehmen haben (vgl.
Frank/Korunka/Lueger 1999). Wenn die Unternehmen sich weiter entwickeln und wachsen,
beginnen zwar formelle Faktoren eine größere Rolle zu spielen, aber die informellen Aspekte mit politischer, interkultureller und sozialer Bedeutung verstärken sich ebenso, weil
sich der Kreis der Personen und Organisationen in der Reichweite der Firmen erweitert. Die
Bedingungen, die die Form der Beziehungen zwischen Unternehmen und die Entstehung
und das Wachstum von Unternehmensgruppen bestimmen, betreffen daher verschiedene
Dimensionen: Formen der Solidarität, Eigentümerstrukturen, Autoritätsstrukturen, ethische
Standards, die Art und das Ausmaß der Finanzierung und damit die Rolle der Banken, den
Einfluss des Staates und seiner Politik (Granovetter 1995: 108 ff).

2.5 Markt und Organisation als Netzwerkstrukturen

Die Hervorhebung der Beziehungen zwischen Firmen resultiert in einem Verständnis des
Marktes als ein vielschichtiges und dynamisches Gefüge, dessen ökonomische Struktur
durch eine Vielzahl persönlicher und sozialer Netzwerkbeziehungen überlagert und durch-
mischt ist; er erscheint selbst als Netzwerk von Beziehungen und Interaktionen. Anders als
auf dem Markt der ökonomischen Theorie sind die Interaktionen nicht einmalig und episo-
disch, sondern beruhen auf wiederholten Austauschbeziehungen, entwickeln jedoch keine
eigene Autoritätsstruktur wie sie in der organisatorischen Hierarchie besteht: Netzwerke
sind „any collection of actors (…) that pursue repeated, enduring exchange relations with
one another and, at the same time, lack a legitimate organizational authority to arbitrate and

resolve dispute that may arise during the exchange" (Podolny/Page 1998: 59). Die Kontrolle in diesen Netzwerken erfolgt daher anders als im neoklassischen Markt bzw. in der integrierten Firma und bezieht sich vielfach auf die sozialen und persönlichen Elemente, denn deren Verlust durch Enttäuschung von Erwartungen anderer führt meist auch zum Verlust der Geschäftsbeziehung.

Den Unternehmen kommt in dieser Sicht Bedeutung insofern zu, als sie durch ihre Beziehungen und ihr aneinander orientiertes Handeln den Markt als ein soziales Interaktionsfeld schaffen und formen. Das Unternehmen als ein soziales Gebilde erfährt jedoch angesichts der starken Fokussierung auf die Beziehungen zwischen den Firmen zu wenig Beachtung. Die interne Organisation der Unternehmen bestimmt aber die Positionen und Rollen der Personen, auf Grund welcher sie in Interaktion zu anderen Firmen treten. Die Unternehmen werden wie singuläre Akteure behandelt, Individuen repräsentieren ihre Firma in den Beziehungen zu anderen Firmen, aber ihre eigene Stellung innerhalb des Unternehmens bleibt unklar (vgl. Schmid 2008). Auch wird auf die Spezifika der konkreten Unternehmen, ihre Geschichte, ihre Kultur, ihre Einbettung in einen lokalen und institutionellen Kontext kaum eingegangen. Die Untersuchung der Beziehungsnetze zwischen Firmen bedarf daher der Ergänzung durch eine Untersuchung der jeweiligen firmenspezifischen Aspekte und ihrer organisatorischen und historischen Bedingungen.

Organisationen werden in der Gegenwart häufig auch mit Hilfe der Netzwerkanalyse untersucht. Es ist erkannt worden, dass sie nicht mehr als „Hierarchie" behandelt werden können, da horizontale, dezentralisierte Strukturen an ihre Stelle getreten sind. Auch Unternehmen in ihrer internen Organisation werden daher als Netzwerk aufgefasst, was überdies durch die Anwendung der Informationstechnologie auf die Kommunikationsstrukturen in den Unternehmen nahe gelegt wird (vgl. Bryce/Singh 2001).

Die Marktsoziologie hat gezeigt, dass die Gegenüberstellung von „Markt" und „Hierarchie" so nicht mehr verstanden werden kann. Sie hat deutlich gemacht, dass die Region zwischen Organisation und Markt durch eine Vielzahl von Netzwerkbeziehungen und Unternehmensgruppierungen besiedelt ist, die sich aus verschiedenen Gründen und Kontexten, immer aber mit Beteiligung sozialer und persönlicher Aspekte entwickeln. Die Vermittlung zwischen der internen Organisation und den Netzwerken zwischen Firmen im Markt ist aber noch zu leisten. Die mikrosoziologische Analyse von Beziehungen zwischen Unternehmen im Markt muss über die Meso-Ebene der Organisation der Unternehmen hinaus auch durch die Berücksichtigung des gesellschaftlichen und kulturellen Kontextes, insbesondere der Institutionen der Gesellschaft und der politischen Regulierungen ergänzt werden.

3   Institutionen, Innovationen und der Strukturwandel der Unternehmen

Unternehmen beruhen auf einer Vielzahl von rechtlichen Normen, informellen Verhaltensregeln, organisatorischen Konzepten und kulturellen Mustern. Sie sind auf die Normen und Institutionen, die in der Gesellschaft existieren, und auf die Art der politischen Regulierung angewiesen (vgl. Mikl-Horke 2009a). Gleichzeitig sind sie insbesondere in der Epoche des dynamischen globalen Finanz-Kapitalismus ständigem Wandel unterworfen, den sie selbst durch Innovationen mit bewirken. Unternehmen sind daher einerseits in Institutionen und Ideologien eingebettet, andererseits sind sie die zentralen Orte des technologisch-organisatorischen Wandels, der immer auch soziale Veränderungen in Bezug auf Strukturen, Institutionen und Vorstellungen impliziert.

3.1 Die Einbettung in den institutionellen Kontext und der politisch-kulturelle Wandel der Unternehmenskonzeptionen

Dem Aspekt der Einbettung der Unternehmen in den institutionellen Kontext hat sich der soziologische Institutionalismus zugewandt. Das Handeln und die Rolle der Unternehmen sind demzufolge maßgeblich durch den institutionellen und kulturellen Kontext und die Entwicklung von formellen und informellen Regeln bestimmt und wirken auf diese zurück. Die Ökonomen waren sich zwar immer der Einbettung in den sozialen und kulturellen Kontext bewusst, aber sie haben ihn nicht in ihrem Modell des ökonomisch rationalen Handelns berücksichtigt, sondern zu Rahmenbedingungen erklärt. Der ökonomische Neo-Institutionalismus hat den sozialen Faktoren wieder größere Beachtung zugewandt, was etwa bei Williamson (2000) deutlich zutage tritt. Vielfach wird auf Grund dessen eine Konvergenz zwischen ökonomischem und soziologischem Institutionalismus gesehen (vgl. Beckert 2002: 135 ff; Maurer/Schmid 2002). Doch ist die Institutionenökonomik trotz der Erweiterung des ökonomischen Modells durch neue Handlungsannahmen und durch die Bedeutung, die Normen und Institutionen zugewiesen wird, auf die ökonomischen Ziele der rationalen Wirtschaftsakteure, die in erster Linie die privatwirtschaftlichen Unternehmen sind, ausgerichtet und sucht effiziente Strategien in Bezug auf die institutionellen Voraussetzungen aufzuzeigen (siehe die Beiträge von Pirker und von Resch in diesem Band).

Die Problemstellungen und das Erkenntnisziel unterscheiden den soziologischen vom ökonomischen Institutionalismus, denn ersterer bezieht die Orientierung an Normen und Institutionen nicht primär auf deren Wirkung auf die mikroökonomische Effizienz und nimmt auch nicht an, dass diese unmittelbar die makroökonomische Wohlfahrt bewirkt. Normen und Institutionen können zwar die Effizienz der Unternehmen und der Wirtschaft insgesamt beeinflussen – was von Ökonomen auch nicht bestritten wird -, aber sie sind nicht nur aus diesem Blickwinkel zu betrachten (vgl. Granovetter 2005a; Maurer 2010). Sie entstehen aus verschiedenen Gründen, die teils in Traditionen und institutioneller Pfadabhängigkeit begründet sein können, teils politischen Zielsetzungen und Regulierungen entspringen, teils aus den zweckhaften, aber nicht-ökonomischen Handlungsmotiven der Individuen selbst entstehen. Sie lassen das wirtschaftliche Handeln als ein soziales Handeln erkennen.

Wirtschaftliches Handeln und die Ziele, Konzepte und Praktiken der Unternehmen beeinflussen ganz wesentlich die Entwicklung der Gesellschaft, aber sie sind selbst auch sozialstrukturell, kognitiv, kulturell und politisch eingebettet (Zukin/DiMaggio1990). Denkweisen, Weltanschauungen, Logiken beeinflussen Unternehmensentscheidungen genauso wie Einstellungen und Wertvorstellungen sowie das politische System und die Macht- und Interessenstrukturen und –konflikte. Sie begrenzen einerseits die Handlungsmöglichkeiten, aber andererseits befähigen sie die Akteure, Entscheidungen unter Ungewissheit zu treffen. Allerdings erfordert dies interpretative und selektive Prozesse, die wieder soziale Kommunikation impliziert, um die Regeln, Normen und das Wissen um die sozialen Strukturen für die konkrete Situation bzw. für neue Handlungsbereiche nutzbar zu machen (Beckert 2002: 144). Besonders das Wissen, das in den Mitarbeitern der Unternehmen „inkorporiert" ist und zum Teil in „tacit knowledge" besteht, ist hierbei von großer Bedeutung (vgl. Pirker in diesem Band). Dies wurde von der evolutionären Ökonomie und der Ökonomie der Konventionen betont, kann aber auch im Sinne des unternehmerischen Entdeckungswissens der Austrian economics gerade für eine Theorie der Unternehmung wichtig sein (vgl. Mikl-Horke 2011: 59 ff).

Das unternehmerische Handeln verändert seine Umwelt, muss aber auch als eingebettet in diese verstanden werden. Der Globalisierungsprozess der Gegenwart hat nicht zur Konvergenz der Wirtschaftssysteme geführt, sondern zu verschiedenen Ausformungen des Kapitalismus (vgl. Hall/Soskice 2001), in denen auch Unternehmen unterschiedliche Bedingungen, Handlungsspielräume und Bedeutungen haben. Diese führten daher auch zu unterschiedlichen Strukturen, Funktionen und Strategien von Unternehmen in den einzelnen „Business Systems" und Wirtschaftskulturen (vgl. Whitley 2000; Orrù et al. 1997; Hollingsworth/Boyer 1997). Unternehmen existieren und handeln in staatlich regulierten Kontexten, aber sie werden auch von Ideen, Innovationen, Praktiken aus anderen kulturellen Bezügen beeinflusst und viele von ihnen agieren im globalen Raum und verändern ihrerseits die Bedingungen in diesem. Mit den spezifischen Folgen daraus für die Organisation und das Handeln der multinationalen Unternehmen haben sich zahlreiche Studien befasst (z.B. DiMaggio 2001; Morgan et al. 2001); sie verweisen auf Probleme und Konflikte in Bezug auf die Beziehung der Unternehmen mit ihrer Umwelt, die normativ, kognitiv und politisch begründet sein können.

Neil Fligstein hat der Stellung der Unternehmen im Spannungsfeld von Wirtschaft und Politik große Bedeutung zugewiesen und sieht nach wie vor den Staat und sein politisches Handeln als wesentlichen Faktor für den Wandel der Wirtschafts- und Unternehmensstrukturen. Politische Maßnahmen und rechtliche Institutionen begünstigen oder hindern die Gründung und das Wachstum von Unternehmen. Diese entstehen daher in seiner Sicht nicht einfach als Reaktion auf Marktchancen oder Marktkosten und auch nicht aus dem Interesse an unternehmerischer Tätigkeit heraus; vielmehr sind sie in einen institutionell-politischen und kulturellen Kontext eingebettet, bestimmen ihn aber auch ihrerseits durch ihre Aktivitäten mit.

Macht einerseits, Legitimität andererseits sind für Fligstein wichtige Voraussetzungen und Grundlagen des Handelns von Unternehmen. Ihre Macht gründet in ihrem ökonomischen Potential sowie in den Beziehungen zu den politischen Entscheidungsträgern. Ihre Legitimität erwächst aus der Unterstützung und Förderung durch ein politisches System, das die Rechtmäßigkeit der Aktivitäten von Unternehmen und die Voraussetzungen und Grundlagen ihres Handelns in Eigentumsrechten, Verfügungsrechten und Vertragsrechten nicht in Frage stellt. Die großen Unternehmen beeinflussen aber ihrerseits die Politik und den normativen Kontext und bestimmen damit ihre eigene Legitimität mit (Fligstein 1996). Diese drückt sich unter anderem in den „conceptions of control" aus, die als Sinn und Orientierung vermittelnde Konzeptionen einen kulturellen Rahmen darstellen, innerhalb dessen die Beziehungen zwischen Firmen, das für Unternehmen angemessene Handeln und die Funktionsweise der Organisationen definiert sind (Fligstein 1990). Sie sind für Unternehmen bestimmten Typs, Branche und Größe unterschiedlich, und ihre Geltung erstreckt sich auf das organisatorische Feld, das den Aktionsspielraum von Unternehmen darstellt; dieser ist bestimmt durch die Gruppe von Firmen, die sich auf Grund dieser Kriterien aneinander orientieren. Die Kontrollkonzeptionen verändern sich unter dem Einfluss des gesellschaftlichen Wandels, der aber seinerseits durch den Einfluss und die Macht der Unternehmen in bestimmte Bahnen gelenkt wird.

Fligstein stellte einen Wandel von Kontrollkonzeptionen der US-amerikanischen Firmen von der direkten Kontrolle der Konkurrenz über den Aufbau der internen Organisation durch vertikale und horizontale Integration und die Schaffung neuer Märkte und Produkte bis zur überwiegenden Orientierung an Finanzkontrollzahlen fest (Fligstein 1990). Dies führte in den 80er Jahren des vergangenen Jahrhunderts zur Übernahme der „Shareholder Value-Conception", wobei Fligstein zufolge die Politik in Bezug auf Besteuerung, Antitrust-Politik und Deregulierung der Finanzmärkte großen Einfluss ausübte (Fligstein 2001). Darin manifestierten sich, wie Fligstein meint, aber auch die Interessen bestimmter Wirtschaftskreise, die ihre Legitimation durch theoretische Konzepte der Chicago-Ökonomie fanden. Durch die globalen Interessen der großen Unternehmen und die politische Förderung der Globalisierung durch die Staaten fand diese Ideologie von den USA ausgehend internationale Verbreitung. Fligstein kommentierte diese Entwicklung vor allem im Hinblick auf die Rolle der USA, seine Analyse verweist darüber hinaus aber allgemein auf den Einfluss der Politik und der Diffusion von Ideen auf die Bedingungen, unter denen Unternehmen agieren, und auf die Rolle, die sie dabei spielen.

3.2 (Finanz-)Marktkosten und Kapitalflexibilisierung der Unternehmen

Weber hatte die Wirtschaftstheorie seiner Zeit als idealtypische Erfassung der Kernelemente des modernen rationalen Kapitalismus gedeutet. In ähnlicher Weise kann man die Institutionenökonomik als theoretische Reflexion der Grundprinzipien der Wirtschaftsstruktur der Gegenwart interpretieren. Sie lässt sich insbesondere als Legitimation für die Restrukturierung und Flexibilisierung der Unternehmen sehen, betrachtet sie doch die Unternehmensstruktur als „make or buy"-Entscheidung auf der Grundlage der Transaktionskosten. Damit lassen sich die Strategien der Restrukturierung, des „Outsourcing", des „Downsizing" und der „Buyouts" effizienztheoretisch begründen, d.h. sie werden unter Bezugnahme auf die Kosteneffizienz erklärt, wobei jedoch die Rentabilitätsinteressen unerwähnt bleiben. Tatsächlich sind diese aber bestimmend für die Veränderungen in der Wirtschafts- und Unternehmensstruktur, indem sie als „Shareholder-Value"-Prinzipien das praktische Handeln der Unternehmensführung leiten.

Die Veränderung der Unternehmenslandschaft durch Restrukturierung hatte zwar schon davor eingesetzt, etwa durch die Schaffung von ‚Profit-Centers' innerhalb der Unternehmen im Rahmen des Übergangs zur divisionalen Organisationsstruktur. Diese Dezentralisierung ließ jedoch die Unternehmensgrenzen weitgehend unberührt. Erst die Finanzialisierung der Unternehmen als Folge der Orientierung an Kapitalmarktbewegungen und Finanzkennzahlen und der Macht der deregulierten und globalisierten Kapitalmärkte führten zur Restrukturierung der Unternehmen in einer Weise, die die Unternehmensgrenzen aufbrachen und die Verbindung zwischen Produktion und Kapital lösten. Unternehmen müssen derzeit unterschiedlich betrachtet werden, je nachdem ob man sich an den Strukturen der Produktion bzw. ihrer sachlichen Leistungserstellung oder aber an den Eigentümerstrukturen orientiert. Letztere verändern sich in einem bis dahin nicht beobachteten Tempo; sie erfolgen zunächst völlig unabhängig von den funktionalen Strukturen, haben jedoch Folgen für die Organisationen und die Unternehmensführung in struktureller und zeitlicher

Hinsicht. Sie führen je nach Eigentümerinteressen zu Veränderungen in den funktionalen Strukturen; diese beschleunigen sich auf Grund des raschen Wechsels der Eigentümer, was Folgen für die Struktur und Funktion der Organisationen hat.

Gleichzeitig erhielt ein zwar seit langem bekannter Konflikt zwischen den Eigentümern und den Managern der Unternehmen nun auf der Grundlage neuer Machtverhältnisse eine pointierte Fassung im „Principal-Agent"-Konflikt (Jensen/Meckling 1976) und die Probleme der Unternehmensführung erhielten als „Corporate Governance" neue Brisanz (vgl. Jürgens 2008). Entscheidungen wie die Konzentration auf das Kerngeschäft, die Auslagerung von Funktionen an andere Firmen, die Filettierung bzw. die Fusionierung von Unternehmen nach Kapitalertragsgesichtspunkten ließen die Firmen zum Gegenstand der ständigen Umgestaltung werden. Unternehmensgrenzen, Eigentümerstrukturen, Organisationsstrukturen, Produktions- und Vertriebsstrukturen erscheinen in der Gegenwart je nach Kostenkalkülen und Rentabilitätsansprüchen veränderbar. Die Unternehmensgröße und die organisatorischen Strukturen werden abhängig von Marktkosten, wie es die Institutionenökonomik aufzeigte, aber es handelt sich dabei um die Kosten des Finanzmarktes, die allerdings durch die theoretische Annahme der Effizienz der Kapitalmärkte verschleiert werden.

Die Vorstellung vom Unternehmen als langfristig bestehende und dauerhafte Struktur und Form, die in Alfred Chandlers Sicht des integrierten Großunternehmens oder der Bürokratietheorie des Unternehmens konzeptuell reflektiert waren, wurde abgelöst durch jene der „Flexible Firm". Ausschlaggebend dafür war die Kapitalflexibilisierung; sie manifestiert sich in Form der Strukturflexibilisierung, argumentiert wird vordergründig jedoch mit der ‚notwendigen' Kostenflexibilisierung, was vor allem das „Downsizing" der Personalkosten betrifft. In der soziologischen Literatur wurden diese Entwicklungen als „Entgrenzung" oder „Auflösung" des Unternehmens als Sozialraum charakterisiert, deren finanzökonomische und politisch-institutionelle Begründung durch die informationstechnologische Virtualisierung der Transaktionen noch weiter untermauert wird (vgl. Badaracco 1991) bzw. als Folgen des Hineinwirkens des Marktes in die Organisation gesehen (Münch/Guenther 2005). In der Industrie- und Arbeitssoziologie werden die Wirkungen flexibler Strukturen der Organisation bzw. der Einführung projektförmiger Arbeitsgestaltung auf die Arbeitsanforderungen und die Arbeitsplatzsicherheit untersucht (vgl. Hirsch-Kreinsen 2010; Minssen 2000). Es wird argumentiert, dass sich die Steuerungseffizienz des Marktes mit Netzwerkstrukturen zu einer „kapitalistischen Herrschaft durch Autonomie" verbindet (Moldaschl/Sauer 2000: 213).

3.3 Die Organisation als Entscheidungsproblem unter Ungewissheit

Coase und die Institutionen- und Organisationenökonomie sehen die Firma, ihre Existenz, Größe und Struktur, als Resultat der rationalen „make-or-buy"-Entscheidung der Unternehmensführung. Aber diese Entscheidungen müssen meist unter Ungewissheit getroffen werden, und diese hat durch den raschen Wandel in der Umwelt der Unternehmen, wie er in der Gegenwart beobachtet werden kann, stark zugenommen. Das bedeutet, dass sich die Entscheidungen nicht nur auf ökonomisch-kalkulatorische Faktoren stützen können. Manager und Unternehmensführer suchen nach anderen Orientierungshilfen und finden sie in der Beobachtung ihrer Konkurrenten oder erfolgreicher Unternehmen ihrer Branche bzw. in den vielfältigen Angeboten der Beratungsindustrie. Nachahmung und Diffusionsprozesse spielen neben dem Einfluss politischen und institutionellen Wandels in Bezug auf Veränderungen in Unternehmen eine große Rolle, da sich Firmen aneinander orientieren und durch Innovationen versuchen, Vorteile zu erringen. Was Unternehmen sind, welche Gestalt und Handlungsweisen sie zeigen, wird daher auch dadurch zunehmend unbestimmter, dass immer wieder neue Modelle von „Best Practice" auftauchen, die Struktur und Funktion der Firmen einem ständigen Prozess der Veränderung unterwerfen. Die Innovationen in Form immer neuer Management- und Organisationskonzepte werden durch die Nachahmung und durch die normativen Zwänge, die durch die Verbreitung der Modelle entstehen, zu allgemeinen Leitprinzipien. Sie werden daher häufig von Unternehmen angenommen, ohne deren Rationalität und Effizienzwirkungen genau zu prüfen (vgl. Mikl-Horke 2005).

Die Diffusionstheorie hat vor allem auf die Bedeutung von Kommunikationsprozessen und Netzwerkbildung für die Verbreitung von Innovationen hingewiesen; Unternehmen werden aber auch durch die Vermittlung von „change agents" und „fashion setters" mit neuen Ideen konfrontiert, die sich dann durch Nachahmungsprozesse verbreiten (vgl. Abrahamson 1991; Mikl-Horke 2011: 155 ff.). Die Manager sind daher nicht nur an den Effizienzerwartungen orientiert, denn Prinzipien oder Konzepte effizienter Organisation oder Unternehmensführung nehmen vielfach die Wirkung von Mythen an (vgl. Meyer/Rowan 1977; Deutschmann 1997). Die Rhetorik und Prinzipien des „Wissensmanagement" oder der „Netzwerkorganisation" sind Beispiele der Umwandlungsprozesse von Ideen in strategische Konzepte durch Management und Beratungsindustrie. Sie verbreiten sich auch durch die Beziehungsnetze zwischen den Unternehmen, durch die Aufnahme in politische Konzepte und in die Curricula der Business Schools und transformieren sich dadurch in Institutionen, die in gleichartigen Organisationsstrukturen zwischen Firmen resultieren. Für die Entstehung von Isomorphien im Wandel von Organisationen wurden neben der Nachahmung auch Zwänge und Normen verantwortlich gemacht (DiMaggio/Powell 1983), denn Unternehmen bilden den institutionellen Kontext ab, in dem sie operieren. Die Isomorphie formaler organisationaler Strukturen in den Unternehmen kann daher nicht als direkter Ausdruck der technisch-organisationalen Anforderungen von Produktion und Vertrieb verstanden werden. So führte die Umorientierung auf „wertorientierte" Managementprinzipien zu einem institutionellen Wandel im Sinne der dominanten Positionierung des Finanzsektors innerhalb und außerhalb der Unternehmen, zum Ausbau der Finanzökonomie und des Controlling in den Curricula von Business Schools und zur Umstellung auch des öffentlichen Sektors auf New Management-Prinzipien. „Global agierende Unternehmensberatungen, Wirtschaftsprüfer und Finanzmanager…, die über Business Schools ähnlich ausgebildet sind, üben professionell abgesicherten normativen Druck aus", meinen Münch/Guenther (2005: 398). Es kommt zur isomorphen Anpassung im gesamten Feld, gleichzeitig zur Verdrängung der Orientierung der Unternehmenskulturen an Produktqualität, Fachwissen und Fachkompetenzen zugunsten der direkten Orientierung an Marktperformanz und Rentabilität.

Die diffusionstheoretischen und die institutionalistischen Konzepte des organisatorischen Wandels heben aber nicht so sehr die nicht-rationalen Gründe hervor, die für die Entscheidungen in Bezug auf organisationale Strukturen und deren Veränderung maßgebend sind, sondern verweisen auf die Tatsache, dass Unternehmen ihre Entscheidungen meist unter Bedingungen der Ungewissheit treffen müssen. In dieser Situation stellen Nachahmung bzw. die Orientierung an Routinen, Normen und Macht daher nicht notwendig irrationale Verhaltensweisen dar. Sie sind vielmehr legitime Mittel, um unter Ungewissheit handlungsfähig zu bleiben, was auf die Bedeutung wirtschaftssoziologischer Perspektiven, die die Rolle von Normen, Routinen, Vertrauen und Solidarität in wirtschaftlichen Handlungen betonen, hinweist (Beckert 1996). Gegenseitige Beobachtung, Routinen und die Beachtung von ‚Spielregeln' und normativen Vorgaben sind notwendige Bestandteile im Wirtschaftsleben und bilden sich auf Grund von Erfahrungen und der Reaktion auf Umweltbedingungen heraus. Sie spielen sowohl in den Beziehungen der Unternehmen auf dem Markt eine große Rolle als auch innerhalb der Organisation.

4   Unternehmen und Gesellschaft

Ein Objekt soziologisch zu erklären, bedeutet immer auch den Bezug desselben auf Gesellschaft. Dieser Begriff ist zwar sehr allgemein und inhaltsleer geworden, aber als Bezugsgröße dennoch unverzichtbar, denn er verweist auf die Notwendigkeit, Objekte nicht isoliert zu betrachten, sondern in Beziehung mit ihrer Umwelt, die durch soziale, politische, institutionelle und kulturelle Merkmale charakterisiert werden kann, zu setzen. Unternehmen und Gesellschaft beziehen sich aufeinander, da Unternehmen in bestimmten gesellschaftlichen Kontexten, entstehen und agieren; sie haben aber auch Folgen für die Gesellschaft. Die Beziehung der Unternehmung auf Gesellschaft erfordert daher auch eine gesellschaftstheoretische Betrachtung, d.h. die Untersuchung der Bedeutung, der Stellung und der Folgen von Unternehmen für die Gesellschaft.

Die Unternehmung verknüpft den Betrieb bzw. die Organisation durch die ökonomischen Ziele, die sie sich setzt, mit der Wirtschaft, mit dem Markt und mit den verschiedenen Erwerbsinteressen. Sie benützt dazu die vielfältigen Ressourcen, die Natur und Gesellschaft bieten, und sie ist ein Ort, in dem sich die Zukunft der Gesellschaft zu einem großen Teil entscheidet, sowohl im Hinblick auf Wohlstand als auch auf die zukünftigen Lebens- und Arbeitsformen. Eine Unternehmenssoziologie muss sich daher sowohl mit der Einbettung der Firmen in die sozialen Beziehungen und in die institutionellen und kulturellen Kontexte als auch mit den Folgen des Handelns der Unternehmen und ihrer Entwicklung für die Gesellschaft befassen.

4.1 Systemtheoretische Perspektiven der Beziehung von Unternehmen und Gesellschaft

In der strukturfunktionalen Systemtheorie von Talcott Parsons kann ein grundlegender Ansatz für die Erfassung der Wechselbeziehungen zwischen Unternehmen und Gesellschaft gesehen werden. Parsons hatte an die Sichtweise Max Webers von den wechselseitigen Abhängigkeiten der verschiedenen Kulturbereiche der Gesellschaft angeknüpft, sich dabei aber der Sprache der Theorie offener Handlungssysteme bedient. Über die verschiedenen Handlungselemente stehen die Subsysteme der Gesellschaft in Austausch miteinander, grenzen sich aber gleichzeitig voneinander ab. In ihrer Schrift *Economy and Society* gehen Parsons/Smelser (1956) zwar nicht direkt auf die Unternehmung als solche ein, aber man kann aus ihrer Theorie darauf schließen, dass sie es primär als integratives Subsystem im Produktionssystem auffassen. Dieses steht mit den anderen funktionalen Subsystemen der

Wirtschaft, aber auch jenen der Gesellschaft, d.h. der politischen Gemeinschaft, dem Institutionensystem und dem Wertesystem, in Austauschbeziehungen.

Die Grenzziehungen zwischen Unternehmen und ihrer Umwelt werden durch Austauschprozesse immer wieder überwunden; der Autonomie der Unternehmung wird daher beständig durch ihre Abhängigkeit von den anderen Systemen entgegen gewirkt. Die Theorie vermag begrifflich zu veranschaulichen, in welcher funktionalen Hinsicht Unternehmen und Gesellschaft wechselseitig voneinander abhängen. Damit lassen sich aber nicht nur die gesellschaftlichen und wirtschaftlichen Voraussetzungen für die Existenz und den Erfolg von Unternehmen bestimmen, sondern auch erkennen, dass Unternehmen und ihr Handeln Folgen mit Bezug auf die Ziele, Werte und Normen der Gesellschaft haben können.

Die Geschlossenheit des Wirtschaftssystems erzwingt Niklas Luhmann zufolge gleichzeitig seine Offenheit. Sie ist autopoietisch begründet durch das Medium Geld, das eine unbegrenzte Folge von Zahlungen ermöglicht, die auch die Rekursivität und Selbstreflexivität des Systems bewirken. Zwischen Geld und Organisation erblickt Luhmann eine wechselseitige Abhängigkeit. Organisation ist „organisiertes Geld", das in Sachanlagen, Arbeitsverträgen, Zahlungsverpflichtungen etc. investiert ist. Dadurch transformiert sich aber auch das Medium Geld in das Medium Macht. Organisationen sind daher einerseits abhängig vom Geld, aber die meisten Funktionssysteme, darunter auch die Wirtschaft, sind ihrerseits abhängig von Organisation. Damit verweist Luhmann auf die Bedeutung von Organisation für die Gesellschaft, die durch die Geldabhängigkeit der Organisationen aber gleichzeitig in einer Autonomie von derselben resultiert (Luhmann 1988: 302 ff).

Der „Wiedereintritt des Unternehmens in die Organisation" (Baecker 1993: 20), d.h. die Internalisierung der Bedingungen des Marktes wie Erfolgsorientierung und Ungewissheit einerseits und der Interessen der Kapitaleigner andererseits, hat die Bedeutung der Unternehmen für die Gesellschaft in der Gegenwart stark erhöht und gleichzeitig die ‚Außenseite' der Organisation wieder betont. Das Unternehmen ist in der Sicht von Dirk Baecker für eine soziologische Perspektive von grundlegender Bedeutung, denn, wie er meint, die „Schnittstelle, die die Soziologie betreut, ist die Schnittstelle zwischen Organisation und Gesellschaft" (Baecker 1997: 25). Die Grenzziehung zwischen beiden lässt erkennen, dass das Unternehmen seinen Sinn erst durch den Bezug zur Gesellschaft erhält.

In Baeckers Sicht ermöglicht die systemische Kommunikationstheorie der Unternehmung die Bestimmung der kognitiven Grenzziehung zwischen Unternehmen und Gesellschaft. Damit fokussiert er auf die Probleme der Wahrnehmung und der sozialen Konstruktion von Unternehmen in der Gesellschaft. Er zeigt auf, dass die Problemstellungen, unter denen die Soziologie die Unternehmung bisher betrachtet hat, die Themen ‚Produktion', ‚Ausbeutung' und ‚Rationalisierung' waren. Die Unternehmung wurde als Produktionsbetrieb auf die Zwecke der Bedarfsdeckung bezogen, als den Kapitalinteressen dienendes Instrument verstanden bzw. als Ort gesehen, an dem sich die Effizienzorientierung durch Rationalisierung manifestiert. Den bisherigen Sichtweisen fügt er die Perspektive der ‚Kommunikation' hinzu, welche die Wahrnehmung und Deutung der Unternehmen in der Gesellschaft, aber auch ihre Selbst-Konstituierung und ständige Selbstbeobachtung thematisiert. In diesem Sinn charakterisiert Baecker das Unternehmen als eine „über Kommunikation entschiedene Faktorkombination, mit deren Hilfe Produkte fabriziert werden, die einem Markt kommunikativ vermittelt werden müssen" (Baecker 1997: 40).

Die Systemtheorie der Organisation wird damit in Anlehnung an Niklas Luhmann als eine Theorie kommunizierter Entscheidungen aufgefasst. Sie bildet die Abhängigkeit nicht nur der Handlungsweisen, sondern auch der Vorstellungen über ihre kommunikative Vermittlung im Rahmen der Beobachtung erster und zweiter Ordnung ab. Die Grenzziehung zwischen der Innen- und der Außensicht des Unternehmens stellt sich auch als Kommunikationsproblem insofern dar, als Technik, Autorität oder Regelungen unterschiedlichen Deutungen unterliegen können. Handeln und Beobachtung erfolgen aus unterschiedlichen Perspektiven und beruhen auf verschiedenen Logiken. Dabei geht es um die Logiken und Vorstellungen, die unter den Akteuren vor allem innerhalb der Organisationen vertreten werden, welche jedoch ihren Ursprung außerhalb derselben in Lebenswelt und Gesellschaft haben. Baecker hebt daher die Notwendigkeit ihrer Vermittlung hervor, denn sie stellen geschlossene Sinnsysteme dar, die erst durch Ankopplung miteinander in Beziehung gesetzt werden müssen.

Unternehmen sind Gegenstand der Kommunikation in Wirtschaft, Öffentlichkeit und Wissenschaft und dabei formt sich, wie Unternehmen wahrgenommen werden und wie ihr Handeln verstanden wird. Für die Sicht der Unternehmen spielen auch wissenschaftliche Theorien eine wichtige Rolle als Beobachtungen zweiter Ordnung im Sinne von Luhmann oder im Hinblick auf ihre performative Wirkung für die Praxis (Callon 1998). Unternehmen sind Gegenstand verschiedener theoretischer Diskurse, die auf die Wahrnehmung und Interpretation der Wirtschaft zurückwirken. Die Sozialwissenschaften konstruieren und erzeugen ihren eigenen Gegenstand und verbreiten dieses Verständnis auch in der Gesellschaft. Wirtschaft und Unternehmen erscheinen so, wie sie uns die Ökonomie, die Managementliteratur, aber auch die verschiedenen soziologischen Sichtweisen vorführen. Auch die Konjunkturen unterschiedlicher Theorien der Unternehmung zeigen deutlich, wie sehr diese einerseits von den historisch-diskursiven Gegebenheiten beeinflusst sind, wie sehr sie aber auch die Vorstellungen lenken. Kommunikativ verbreitete kognitive Muster beeinflussen die Deutung und Beurteilung und umgekehrt werden diese wieder durch die Erfahrungen mit den Auswirkungen und Einflüssen durch das Handeln der Unternehmen verändert bzw. neu gebildet und wirken ihrerseits zurück auf das Handeln, die Strategien und die Selbstrepräsentationen der Unternehmen.

4.2 Der Eintritt des Unternehmens in die Gesellschaft: Die französische Unternehmenssoziologie

Das Unternehmen war insbesondere in Frankreich lange Zeit nicht Gegenstand soziologischer Betrachtung gewesen. Die Durkheimsche Orientierung an den Berufsgruppen als den Manifestationen der gesellschaftlichen Arbeitsteilung und die marxistisch inspirierte Perspektive der Klassenkonflikte waren die wesentlichen Traditionen der französischen Soziologie. Die Konfliktperspektive wurde in der Form, die sie bei Pierre Bourdieu angenommen hatte, zur dominanten Sichtweise der Struktur und der Prozesse in Gesellschaft und Kultur, was auch in den realen Bedingungen der Sozialverhältnisse und dem Charakter der industriellen Arbeitsbeziehungen in Frankreich begründet war. Konflikte um Macht und Interessen spielen in Bourdieus Theorie der ökonomischen Felder eine bedeutende Rolle. Unternehmen, Märkte und Haushalte werden darin als Konflikt- und Machtfelder aufgefasst, in denen die Akteure ihre Interessen und Handlungsdispositionen, die sich als Ausdruck gesellschaftlicher Strukturen entwickeln, einsetzen. Damit tragen sie ihrerseits zur Stabilisierung und Reproduktion der Macht- und Klassenstrukturen der Gesellschaft bei (Bourdieu

2005: 193 ff). Die ökonomischen Felder der Märkte, Unternehmen und Haushalte sind eng miteinander verbunden, weisen aber je verschiedene Strukturmerkmale und Dynamiken auf. Bourdieu hatte damit zwar den Unternehmen einige Beachtung geschenkt, aber Firmen wurden auch von ihm mit den Klasseninteressen des Kapitals identifiziert (Bourdieu/Saint Martin 1978). In gewisser Weise standen sie daher außerhalb der Gesellschaft, was in Sainsaulieus Frage zum Ausdruck kommt: „L'entreprise (…) était-elle un construit sociale à ce point autonome et indépendant du reste de la société?" (Sainsaulieu 1990: 24).

Seit den 1980er Jahren nahmen die französischen Sozialwissenschaften teilweise eine pragmatische Wendung. Die unter der sozialistischen Regierung verabschiedete gesetzliche Verpflichtung zu regelmäßigen Verhandlungen auf Branchen- und Unternehmensebene zwischen Arbeitgeber- und Arbeitnehmervertretern („Auroux-Gesetze" von 1982) ließen Hoffnungen auf eine demokratische Entwicklung der Unternehmen und Arbeitsbeziehungen entstehen. Man begann die Unternehmen nicht mehr einseitig als von den Interessen des „patronat" bestimmt zu sehen, sondern als sozialer Ort der Produktion und als Institution der Gesellschaft (Sainsaulieu/Segrestin 1986). In der Folge entstanden Studien über die Beziehung von Unternehmen und Gesellschaft, die ihren Niederschlag auch in der dritten Nummer des Jahrgangs 1986 der Zeitschrift *Sociologie du Travail* fanden. In einem grundlegenden Aufsatz definieren Sainsaulieu/Segrestin das Unternehmen als zentralen sozialen Ort, in dem sich ein neuer Regulationszustand der sozialen Verhältnisse einpendle, und der daher von größter Bedeutung für die Gesellschaft sei (Sainsaulieu/Segrestin 1986: 335). Es kann daher nicht durch einen handlungstheoretischen oder einen vertragstheoretischen Ansatz allein erklärt werden, da dadurch der Charakter des Unternehmens als historisches Gebilde und als Institution verloren geht. In den Unternehmen entscheidet sich die Situation der Arbeit und über diese die Zukunft der gesamten Gesellschaft. Damit begründen sie die Notwendigkeit einer Unternehmenssoziologie, die das Unternehmen, seine Form und seinen Wandel sowie seine sozialen Folgen als Angelegenheit der Gesellschaft und damit als legitimen Gegenstand der Soziologie betrachtet (vgl. Sainsaulieu 1990; Segrestin 1992).

Die französischen Studien zur Unternehmenssoziologie (vgl. dazu den Überblick bei Piotet 1998) suchen die Unternehmen aus ihrer bisherigen Stellung einer „institutionellen Illegitimität" herauszuführen und als eine der fundamentalen Institutionen der Gesellschaft zu „rehabilitieren" (Segrestin (1987: 461). Diese neue Vorstellung des Unternehmens soll weder die konsensuale Ideologie der Arbeitgeber oder jene des antagonistischen Interessengegensatzes widerspiegeln, sondern die Modernisierung der sozialen Beziehungen in der französischen Gesellschaft reflektieren. Der historische Wandel der gesellschaftlichen Bedeutung der Unternehmen wird daher besonders betont: „L'entreprise n'est pas une forme technique intemporelle et hors l'histoire des sociétés; elle s'alimente au contexte institutionnel, social et culturel de son époque" (Sainsaulieu 1990: 26).

Die historische Entwicklung der Unternehmen führt Thuderoz auf die Verbindung zweier Logiken zurück: jener des Berufs und jener des freien Unternehmertums. Sie ist durch einen Prozess der Autonomisierung von der Gesellschaft und zugleich der Nutzbarmachung ihrer Ressourcen für eigene Zwecke gekennzeichnet. Das Unternehmen ist in seinem Verhältnis zur Gesellschaft daher einerseits durch Abhängigkeit, andererseits durch Autonomie bestimmt. Wie das Unternehmen ein Produkt der Gesellschaft, ihrer rechtlichen Institutionen, ihrer Kultur und ihrer wirtschaftlichen Ressourcen und politischen Mächte ist, so wird auch die Gesellschaft durch die Autonomie und Kreativität der Unternehmen beeinflusst und geformt.

Gerade dadurch ist es aber nicht möglich, ein allgemeines Modell des Unternehmens zu zeichnen, denn zu unterschiedlich sind die einzelnen Unternehmen hinsichtlich Größe, Branche, Organisationsstruktur, Unternehmensführung, Ressourcen, Einbettung in ihre jeweilige lokale Umwelt etc. Auf der Grundlage einer empirischen Untersuchung unter mehr als 80 Unternehmen gelangte eine Gruppe von Forschern unter Leitung von Sainsaulieu zu fünf Typen: dem dualen Unternehmen, das sowohl tayloristisch als auch flexibel organisiert ist; dem bürokratischen Unternehmen; dem krisenhaften Unternehmen zwischen Tradition und Modernisierung; dem modernisierten, oft partizipativ organisierten Unternehmen und dem flexiblen, projektförmig organisierten Unternehmen mit geringer formaler Organisation („entreprise communauté"). Dabei stellte sich die Ausgangskonstellation der Entstehung oder Gründung der Unternehmen als bestimmend für den weiteren Weg, den sie beschritten, heraus. So kann sich ein bürokratisches Unternehmen durch reine Anpassungsänderungen nicht in ein flexibles Unternehmen verwandeln, sondern nur durch eine fundamentale Neukonstituierung, die aber gleichzeitig eine Krise des Unternehmens herbeiführt (Francfort et al. 1995).

Unternehmen weisen eine Ambivalenz zwischen Ordnung und Veränderung auf, die in zwei Logiken resultiert, die einander gleichzeitig ergänzen und widersprechen: Die Logik der Organisation, die auf Voraussicht und Planung beruht, und die Logik der Innovation, die Handeln unter Ungewissheit erfordert (vgl. Alter 1996). Unternehmen haben daher eine synchrone Dimension, die sich auf ihre Organisation bezieht, und eine diachrone, die durch ihre Orientierung an Innovationen und Veränderung, also durch ihre „unternehmerische" Seite, bedingt ist. Die unternehmerische Dynamik kann Ordnungskrisen in der Organisation heraufbeschwören, gleichzeitig aber das innovative Potential des Unternehmens stärken, während die Beharrung auf einem „geschlossenen System" nur punktuelle Problemlösungen erlaubt. Für die Handelnden und ihre Erwartungen bedeutet dies, dass sie mit einer Ambivalenz zwischen Vertrauen und Tradition auf der einen und Kalkül und Opportunismus auf der anderen Seite umgehen müssen.

Eine Perspektive des Unternehmens als Ensemble von drei autonomen Subsystemen schlägt Thuderoz (1997) vor; er unterscheidet zwischen dem produktiven System, dem Organisationssystem und dem Institutionensystem. Diese Systeme sind untereinander nicht hierarchisch angeordnet, aber sie beziehen sich wechselseitig aufeinander und stehen jeweils mit der Umwelt in Verbindung. Gerade in Zeiten des Liberalismus, der Privatisierung und Globalisierung kennzeichnet Thuderoz die Diskussion über das Unternehmen und sein Verhältnis zur Gesellschaft als eine Notwendigkeit, um die gegenseitige Abhängigkeit festzustellen und damit auch die Bedeutung, die die Situation der Gesellschaft für die Unternehmen hat, zu klären. Umgekehrt führt dies zur Frage der Kontrolle der Gesellschaft über die Unternehmen: „Si l'entreprise devient une valeur collective, quel contrôle la collectivité peut-elle (ou doit-elle), en retour, exercer?" (Thuderoz 1997: 16).

In den Unternehmen vollziehen sich Veränderungen mit bedeutsamen Folgen für die Gesellschaft, die daher auch gesellschaftlich definiert und legitimiert werden müssen. Die Unternehmenssoziologie hat es daher nicht nur mit Struktur und Handeln zu tun, sondern auch mit kulturellen, symbolischen und imaginären Aspekten (Sainsaulieu 1990: 175 ff). Damit sind auch Gefahren verbunden, etwa die der „désagrégation" der sozialen Struktur der Gesellschaft auf Grund der Umorientierung von beruflicher Identität zur Identifikation mit dem Unternehmen. Diese wird durch die Erzeugung einer Illusion von Gemeinschaft hervorgerufen, deren Folge jedoch die Schwächung der Gewerkschaften ist, und die dazu führt, dass die Dominanz der Unternehmensinteressen als normaler Zustand der Gesellschaft akzeptiert wird (vgl. Segrestin 1992). Daher bedingt die Frage der Beziehung zwischen Unternehmen und Gesellschaft immer auch Diskussionen über die „nouvelle éthique de la communalisation de l'entreprise" (Segrestin 1987: 473), also über die gesellschaftliche Verantwortung und die „citizenship" bzw. die „citoyenneté" der Unternehmen.

Unternehmen, ihre Veränderung und die Innovationen, die sie einführen, erfordern stets auch eine Rechtfertigung gegenüber jenen, die von anderen Standpunkten ausgehen bzw. nicht von den Veränderungen profitieren. Insofern benötigt auch der gegenwärtige Kapitalismus einen „neuen Geist", wie Boltanski/Chiapello (1999) in Anlehnung an Weber meinen. Dieser kann nicht einseitig durch das Management vorgegeben werden, sondern impliziert die Rechtfertigung des Handelns von Unternehmen auf der Grundlage von Unterschieden der Position, der Macht und des Einflusses der Akteure und ihrer verschiedenen Aktionslogiken. Zwischen diesen müssen Verhandlungen und Vereinbarungen getroffen werden, um zu Entscheidungen zu gelangen, die das Funktionieren der Firmen ermöglichen. Daher meint Bernoux, dass die Firma nicht auf den Zweck der Profiterzielung allein reduziert werden kann, da in ihr verschiedene Logiken bestehen, die alle für Sinn und Zweck der Unternehmung wichtig sind (Bernoux 2004: 157 ff). Die unterschiedlichen Logiken erfordern Übersetzungsprozesse, damit es zu gemeinsamem Handeln kommen kann. Das zeigt sich insbesondere bei Übernahme und Einführung von Innovationen in Unternehmen, denn hierbei wird die Übersetzung von der Logik und Sprache des ursprünglichen Entstehungskontextes einer Innovation, etwa im Kontext der wissenschaftlichen Forschung oder aber in anderen kulturellen Umwelten, in jene der jeweiligen Unternehmung erforderlich. Auch sind Verhandlungen und Vereinbarungen zwischen unterschiedlichen Konventionen der einzelnen Gruppen, die Rechtfertigungsstandpunkte repräsentieren, nicht nur innerhalb der Organisation, sondern auch außerhalb derselben notwendig, damit eine Innovation im Unternehmen effektiv eingeführt und in der Umwelt desselben akzeptiert werden kann. In diesem Sinn muss das Unternehmen als sozialer Ort verstanden werden, in dem Kooperation und der Umgang mit Veränderungen gelernt wird (Bernoux 1995: 217 ff).

Die theoretischen Grundlagen der französischen Unternehmenssoziologie beziehen sich mehr auf eine Sichtweise, wie sie etwa auf Max Weber zurückgeht, während die kollektivistische Durkheimsche Tradition, aber auch die Konfliktperspektive Bourdieus weitgehend verlassen werden. Bezüge werden häufig zu den Bürokratiestudien von Michel Crozier (1963) und Crozier/Friedberg (1977) hergestellt, aber auch zur US-amerikanischen Institutionenökonomie und zur evolutionären Ökonomie. Besonders bedeutsam ist auch der Einfluss der etwa gleichzeitig in Frankreich entstandenen ökonomischen Theorie der Konventionen (z.B. Orléan 1994; Boltanski/Thévenot 1991; vgl. auch Diaz-Bone 2010) und der Theorie der Übersetzung (z.B. Callon 1989; Latour 1987). Die Theorien der Konventionen und der Übersetzung gehen von unterschiedlichen Logiken und Sprachen der Rechtfertigung und Begründung aus, die durch Prozesse der Übersetzung, der Diskussion über die Problemdefinition und durch Verhandlungen über Interessen und Ziele zu Vereinbarungen führen.

5 Kulturbedeutung und gesellschaftstheoretische Relevanz der Unternehmen

Die theoretischen Bezugnahmen auf Gesellschaft zeigen auf, dass es nicht nur um eine Erklärung von Existenz und Form der Unternehmen geht, sondern um die Bestimmung ihrer Bedeutung für die Gesellschaft. Daher muss eine soziologische Erklärung der Unternehmen auch auf die Wahrnehmung und Interpretation derselben von verschiedenen Standorten und Perspektiven aus eingehen. Zwischen beiden Ebenen, jenen der Deutung der Unternehmen in der Gesellschaft und jenen der wechselseitigen Handlungswirkungen zwischen Unternehmen und anderen Bereichen der Gesellschaft, besteht eine enge Beziehung. Man kann dies mit dem Begriff der Kulturbedeutung von Max Weber in Zusammenhang bringen, der die moderne auf rationaler Kapitalrechnung und –beschaffung beruhende Unternehmung als zentralen Akteur des Kapitalismus verstanden hatte. Sie ist in idealtypischer Weise Ausdruck eines „an ‚Interessenlage' orientierten typischen und universellen sozialen Handelns" (Weber 1985: 60). Als solches ist es nicht nur für die moderne Wirtschaft repräsentativ, sondern ist gleichzeitig typischer Ausdruck des „Gesellschaftshandelns" im modernen Kapitalismus.

Dieser Perspektive der Kulturbedeutung kommt gegenwärtig ein besonderes Gewicht zu, denn die ökonomische Deutung von Wirtschaft und Unternehmen resultiert in der Übertragung von deren Prinzipien und Logiken auf alle Bereiche der Gesellschaft. Die Übernahme von Managementprinzipien der privatwirtschaftlichen Unternehmen in andere Bereiche, etwa im Rahmen der öffentlichen Verwaltung, der Bildungsinstitutionen, der Gesundheitsinstitutionen etc. ist ein Ausdruck der Bedeutung der Unternehmen nicht nur für die Wirtschaft, sondern für unsere gesamte Kultur, denn die Dominanz der Konzeptionen und Prinzipien, auf denen sie beruhen, verändert die Wertvorstellungen, die Denkweisen und die Lebensstile der Menschen, ihre sozialen Beziehungen und die gesellschaftlichen Strukturen (vgl. Lengfeld 2008).

Gegenwärtig wird in Öffentlichkeit und Diskursen der Managementliteratur demgegenüber oft über Erfolge und Misserfolge von Firmen so gesprochen, als wären sie unabhängig von der Gesellschaft, in der sie stattfinden. Bernoux meint sogar, dass die ökonomischen Erfolge der Unternehmen keine erkennbaren Vorteile für die Gesellschaft mehr erbringen würden, da der Schluss vom wirtschaftlichen Wachstum zur gesellschaftlichen Wohlfahrt nicht mehr gelte. Daher erkennt er auch eine Entwicklung, wonach das Unternehmen als Institution in Frage gestellt wird, weil die Legitimität seiner sozialen Normen abnimmt (Bernoux 1995: 15). Macht und Einfluss der großen Unternehmen einerseits und ihr Nutzen für die Gesellschaft als solche andererseits entwickeln sich auseinander. Man kann hier Luhmanns Diktum anschließen: „Die Gesellschaft gibt jede Verantwortung für ihre eigene Wirtschaft auf (…)" (Luhmann 1988: 62), und zwar als Resultat der autopoietischen Schließung des Systems Wirtschaft und seine gleichzeitige Offenheit, die ihm durch das Geld die Interpenetration in alle Funktionssysteme der Gesellschaft ermöglicht. Die Globalisierung, insbesondere jene der Finanzmärkte, hat diese Entwicklung durch das Auseinanderfallen der wirtschaftlichen Geschicke der (staatlich begrenzten) Gesellschaften und der großen Unternehmen, die als multi- oder transnationale Firmen weltweit agieren, in der Gegenwart gefördert. Die Entstehung dieser neuen *Weltreiche des Profits* (Litvin 2003) mit ihren speziellen Ausformungen in den gegenwärtigen Globalisierungsprozessen verändert die Gesellschaft; sie sind daher ein legitimes Objekt soziologischer Erkenntnis und

Kritik, denn sie markieren eine neue Transformation des Verhältnisses von Wirtschaft und Gesellschaft.

Die soziologischen Theorien reflektierten immer schon die großen wirtschaftlichen Transformationen der Gesellschaft und stellten gleichzeitig damit den Wandel der gesellschaftstheoretischen Erkenntnisinteressen dar. Comtes und Durkheims Theorien der Industriegesellschaft reflektierten die Hoffnungen, die in die Entwicklung dieser neuen Gesellschaftsform, in deren Zentrum die industrielle Produktion und der industrielle Betrieb standen, gesetzt wurden. Marx und viele der folgenden Theoretiker des Kapitalismus hoben die Macht des Kapitals als zentral für die neue Gesellschaftsformation hervor und sahen das Unternehmen als Entstehungsort des Konflikts zwischen Kapital und Arbeit. Max Weber erkannte die Kapitalinteressen zwar als treibende Kraft der Unternehmensentwicklung, stellte jedoch die spezifische rechnerische Rationalität der Unternehmung in den Mittelpunkt seiner Kulturdeutung des modernen Kapitalismus.

Die gesellschaftstheoretische Perspektive trat auf Grund der weiteren Entwicklung, die der Kapitalismus im Demokratisierungsprozess der westlichen Gesellschaften aufwies, zurück, und das Erkenntnisinteresse verschob sich auf die internen Funktionen, Strukturen und Prozesse im Industriebetrieb, auf die Bedingungen der Arbeit und die Konzepte der Organisation, Führung und Motivation. Vor allem in der amerikanischen Industriesoziologie traten pragmatische Interessen auf Grund der vorherrschenden Managementperspektive in den Vordergrund. Hinter der Aufspaltung zwischen den empirischen Disziplinen der Arbeits-, Industrie-, Berufs- und Betriebssoziologie verschwand das Unternehmen als Gegenstand soziologischer Theorie.

Durch den Aufstieg des Marktliberalismus, der Globalisierung und der Restrukturierungsprozesse in den Unternehmen verschob sich die Perspektive wieder zu den Beziehungen der Unternehmen zu ihrer Umwelt, den Märkten, dem institutionell-politischen Kontext und den kulturellen und sozialen Strukturen. Die Wirtschaftssoziologie der Märkte fokussiert auf die sozialen Beziehungen zwischen Firmen und untersucht diese mit Hilfe der Netzwerkanalyse. Die Beschäftigung mit der intermediären Ebene der „interfirm relations" trat im Zuge der Auseinandersetzung mit der Organisationen- und Institutionenökonomie ins Zentrum soziologischen Interesses an Unternehmen. Während diese die Entstehung und Größe der Firmen kostentheoretisch zu erklären suchen, wollen die Wirtschaftssoziologen primär den Markt als eingebettet in das Beziehungsgefüge zwischen Firmen soziologisch begründen. Darüber hinaus verwiesen institutionalistische Ansätze in der Wirtschaftssoziologie auf die Einbettung der Unternehmen in die politischen, institutionellen und kulturellen Bedingungen ihres jeweiligen gesellschaftlichen Kontextes. Die diesbezüglichen vergleichenden Studien verdankten ihre Entstehung der Diskussion über die weltweiten Wirkungen der Globalisierung und der Verbreitung westlicher Unternehmenskonzepte, Managementprinzipien und Wirtschaftsstile.

Die institutionalistischen Ansätze ließen die gesellschaftlichen Voraussetzungen für die Existenz und das Wachstum der Unternehmen erkennen. Der Bezug auf Gesellschaft wurde auch im Rahmen der neuen Unternehmenssoziologie in Frankreich betont, allerdings auf der Grundlage einer Revision der konfliktorientierten Interpretation wirtschaftlicher Verhältnisse hin zu einer pragmatischen Konzeption, die an der Modernisierung der sozialen Beziehungen orientiert ist. Als eine der fundamentalen Institutionen der modernen Gesellschaft muss die Unternehmung aber auch ihre Rechtfertigung von Seiten der verschiedenen legitimen Interessensstandpunkte und im Sinn der sozialen Ziele der Gemeinschaft finden. Dies erscheint gerade in der Gegenwart als ein grundlegendes Problem in der Beziehung zwischen Unternehmen und Gesellschaft darzustellen. Die Beziehung zwischen Unternehmen und Gesellschaft zu beleuchten, ist daher nicht nur aus der Perspektive der soziologischen Erforschung der Unternehmen notwendig, sondern ist gerade in der Gegenwart aus gesellschaftstheoretischer Sicht von großer Bedeutung.

Literatur

Abrahamson, Eric (1991): Managerial Fads and Fashions. The Diffusion and Rejection of Innovations. In: The Academy of Management Review 16, 586-612.
Alter, Norbert (1996): Sociologie de l'Entreprise et de l'Innovation. 2. Aufl., Paris: Armand Colin.
Badaracco, Joseph L., jr. (1991): The Boundaries of the Firm. In: Etzioni, Amitai/Lawrence, Paul R. (eds.): Socio-Economics. Toward a New Synthesis. New York-London: M.E.Sharpe, 293-328.
Baecker, Dirk (1993): Die Form des Unternehmens. Frankfurt a.M.: Suhrkamp.
Baecker, Dirk (1997): Soziologie des Unternehmens. In: Österreichische Zeitschrift für Soziologie 22, 24-50.
Baker, George/Gibbons, Robert/Murphy, Kevin J. (2002): Relational Contracts and the Theory of the Firm. In: Quarterly Journal of Economics 117, 39-84.
Beckert, Jens (1996): Was ist soziologisch an der Wirtschaftssoziologie? Ungewissheit und die Einbettung wirtschaftlichen Handelns. In: Zeitschrift für Soziologie 25, 125-146.
Beckert, Jens (2002): Von Fröschen, Unternehmensstrategien und anderen Totems. In: Maurer, Andrea/Schmid, Michael (Hg.): Neuer Institutionalismus. Zur soziologischen Erklärung von Organisation, Moral und Vertrauen. Frankfurt-New York: Campus, 133-148.
Bernoux, Philippe (1995): La Sociologie des Entreprises. Paris: Editions du Seuil.
Bernoux, Philippe (2004): Sociologie du Changement dans les Entreprises et les Organisations. Paris: Editions du Seuil.
Blauner, Robert (1964): Alienation and Freedom. Chicago: University of Chicago Press.
Boltanski, Luc/Chiapello, Eve (1999): Le Nouvelle Esprit du Capitalisme. Paris: Gallimard.
Boltanski, Luc/Thévenot, Laurent (1991): De la Justification. Les Economies de la Grandeur. Paris: Gallimard.
Bourdieu, Pierre (2005): The Social Structures of the Economy. Cambridge, UK- Malden, MA: Polity Press.
Bourdieu, Pierre/Saint Martin, Monique de (1978): Le Patronat. In: Actes de la recherche en sciences sociales 20/21, 2-82.
Bryce, David J./Singh, Jitendra V. (2001): The Future of the Firm from an Evolutionary Perspective. In: DiMaggio, Paul (ed.): The Twenty-First-Century Firm. Changing Economic Organization in International Perspective. Princeton-Oxford: Princeton University Press, 161-185.
Burt, Ronald (1983): Corporate Profits and Cooptation: Networks of Market Constraints and Directorate Ties in the American Economy. New York: Academic Press.
Burt, Ronald (2002): The Social Capital of Structural Holes. In: Guillén, Mauro F. et al. (eds): The New Economic Sociology. New York: Russell Sage, 148-190.
Callon, Michel (1989): La Science et ses Réseaux. Genése et Circulation des Faits Scientifique. Paris: Edition La Decouverte.
Callon, Michel (ed.) (1998): The Laws of the Markets. Oxford: Blackwell.
Carroll, Glenn/Hannan, Michael (eds.) (2000): The Demography of Corporations and Industries. Princeton: Princeton University Press.
Chandler, Alfred D. (1990): Scale and Scope. The Dynamics of Industrial Capitalism. Cambridge, MA: The Belknap Press of Harvard University.
Coase, Ronald H. (1937): The Nature of the Firm. In: Economica 4, 386-405.
Crozier, Michel (1963): Le Phénomène Bureaucratique. Paris: Seuil.

Crozier, Michel/Friedberg, David (1977): L'Acteur et le Système. Paris: Seuil.

Deutschmann, Christoph (1997): Die Mythenspirale. Eine wissenssoziologische Interpretation industrieller Rationalisierung. In: Soziale Welt 47, 55-70.

Diaz-Bone, Rainer (2010): Economie des Conventions. In: Beckert, Jens/Deutschmann, Christoph (Hg.): Wirtschaftssoziologie. Kölner Zeitschrift für Soziologie und Sozialpsychologie, Sonderheft 49/2009, 176-193.

DiMaggio, Paul (ed.) (2001): The Twenty-First-Century Firm. Changing Economic Organization in International Perspective. Princeton, CA-Oxford: Princeton University Press.

DiMaggio, Paul/Powell, Walter W. (1983): The Iron Cage Revisited: Institutional Isomorphism and Collective Rationality in Organizational Fields. In: American Sociological Review 48, 147-160.

Eisenstadt, Samuel N./Roniger Luis (1984): Patrons, Clients and Friends. Cambridge: Cambridge University Press.

Emery, Fred/Thorsrud, Einar (1982): Industrielle Demokratie. Bern: Huber.

Fligstein, Neil (1990): The Transformation of Corporate Control. Cambridge, MA-London: Harvard University Press.

Fligstein, Neil (1996): Markets as Politics: A Political-Cultural Approach to Market Institutions. In: American Sociological Review 61, 656-673.

Fligstein, Neil (2001): The Architecture of Markets. An Economic Sociology of Twenty-First-Century Capitalist Societies. Princeton: Princeton University Press.

Francfort, Isabelle/Osty, Florence/Sainsaulieu, Renaud/Uhalde, Marc (1995): Les Mondes Sociaux de l'Entreprise. Paris: Desclée de Brouwer.

Frank, Hermann/Korunka, Christian/Lueger, Manfred (1999): Fördernde und hemmende Faktoren im Gründungsprozess. Wien : Bundesministerium für Wirtschaftliche Angelegenheiten.

Friedmann, Georges (1952): Der Mensch in der mechanischen Produktion. Köln: Bund-Verlag.

Friedmann, Georges (1959): Grenzen der Arbeitsteilung. Frankfurt a. M.: Europäische Verlagsanstalt.

Friedmann, Georges/Naville, Pierre (1961): Traité de Sociologie du Travail. 2 Bde. Paris: Armand Colin.

Fürstenberg, Friedrich (1977): Einführung in die Arbeitssoziologie. Darmstadt: Wissenschaftliche Buchgesellschaft.

Gouldner, Alvin W. (1964): Pattern of Industrial Bureaucracy. New York: The Free Press.

Granovetter, Mark (1973): The Strength of Weak Ties. In: American Journal of Sociology 78, 1360-1380.

Granovetter/R.Soong (1983): Threshold Models of Diffusion and Collective Behavior, in: Journal of Mathematical Sociology 9, 165-179.

Granovetter, Mark (1984): Small is Bountiful: Labor Markets and Establishment Size. In: American Sociological Review 49, 323-334.

Granovetter, Mark (1985): Economic Action and Social Structure. In: American Journal of Sociology 91, 481-510.

Granovetter/R. Soong (1986): Threshold Models of Interpersonal Effects in Consumer Demand, in: Journal of Economic Behaviour and Organization 7, 83-99.

Granovetter, Mark (1995): Coase Revisited: Business Groups in the Modern Economy. In: Industrial and Corporate Change 4, 93-130.

Granovetter, Mark (2000): The Economic Sociology of Firms and Entrepreneurs. In: Swedberg, Richard (ed.): Entrepreneurship. The Social Science View. Oxford-New York: Oxford University Press, 244-275.

Granovetter, Mark (2005a): The Impact of Social Structure on Economic Outcomes. In: Journal of Economic Perspectives 19, 33-50.

Granovetter, Mark (2005b): Business Groups and Social Organization. In: Smelser, Neil J./Swedberg, Richard (eds.): The Handbook of Economic Sociology, 2nd ed. Princeton: Princeton University Press.

Hall, Peter A./Soskice, David (2001): Varieties of Capitalism. Oxford: Oxford University Press.

Hill, Stephen (1995): The Social Organization of Boards of Directors. In: The British Journal of Sociology 46, 245-278.

Hirsch-Kreinsen, Hartmut (2002): Unternehmensnetze – revisited. In: Zeitschrift für Soziologie 31, 106-124.

Hirsch-Kreinsen, Hartmut (2010): Entgrenzung von Unternehmen und Arbeit. In: Beckert, Jens/Deutschmann, Christoph (Hg.): Wirtschaftssoziologie. Kölner Zeitschrift für Soziologie und Sozialpsychologie, Sonderheft 49/2009, 447-465.

Hollingsworth, Rogers J./Boyer, Robert (eds.) (1997): Contemporary Capitalism: The Embeddedness of Institutions. Cambridge: Cambridge University Press.

Jacques, Elliot (1951): The Changing Culture of a Factory. London: Tavistock.

Jensen, Michael/Meckling, William (1976): Theory of the Firm: Managerial Behavior, Agency Costs and Ownership Structure. In: Journal of Financial Economics 3/4, 305-360.

Jürgens, Ulrich (2008): Corporate Governance: Eine kritische Rekonstruktion der Grundlagen, Anwendungen und Entwicklungen aus soziologischer Sicht. In: Maurer, Andrea/Schimank, Uwe (Hg.): Die Gesellschaft der Unternehmen – Die Unternehmen der Gesellschaft. Gesellschaftstheoretische Zugänge zum Wirtschaftsgeschehen. Wiesbaden: VS Verlag für Sozialwissenschaften, 105-123.

Kern, Horst/Schumann, Michael (1970): Industriearbeit und Arbeiterbewusstsein. 2 Bde. Frankfurt a.M.: Europäische Verlagsanstalt.

Kern, Horst/Schumann, Michael (1984): Ende der Arbeitsteilung? München: Beck.

Latour, Bruno (1987): Science en Action. Paris: Gallimard.

Lengfeld, Holger (2008): Unternehmen und ungleiche Lebenschancen. Zwei Perspektiven organisierter Ungleichheit und ihre Verschränkung. In: Maurer, Andrea/Schimank, Uwe (Hg.): Die Gesellschaft der Unternehmen – Die Unternehmen der Gesellschaft. Gesellschaftstheoretische Zugänge zum Wirtschaftsgeschehen. Wiesbaden: VS Verlag für Sozialwissenschaften, 191-219.

Litvin, Daniel (2003): Weltreiche des Profits. Die Geschichte von Kommerz, Eroberung und Globalisierung. München: Gerling Akademie Verlag.

Luhmann, Niklas (1988): Die Wirtschaft der Gesellschaft. Frankfurt: Suhrkamp.

Maurer, Andrea (2008): Das moderne Unternehmen: Theoretische Herausforderungen und Perspektiven für die Soziologie. In: Maurer, Andrea/Schimank, Uwe (Hg.): Die Gesellschaft der Unternehmen – Die Unternehmen der Gesellschaft. Gesellschaftstheoretische Zugänge zum Wirtschaftsgeschehen. Wiesbaden: VS Verlag für Sozialwissenschaften, 17-39.

Maurer, Andrea (2010): Die Institutionen der Wirtschaft. Soziologische Erklärungen wirtschaftlicher Sachverhalte. In: Beckert, Jens/Deutschmann, Christoph (Hg.): Wirtschaftssoziologie. Kölner Zeitschrift für Soziologie und Sozialpsychologie, Sonderheft 49/2009, 208-218.

Maurer, Andrea/Schmid, Michael (Hg.) (2002): Neuer Institutionalismus. Zur soziologischen Erklärung von Organisation, Moral und Vertrauen. Frankfurt-New York: Campus.

Meyer, John W./Rowan, Brian (1977): Institutionalized Organizations. Formal Structure as Myth and Ceremony. In: American Journal of Sociology 83, 340-363.

Mikl-Horke, Gertraude (2005): Die Diffusion von Unternehmens- und Managementkonzepten als Aspekt der Globalisierung. In: Mayrhofer, Wolfgang/Iellatchitch, Alexander (Hg.): Globalisierung und Diffusion. London: IKO-Verlag, 7-58.

Mikl-Horke, Gertraude (2007): Industrie- und Arbeitssoziologie. 6. Aufl. München-Wien: Oldenbourg.

Mikl-Horke, Gertraude (2009a): Die Einbettung von Unternehmen in das gesellschaftliche und politische Umfeld. In: Schülein, Johann August/Lueger, Manfred/Hametner, Hubert (Hg.): Unternehmen aus sozialwissenschaftlicher Perspektive. 2. Aufl. Wien: Facultas, 19-38.

Mikl-Horke, Gertraude (2009b): Soziale Prozesse im Unternehmen. In: Schülein, Johann August/Lueger, Manfred/Hametner, Hubert (Hg.): Unternehmen aus sozialwissenschaftlicher Perspektive. 2. Aufl. Wien: Facultas, 156-189.

Mikl-Horke, Gertraude (2011): Historische Soziologie – Sozioökonomie – Wirtschaftssoziologie. Wiesbaden: VS Verlag für Sozialwissenschaften.

Mills, C. Wright (1956): The Power Elite. Oxford: Oxford University Press.

Minssen, Heiner (2000): Begrenzte Entgrenzungen. Wandlungen von Organisation und Arbeit. Berlin: Sigma.

Mintz, Beth/Schwartz, Michael (1985): The Power Structure of American Business. Chicago-London: University of Chicago Press.

Mizruchi, Mark S./Schwartz, Michael (eds.) (1992): Intercorporate Relations. The Structural Analysis of Business. Cambridge: Cambridge University Press.

Moldaschl, Manfred/Sauer, Dieter (2000): Internalisierung des Marktes – Zur neuen Dialektik von Kooperation und Herrschaft. In: Minssen, Heiner (2000): Begrenzte Entgrenzungen. Wandlungen von Organisation und Arbeit. Berlin: Sigma, 205-224.

Morgan, Glenn/Kristensen, Peer/Whitley, Richard (eds.) (2001): The Multinational Firm. Organizing across Institutional and National Divides. Oxford: Oxford University Press.

Münch, Richard/Guenther, Tina (2005): Der Markt in der Organisation. Von der Hegemonie der Fachspezialisten zur Hegemonie des Finanzmanagements. In: Windolf, Paul (Hg.): Finanzmarkt-Kapitalismus. Analysen zum Wandel von Produktionsregimen. Wiesbaden: VS Verlag für Sozialwissenschaften, 394-417.

Orléan, André (1994): L'Analyse Economique des Conventions. Paris: Presses Universitaire de France (PUF).

Orrù, Marco/Biggart, Nicole Woolsey/Hamilton, Gary G. (1997): The Economic Organization of East Asian Capitalism. London: Sage.

Ouchi, William G. (1991): Market, Bureaucracies, and Clans. In: Thompson, Grahame et al. (eds.): Markets, Hierarchies and Networks. London: Sage, 246-255.

Parsons, Talcott/Smelser, Neil J. (1956): Economy and Society. A Study in the Integration of Economic and Social Theory. London et al.: Routledge & Kegan Paul.

Pfeffer, Jeffrey/Salancik, Gerald (1978): The External Control of Organizations. New York: Harper and Row.

Piore, Michael/Sabel, Charles F. (1984): The Second Industrial Divide. Possibilities for Prosperity. New York: Basic Books.

Piotet, Françoise (1998): De quelques Contributions Récentes à une Sociologie de l'Entreprise. In : Sociologie du Travail 1998, 89-108.

Podolny, Joel/Page, Karen (1998): Network Forms of Organizations. In: Annual Review of Sociology 24, 57-76.

Popitz, Heinrich/Bahrdt, Hans Paul/Jüres, Ernst A./Kesting, Hanno (1957): Technik und Industriearbeit. Tübingen: J.C.B. Mohr (Paul Siebeck).

Sainsaulieu, Renaud (1990): L'Entreprise, une Affaire de Société. Paris: Presses de la Fondation Nationale des Sciences Politiques.

Sainsaulieu, Renaud/Segrestin, Denis (1986): Vers une Théorie Sociologique de l'Entreprise. In: Sociologie du Travail 28, 335-352.

Schmid, Michael (2008): Soziale Einbettung und ökonomisches Handeln. Mark Granovetters Beitrag zu einer soziologischen Theorie des Unternehmens. In: Maurer, Andrea/Schimank, Uwe (Hg.): Die Gesellschaft der Unternehmen – Die Unternehmen der Gesellschaft. Gesellschaftstheoretische Zugänge zum Wirtschaftsgeschehen. Wiesbaden: VS Verlag für Sozialwissenschaften, 78-101.

Seeman, Melvin (1959): On the Meaning of Alienation. In: American Sociological Review 24, 783-790.

Segrestin, Denis (1987): L'Entrée de l'Entreprise en Société. Introduction à une Problématique de la Modernisation des Rapports Sociaux. In: Revue Française de Science Politique 37, 461-477.

Segrestin, Denis (1992): Sociologie de l'Entreprise. Paris: Armand Colin.

Stokman, Frans N./Ziegler, Rolf/Scott, John (eds.) (1985): Networks of Corporate Power: A Comparative Analysis of Ten Countries. Cambridge-Oxford: Polity Press.

Strachan, Harry (1976): Family and Other Business Groups in Economic Development: The Case of Nicaragua. New York: Praeger.

Swedberg, Richard (2003): Principles of Economic Sociology. Princeton: Princeton University Press.

Swedberg, Richard (2009): Grundlagen der Wirtschaftssoziologie. Wiesbaden: VS Verlag für Sozialwissenschaften.

Sydow, Jörg (1985): Der soziotechnische Ansatz der Arbeits- und Organisationsgestaltung. Frankfurt a.M.: Campus.

Thuderoz, Christian (1997): Sociologie des Entreprises. Paris: La Decouverte.

Trist, Eric L. (1975) : Sozio-technische Systeme. In: Bennis, Warren O./Benne, K.D./Chin, R. (eds.): Änderung des Sozialverhaltens. Stuttgart: Klett, 201-218.

Weber, Max (1985): Wirtschaft und Gesellschaft. 5. Aufl. Tübingen: J. C. B. Mohr (Paul Siebeck).

White, Harrison C. (1981): Where Do Markets Come From? In: American Journal of Sociology 87, 517-547.

Whitley, Richard D. (2000): Divergent Capitalisms: The Social Structuring and Change of Business Systems. Oxford: Oxford University Press.

Williamson, Oliver E. (1975): Markets and Hierarchies. New York-London: The Free Press.

Williamson, Oliver E. (1981): The Economics of Organization: The Transaction Cost Approach. In: American Journal of Sociology 87, 548-577.

Williamson, Oliver E. (2000): The New Institutional Economics: Taking Stock, Looking Ahead. In: Journal of Economic Literature XXXVIII, 595-613.

Woodward, Joan (1965): Industrial Organization: Theory and Practice. London: Oxford University Press.

Zukin, Sharon/DiMaggio, Paul (1990): Structures of Capital: The Social Organization of the Economy. Cambridge: Cambridge University Press.

Neue Institutionenökonomik, kulturelle Komplexität und Wirtschaftsgeschichte

Andreas Resch

Die Neue Institutionenökonomik geht von der Grundannahme aus, dass die Leistungsfähigkeit einer Wirtschaft erheblich davon abhängt, inwieweit die gesellschaftlichen Institutionen möglichst reibungsarme Markttransaktionen erlauben. Die durch „Reibungsverluste" entstehenden Transaktionskosten gelten als die eigentlichen Ursachen, warum es überhaupt hierarchischer Unternehmen als alternative Organisationsformen zu Markttransaktionen bedarf (Coase 1937). Rezente Versionen dieser Theorie erachten die gesellschaftlich bestehenden, institutionellen Rahmenbedingungen als Resultat bzw. Stand historischer Prozesse und auch die Organisationsformen wirtschaftlicher Aktivitäten werden in Wechselbeziehungen mit den institutionellen Rahmenbedingungen gesehen. Derartige – im Laufe der Zeit weiterentwickelte – Ansätze wurden seit den 1970er Jahren auch für die Strukturierung wirtschaftshistorischer Studien herangezogen. Die Relevanz der Neuen Institutionenökonomik für die Wirtschaftsgeschichte (als Wissenschaftszweig) sei im Folgenden weiter erörtert. Dazu wird zuerst ein Einstieg in das Thema mithilfe einer relativ rezenten und auf „Anschlussfähigkeit" zu den Sozial- und Kulturwissenschaften bedachten Version neoinstitutioneller Strukturierung, die Oliver E. Williamson im Jahr 2000 vorgelegt hat, geboten. Danach werden ausgewählte, unter Anwendung der Neuen Institutionenökonomik generierte wirtschaftshistorische Forschungsergebnisse präsentiert, ehe abschließend eine Positionierung im – durchaus kritischen – Diskurs zum Stellenwert des Ansatzes für die Wirtschaftsgeschichte erfolgt.

1 Die „Sozialanalyse" von Oliver E. Williamson als sozialwissenschaftlich „anschlussfähige" Version der Neuen Institutionenökonomik

Es ist plausibel, dass die Höhe von Transaktionskosten stark durch das jeweils konkrete bzw. historische institutionelle Umfeld determiniert wird, also von den „Regeln des Spiels", die durch formelle und informelle Institutionen vorgegeben sind (North 1992: 3ff). Die informellen und formalen Institutionen wirken als Beschränkungen der Handlungsmöglichkeiten, die es erleichtern, vorhersehbare und verbindliche Vereinbarungen für Transaktionen abzuschließen.

Eingebettet in die Bedingungen der formalen und informellen Institutionen spielt sich annahmegemäß die Bildung von Organisationsformen für wirtschaftliche Transaktionen ab, die ihrerseits wieder den Rahmen für alltägliche Transaktionsentscheidungen gemäß Preisen und Mengen darstellen (Williamson 2000: 596-600).[1] Der Autor hat für die Wechselwirkungen der verschiedenen institutionellen Faktoren (geordnet nach unterschiedlichen Zeithorizonten ihrer Veränderungsdynamiken), wirtschaftlichen Organisationsformen

---

1 Vgl. dazu etwa auch die Ausführungen bei North 1992: 3-84.

(*governance structures*) und kurzfristigen, marginal orientierten Entscheidungsprozesse einen tabellarischen Überblick erstellt. Da eine Übersetzung dieser verknappten Darstellung ins Deutsche zwangsläufig zu einer gewissen (Um-)Interpretation führen würde, sei der Überblick in englischer Originalsprache wiedergegeben und anschließend auf Deutsch kommentiert.[2]

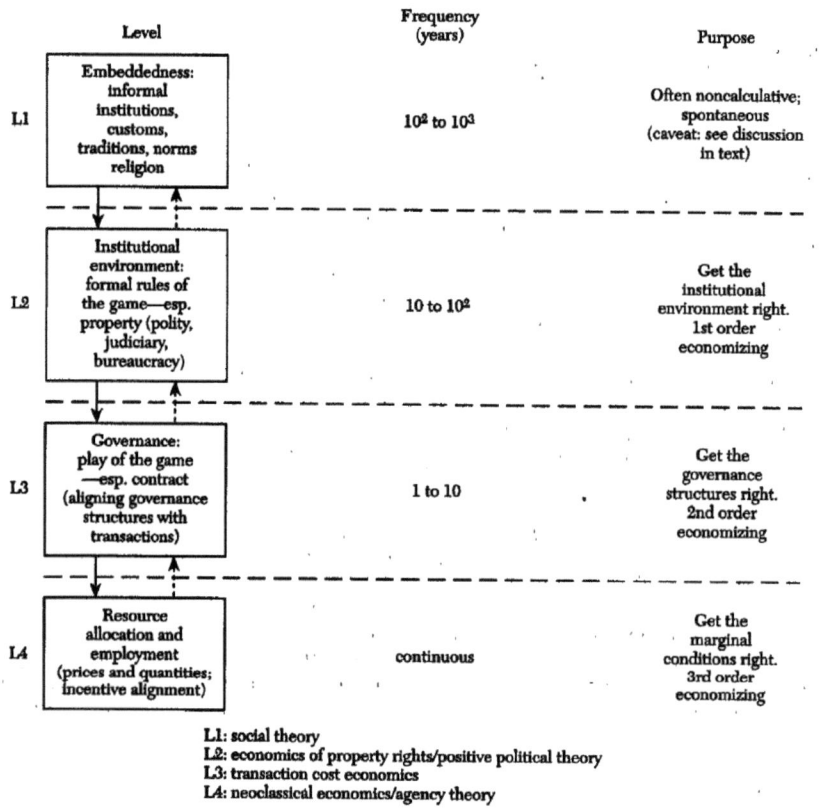

Level	Frequency (years)	Purpose
L1 Embeddedness: informal institutions, customs, traditions, norms religion	10^2 to 10^3	Often noncalculative; spontaneous (caveat: see discussion in text)
L2 Institutional environment: formal rules of the game—esp. property (polity, judiciary, bureaucracy)	10 to 10^2	Get the institutional environment right. 1st order economizing
L3 Governance: play of the game —esp. contract (aligning governance structures with transactions)	1 to 10	Get the governance structures right. 2nd order economizing
L4 Resource allocation and employment (prices and quantities; incentive alignment)	continuous	Get the marginal conditions right. 3rd order economizing

L1: social theory
L2: economics of property rights/positive political theory
L3: transaction cost economics
L4: neoclassical economics/agency theory

Abbildung 1: „Economics of Institutions": Four Levels of Social Analysis nach Oliver E. Williamson

Quelle: Williamson 2000: 597.

Williamson geht davon aus, dass jeweils von den Ebenen mit längerem Zeithorizont Einschränkungen auf die darunter liegenden Ebenen mit kürzerem Zeithorizont einwirken (durchgezogene Pfeile), dass von diesen jedoch wiederum Feedback-Signale zu den langsamer reagierenden Bereichen gelangen (strichlierte Pfeile). Die Einschränkungen (*constraints*) begrenzen einerseits den Raum der möglichen Entscheidungen bzw. Verhaltensweisen, reduzieren dadurch andererseits Unsicherheit. In der Abbildung sind die Wech-

---

2   Eine von Markus Cerman erstellte deutsche Übersetzung findet sich in Resch 2011: 51.

selwirkungsprozesse nur zwischen den jeweils benachbarten Ebenen eingezeichnet; Williamson räumt aber ein, dass solche zwischen sämtlichen Ebenen anzunehmen sind.

Die höchste, sich am langsamsten verändernde Ebene im Modell ist der Bereich der informellen sozialen Normen, Sitten und Gebräuche, Traditionen und religiösen Vorstellungen, in denen das gesamte Handeln sozial eingebettet ist. Williamson nimmt an, dass sich diese Sphäre „spontan" bzw. „organisch", also nicht intentional geplant, aus der gesellschaftlichen Praxis entwickelt. Damit, dass er dieser Sphäre ausdrücklich einen hohen Stellenwert einräumt, geht er auf frühere Kritik von Seiten der Wirtschaftssoziologie (z. B.: Granovetter) ein; er will damit offenbar die Neue Institutionenökonomik explizit öffnen für die Berücksichtigung von Konzepten der „embeddedness" und des Stellenwerts der kulturellen Beeinflussung von Wahrnehmungs- und Handlungsweisen der Akteure, die wiederum Beharrungsvermögen und Pfadabhängigkeit zur Folge haben.

Als darunter angesiedelte Ebene 2 gibt Williamson die Sphäre der formalen, gesellschaftlich gestalteten Institutionen an, die er als das eigentliche „institutional environment" bezeichnet (Williamson 2000: 598). Darunter fallen staatliche Gesetze (nicht zuletzt Eigentumsrechte) sowie die Strukturen der Exekutive, Legislative und Jurisdiktion. Für diese Bereiche räumt er ein, dass sie sowohl als Ergebnisse evolutionärer Entwicklungsprozesse als auch intentionaler gestalterischer Initiativen zu sehen sind. Als Handlungshorizont auf dieser Ebene benennt er als „1st order economizing" Ansätze, für Transaktionen förderliche institutionelle Rahmenbedingungen zu gestalten. Auf der dritten Ebene sind jene Entscheidungen angesiedelt, die das Zentrum der Neuen Institutionenökonomik im Sinne von Williamson ausmachen, nämlich bei (im weiteren und engeren Sinne) gegebenen institutionellen Rahmenbedingungen für jeweilige Transaktionen die bestgeeigneten *governance structures* zu finden (= 2nd order economizing). Auf diesem Level legen die wirtschaftlichen Akteure unter den gegebenen Rahmenbedingungen die Regeln für ihr Handeln untereinander fest. Wenn dies auf eine konstruktive Weise gelingt, so können Transaktionen mit gegenseitigem Nutzen realisiert werden. Auf der Ebene L4 finden – gegeben die Handlungseinschränkungen und Kostenfaktoren aus den Ebenen 1 bis 3 – kurzfristige, nach marginaler Logik funktionierende Entscheidungen statt. Hier ist die Welt der Neoklassik, eingebettet in die anderen Bereiche, angesiedelt.

Williamson geht davon aus, dass sich Forschung, die auf der Transaktionskostentheorie beruht, primär auf die Ebene L3 konzentriert (Wahl der *governance structures*), allenfalls die Wechselwirkungen mit den Ebenen L4 und L2 miteinbezieht, die Einbettung in langfristige kulturelle Determinanten (L1) aber als gegeben akzeptiert (exogene Daten). Autoren, die an der Analyse sehr langfristiger wirtschaftlicher Entwicklung interessiert sind, messen hingegen Wechselwirkungen mit der Ebene L1 ein größeres Gewicht zu. Daraus wird bereits deutlich, dass die Frage, was im Rahmen neoinstitutioneller Forschung als exogen oder endogen einbezogen werden soll, sehr stark vom Zeithorizont abhängt.[3]

---

3   Ähnlich wie in der Kostenrechnung die Identifikation von fixen und variablen Kosten je nach Zeithorizont unterschiedlich ausfällt.

2 Ausgewählte Ergebnisse der neoinstitutionalistischen Wirtschaftsgeschichtsforschung

Im Hinblick auf unterschiedliche Zeithorizonte und daraus resultierende Implikationen können zwei dominierende wirtschaftshistorische Forschungsstränge unterschieden werden, die auf der Coaseschen Theorie der Firma, der Transaktionskostentheorie und der Neuen Institutionenökonomik basieren: Zum einen (a) die Analyse langfristiger Entwicklungen gesamter Volkswirtschaften unter Einbeziehung des wandelbaren institutionellen Umfeldes und der konkreten Ausprägungen organisatorischer Formen der Transaktionen und zum anderen (b) die Analyse von *governance structures* bzw. Organisationsformen wirtschaftlicher Aktivitäten aus dem breiten Spektrum zwischen reinen Markttransaktionen und Integration in Unternehmen unter historisch spezifischen institutionellen Rahmenbedingungen.

Der erstgenannte Forschungsstrang untersucht „große" Fragen, wie etwa, warum gerade (West-)Europa in der Neuzeit zum reichsten und mächtigsten Wirtschaftsraum der Welt wurde, oder generell langfristige entwicklungsökonomische Probleme, der zweite Forschungsstrang befasst sich mit der Funktionsweise und Effektivität bzw. Effizienz von konkreten Ausprägungen von Unternehmensformen bei jeweils gegebenen Rahmenbedingungen. Diese Richtung wurde somit zu einem zentralen Strang der Unternehmensgeschichtsforschung.

2.1 Langfristige gesamtwirtschaftliche Entwicklungen

Als zwei prominente Pioniere des neoinstitutionalistischen Ansatzes, langfristige Wechselwirkungen zwischen der Entwicklung des institutionellen Rahmens, konkreter (wirtschaftlicher) Organisationen, daraus resultierender Anreizwirkungen für die einzelnen Akteure und gesamtwirtschaftlicher Wachstumserfolge zu untersuchen, können Douglass C. North und Avner Greif genannt werden (Vgl. Ménard/Shirley 2008). Im Folgenden wird zuerst auf Studien von North eingegangen, in denen er eine analytische Narratio vom Aufstieg (West-)Europas seit dem Mittelalter gibt. Als seine Hauptwerke in diesem Sinne können neben dem 1973 gemeinsam mit Robert Paul Thomas publizierten Band *The Rise of the Western World. A New Economic History* die Bücher *Theorie des institutionellen Wandels* (1988) (die englischsprachige Originalfassung *Structure and Change in Economic History* stammt aus 1981) sowie *Institutionen, institutioneller Wandel und Wirtschaftsleistung* (1992) (*Institutions, Institutional Change and Economic Performance*, 1990) genannt werden.[4] Danach werden Anregungen von North erläutert, vermehrt den Stellenwert der sogenannten *mental models* der Akteure für ihre Wahlhandlungen zu berücksichtigen, womit sich sein Ansatz weiter für die Kulturgeschichte öffnet, ehe auf wesentliche, zum Teil kongruente Ansätze von Avner Greif eingegangen wird.

Douglass C. North, der sich bereits seit den 1960er Jahren als Vertreter der neoklassischen *New Economic History* profiliert hatte (vgl. Drukker 2006: 247 ff), kombinierte in seinen während der 1970er und 1980er Jahre erschienenen Werken im Sinne der Neuen Institutionenökonomik die Theorie relativer Preise der Neoklassik mit der Annahme, dass Tauschwirtschaften angesichts von Transaktionskosten nicht automatisch zu wohlfahrtsoptimalen Zuständen tendieren, wobei er Institutionen als „Filter" zwischen den Wirtschafts-

---

4   Für eine Würdigung des Gesamtwerks von North siehe etwa Pies/Leschke 2009.

subjekten und dem Kapitalbestand einerseits und dem Kapitalbestand und der Leistung der Wirtschaft andererseits erachtet (North 1988: 208). Unter Kapital versteht er im Sinne der realwirtschaftlichen Neoklassik Sachkapital, Humankapital, Technologie und Wissen sowie Naturschätze (North 1988: 4). Bei der Erklärung der Entwicklungsdynamiken des Gesamtgefüges von Institutionen und ökonomischen Aktivitäten greift er im Buch aus 1981/1988 auf marxistische Theoriekonzepte zurück (North 1988: Kapitel 6). North teilt die Ansicht, dass die institutionelle Struktur einer Gesellschaft zu Beharrung neige,[5] da mächtige und/oder ökonomisch vorteilhaft positionierte Akteure an keiner Änderung des status quo bzw. des bestehenden Entwicklungspfades interessiert seien und Herrscher Konflikte mit den Mächtigen vermeiden. Die in der Gesellschaft vorteilhaft Positionierten werden Ideologien fördern, die die bestehenden Gegebenheiten legitimieren und Gruppierungen, die durch die bestehende Ordnung benachteiligt sind, werden sich wegen des „Trittbrettfahrerproblems" im Sinne von Mancur Olson (1968) nur selten zur Wehr setzen. Dieses besteht zum Beispiel in Situationen, in denen große Gruppen durch aufwändiges oder gefährliches Engagement Einzelner Vorteile erlangen können, die allen Gruppenangehörigen zu Gute kommen. Unter derartigen Bedingungen ist es aus individueller Sicht „vernünftig", selber nichts zu tun und zu warten, ob sich jemand anderes engagiert. In diesem Falle würde man den kollektiven Nutzen mitgenießen, ohne dazu beigetragen zu haben, eben als „Trittbrettfahrer". Als Konsequenz kommt in derartigen Situationen individuelles Engagement nur schwerlich zustande. Aufgrund dieser Schwierigkeit kollektiven Handelns teilt North auch nicht die Marxsche Sichtweise vom Kampf zwischen Klassen, sondern er schlägt vor, auch gesellschaftliche Konflikte und Entwicklungen auf einer methodologisch individualistischen Weise zu untersuchen. Mit Marx teilt North die Ansicht, dass angesichts tendenziell stabiler Institutionenordnungen (Marx: „Überbau") Entwicklungsdynamik vor allem aus der Produktionssphäre komme, wobei die Akkumulation von Wissen und Fähigkeiten als dynamisierender Faktor wirkt. Zusätzlich zur Marxschen Entwicklungstheorie betont North demographische Veränderungen als wirkungsmächtige (externe) Triebkraft, die Faktorrelationen in der Produktionssphäre verändern und somit Spannungen in bestehende Ordnungen bringen kann.[6]

Mit diesem hier nur verknappt wiedergegebenen theoretischen Instrumentarium identifiziert North im Laufe der Globalgeschichte zwei wesentliche historische Umbrüche;[7] zum einen als „Erste Wirtschaftliche Revolution" die Entwicklung zu Sesshaftigkeit und Ackerbau vor zirka 10.000 Jahren und zum anderen als „Zweite Wirtschaftliche Revolution" die Herausbildung der modernen Industriegesellschaft seit der zweiten Hälfte des 19. Jahrhunderts.

Als wesentliche Voraussetzung für die neolithische Revolution sieht er die Definition und Durchsetzung von kollektiven Eigentumsrechten über Grund und Boden. Erst dadurch

---

5   Später revidiert er diese Ansicht in die Richtung, dass der institutionelle Rahmen zu langsamer, schrittweiser Veränderung neige, da sich die Akteure gemäß permanenten Änderungen der relativen Preise geringfügig adaptieren. Er hält aber die Argumente, warum es selten zu radikalen Änderungen komme, aufrecht. Vgl. North 1992, Kapitel 10, 98-108.

6   In North 1992 geht der Autor detaillierter auf die Rolle subjektiver Modelle der Akteure bei der Institutionenentwicklung, spieltheoretische Modelle der institutionellen Stabilität sowie Pfadabhängigkeit der Entwicklungen ein, und er legt eine Konzeption der Entwicklung vom lokalen Tausch bis zur modernen global integrierten Dienstleistungsgesellschaft vor.

7   North 1988: 15, sowie Kapitel 7 und 13. Später hat er darauf aufbauend drei Gesellschaftsformationen definiert: Gesellschaften vor der Ersten Ökonomischen Revolution, „limited access orders" und schließlich der moderne Gesellschaftstyp der „open access order". Vgl. North/Wallis/Weingast 2006.

sei es zum Ackerbau gekommen, da sie denjenigen, die die Mühe der Feldarbeit auf sich nahmen, ermöglichten, sich auch deren Erträge zu sichern. In den folgenden Jahrtausenden habe eine Reihe von demographischen Zyklen eingesetzt, die immer wieder bestehende Ordnungen destabilisierten, und die von langsamem technischem Fortschritt, allmählicher Ausdifferenzierung von Eigentumsrechten und somit von einer gewissen Verdichtung der Markttransaktionen begleitet gewesen sei. Im Gegensatz zu neoklassischen Annahmen habe dies aber nicht linear zu „effizienteren" Gesellschaftsordnungen geführt, da Interessen(-Gruppen) im Rahmen bestehender Institutionen stets auf kurzfristige Machtsicherung gesetzt, Intention und Effekte von institutionellen Reformen nicht immer übereingestimmt haben und Entwicklungen in der Spur einmal eingeschlagener Entwicklungspfade verblieben. Durch die Definitionsgewalt von Eigentumsrechten seitens der entstehenden Staatlichkeit nahm auch die ökonomische Ungleichheit tendenziell zu.

Von geradezu welthistorischer Bedeutung waren nach diesem Erklärungsmuster die zwei demographischen Zyklen, die sich in (West-)Europa im Spätmittelalter sowie in der frühen Neuzeit abgespielt haben (North 1992: Kapitel 10 und 11).

Der erste Zyklus brachte durch akute Krisenerscheinungen ab dem 14. Jahrhundert einen Legitimationsverlust des Feudalismus, zugleich bewirkten Veränderungen in der Militärtechnik eine Vergrößerung effizienter Staatsorganisationen, die ihrerseits vermehrt Finanzmittel bedurften. Die darauffolgenden Reaktionen der Herrscher in der frühen Neuzeit führten u.a. in Spanien und Frankreich zu vom Staat vergebenen Monopolen und somit zu einschränkenden Bedingungen für individuelle wirtschaftliche Interessen, während zum Beispiel in England angesichts einer relativ schwachen Stellung des Königtums die repräsentativen Körperschaften (Parlament) Institutionen schufen, die individuelle Eigentumsrechte klar definierten und förderliche Rahmenbedingungen für Handel und Investitionen kreierten, wodurch Transaktionskosten sanken und sich Handel und Gewerbe in den effizienteren Marktstrukturen zu entwickeln vermochten. Am Rande erwähnt North dabei auch die außereuropäische Expansion seit dieser Zeit.

Diese Entwicklungen haben kumulativ und in Wechselwirkung mit den Fortschritten von Technik und Wissenschaft schließlich den Boden für die „Zweite Wirtschaftliche Revolution" geschaffen. North rechnet die Phase von 1750 bis 1850, die von anderen Historikern oft als „Industrielle Revolution" in Großbritannien bezeichnet wird, eher als Fortsetzung und Akzeleration der Entwicklungstrends, die er ab dem Spätmittelalter identifiziert. Als eigentliche historische Zäsur bewertet er jene Wandlungen, für die in anderen Darstellungen der Terminus „Zweite Industrielle Revolution" gebräuchlich ist. Die „Zweite Wirtschaftliche Revolution" war durch die weitere Intensivierung des Handels sowie zunehmende Spezialisierung und Arbeitsteilung gekennzeichnet, was ungeheure Produktivitätsgewinne, aber zugleich wachsende Transaktionskosten mit sich brachte. Als Reaktion darauf identifiziert North (ähnlich wie Chandler und Williamson) die Errichtung von modernen Großunternehmen zur Integration von Markttransaktion in hierarchische Unternehmensorganisationen, was Markttransaktionskosten senkte, jedoch organisationsspezifische Kosten in den Unternehmen schuf (Kosten der Überwachung und Messung, Bürokratiekosten, Motivations- und Anreizprobleme etc.). Diese neuen Formen der Integrationen seien insbesondere angesichts umfangreicher spezifischer Investitionen zur Nutzung der neuen technologischen Möglichkeiten erforderlich geworden. Im Rahmen dieser neuen Strukturen sei es erstmals zur innigen „Verbindung von Naturwissenschaft und Technik" gekommen, die ihrerseits eine „elastische Angebotskurve für neues Wissen, eine kapitalin-

tensive Technologie und die Notwendigkeit drastischer Veränderungen der Wirtschaftsord-
nung zum Zwecke der Verwirklichung des Potentials dieser Technologie" entstehen ließ
(North 1992: 69). Neben der Überwindung monopolistischer Handelsrechte hebt North
weitere Fortschritte bei der Definition und Durchsetzung von Eigentumsrechten (z.B. modernes Patentrecht) aber auch staatliche Leistungen in wachstumsfördernden Bereichen, die
keine individuellen Profite versprechen (vor allem Grundlagenforschung durch Universitä-
ten) hervor (North 1992: 178). North sieht aber auch, wie gerade diese Dynamiken ihrerseits zu gesellschaftlichen Gegenströmungen führten. Verschiebungen im Gefüge relativer
Preise schufen „Opfer ungünstiger Austauschbeziehungen" (North 1992: 189), in der Ar-
beitswelt traten Vorgänge der „Entfremdung" auf und das Ausmaß des Staatsinterventio-
nismus' nahm zu, was von organisierten Interessengruppen instrumentalisiert werden konnte. Somit trug diese Entwicklung, wie North ausdrücklich konzediert, selbst destabilisieren-
de Elemente in sich. Die weitere Entwicklung kommentiert er in etwas sperriger Diktion
wie folgt: „Die destabilisierenden Folgen innerhalb und zwischen Staaten ergaben sich aus
der Veränderung der Opportunitätskosten verschiedener Gruppen in dieser neuen Umgebung beruflicher und räumlicher Spezialisierung. Die unterschiedlichen Ideologien, die sich
aufgrund ethnischer (geographischer) Verschiedenheiten etablierten, wurden in ihrer Ver-
schiedenartigkeit durch ideologische Verschiedenheiten, die sich aus der beruflichen Spezialisierung entwickelten, noch verstärkt.

Die anhaltende Spannung zwischen den Gewinnen aus der Spezialisierung und den
Folgekosten der Spezialisierung ist nicht nur die Hauptursache der Herausbildung bestimmter Strukturen und deren Wandel, sondern zugleich der Kern der modernen Probleme politischer und wirtschaftlicher Leistung." (North 1992: 215) North anerkennt die zunehmende
ökonomische Ungleichheit seit der neolithischen Revolution und den Einfluss von Macht-
positionen im Staat im Wege der Definition von Eigentumsrechten auf diese Ungleichheit.
Zugleich kritisiert er die meisten dagegen kritisch agierenden Strömungen als „politisch
geführten Kampf um die Umverteilung von Einkommen und Vermögen, der auf Kosten des
Effizienzpotentials der Zweiten Wirtschaftlichen Revolution" geht (North 1992: 190 f).

Seit den 1990er Jahren interessiert sich North vermehrt für das Spannungsverhältnis
zwischen den Grundlagen für die Wahlentscheidungen individueller Akteure und daraus im
institutionellen Setting resultierenden strukturellen Entwicklungen (vgl. etwa North 2008;
1993). Er betont den Stellenwert von *mental constructs* bzw. *mental models* der Akteure,
auf deren Grundlage sie die Welt deuten und ihre Entscheidungen treffen. Die notwendige
Begrenztheit des Informationsstandes, die unterschiedliche Adäquatheit der *mental models*
für die Deutung der „realen Welt" und die daher notwendigerweise auftretenden Divergenzen zwischen intendierten und erzielten Folgewirkungen von Entscheidungen tragen dazu
bei, dass im Gegensatz zur übersichtlichen Welt der Neoklassik nicht mit Bestimmtheit
Ergebnisse im Sinne individueller und folglich gesamtgesellschaftlicher Wohlfahrtsopti-
mierung erzielt werden. Angesichts unvollkommener Information sind Routinen erforderlich, um überhaupt Entscheidungen treffen zu können (Rutherford 1995; Maurer 2009:
251). North betont die interdependente Beziehung der Entwicklung von *mental models*,
dem institutionellen Grundgerüst der Gesellschaft (politische Struktur, Eigentumsrechte,
informelle, kulturelle Beschränkungen), demographischen Entwicklungen und den traditio-
nell von Seiten der Ökonomie einbezogenen Einschränkungen (Technologie, Einkommen)
für Entscheidungs- und Entwicklungsprozesse. Eingelernte *mental models* und der bestehende institutionelle Rahmen sorgen für inkrementale, pfadabhängige Entwicklungen, un-

vollständige Information und zunehmende Komplexität arbeitsteiliger Gesellschaften sorgen für notorische Divergenzen zwischen Intentionen und unantizipierten Konsequenzen von Entscheidungen und Handlungen. Entwicklung kann angesichts der Langlebigkeit von *belief systems* und institutionellen *scaffolds* nur langsam vor sich gehen. North betont: „time is important", weil die Lernprozesse langsam und irrtumsanfällig vor sich gehen. Dass diese Lernprozesse im besten Fall dazu führen, dass die Akteure die Welt in einer Weise verstehen, die zu einer Konsistenz zwischen intendierten und erzielten Resultaten des Handelns führt, hält North für eine wesentliche Grundlage, dass Entwicklungen in Richtung erhöhter Lebenserwartung bei verbessertem Lebensstandard gehen können – wenngleich ein derartiger Fortschritt keineswegs deterministisch vorgegeben, vielmehr sogar sehr unwahrscheinlich ist (vgl. North 2005: 116 ff). Mit dem Fokus auf *mental models* betont North den Stellenwert aller Aspekte von Kulturgeschichte für institutionenökonomische Wirtschaftsgeschichte, wodurch er neben den formellen Institutionen (Staat, Gesetze etc.) auch die Einbettung in die informelle soziale Umwelt (entspricht ungefähr dem Level 1 im Schema von Williamson) stärker gewichtet.

Der Wirtschaftshistoriker Avner Greif legte seit den späten 1990er Jahren mehrere Überblicksarbeiten zur historischen Institutionenanlayse vor (Greif 2000, 2006, 2008), die auf früheren Einzelstudien basieren. Er untersucht, wie individuelle Marktteilnehmer gegenseitig nutzbringende Austauschbeziehungen eingehen, diese als solche erkennen können und sich kommittieren, ihre vertraglichen Verpflichtungen zu erfüllen. Ein Grundmodell für die Analyse ist für Greif das einseitige Gefangenendilemma, in dem ein Spieler entscheidet, ob er in eine Austauschbeziehung mit einem anderen eintritt, wobei er versucht, die Auszahlungen des anderen bei vertragskonformem und vertragswidrigem Verhalten abzuschätzen (Greif 2000: 251-284). Auf spieltheoretischer Grundlage argumentiert er, dass als marktfördernde Institutionen Vorkehrungen zur glaubwürdigen Durchsetzung von Kontrakten erforderlich sind, um die wohlfahrtsteigernden Effekte von Transaktionen nutzbar zu machen. Markt ist kein Naturzustand sondern ein durch gesellschaftliche Institutionen ermöglichtes Arrangement.

Darauf aufbauend entwickelt der Autor allgemeinere Muster von nicht deterministischen Entwicklungsinterdependenzen bzw. von Koevolution zwischen Institutionen, die der Kontraktdurchsetzung förderlich sind (contract enforcing institutions bzw. CEI) und Institutionen, die ihrerseits gesellschaftliche Zwangsgewalten (vor allem den Staat) einschränken. Die in einer Gesellschaft bestehenden Zwangsgewalten können einerseits genutzt werden, um Vertragseinhaltung durchzusetzen, andererseits zu konfiskatorischem Missbrauch durch ihre Inhaber verleiten, weswegen ihre Kontrolle für die Entwicklung von großer Bedeutung ist.

Verallgemeinernd geht Greif davon aus, dass sich in Gesellschaften in sehr frühen Entwicklungsstadien „organisch" bzw. „spontan" (im Sinne von Hayek), also nicht planmäßig gestaltet, sich selbst durchsetzende Mechanismen zur Gewährleistung der Einhaltung von Kontrakten herausbilden. Diese können etwa nach der Logik von Reputation in wiederholten Spielen und gegenseitiger Sozialkontrolle in kleinen, überschaubaren Gruppen funktionieren. Greif beschreibt z. B. ein „Community Responsibility System", das im Spätmittelalter für die Kontraktdurchsetzung zwischen überregional agierenden Händlern gesorgt habe (Greif 2008: 743; 2004).

Eine Weiterentwicklung der Austauschbeziehungen führt zur Nachfrage nach komplexeren Formen der Vertragsdurchsetzung, nach weiteren nunmehr intentional gestalteten

CEIs, die entweder ebenfalls selbstdurchsetzend sein können oder sich der Zwangsgewalt von dritter Seite (Staat) bedienen. Derartige CEIs erfordern, dass die Akteure die in die Transaktion involvierten Vermögenswerte offen legen, damit sie entsprechend gesichert werden können. Dies birgt die Gefahr in sich, dass Inhaber von Zwangsgewalt dadurch in die Lage gesetzt werden, auf diese deklarierten Vermögenswerte zuzugreifen. Somit wird die Möglichkeit zur Entwicklung von „public order CEIs", die sich der staatlichen Durchsetzungsgewalt bedienen, aber auch von „designed private order CEIs" erheblich davon beeinflusst, ob die Kontrolle der staatlichen Durchsetzungsgewalt gegen Missbrauch zur Vermögensaneignung gewährleistet ist oder nicht. Somit erweisen sich „coercion constraining institutions" (CCI) als entscheidend dafür, inwiefern sich die CEIs weiter entwickeln und damit zu einer besser funktionierenden Marktwirtschaft führen können. Greif identifiziert anhand historischer Beispiele mehrere Typen der Machtkontrolle. Er nennt etwa Etablierung von gegenseitiger Abschreckung gegen Kontraktbrüche ohne Herrscher, einen von den ökonomischen Akteuren bestellten und kontrollierten Herrscher oder einen Herrscher mit unabhängiger politischer Machtfülle aber wirtschaftlicher Abhängigkeit von den ökonomischen Akteuren. Als Instrumente zur Machtkontrolle nennt er geeignete administrative Strukturen, Delegation der Administration an die wirtschaftlichen Akteure oder Selbstregulierung durch die Akteure. Effektive CCIs machen Gewalt potentiell ökonomisch produktiv, indem sie sie für den Schutz von Eigentumsrechten nutzbar machen und zugleich den Missbrauch der Gewalt zur Bereicherung der Gewaltinhaber verhindern. Zur erfolgreichen Weiterentwicklung von Marktstrukturen ist somit eine adäquate Koevolution von CCIs und CEIs erforderlich (Greif 2008).

Anhand historischer Beispiele derartiger Koevolutionsprozesse gelangt Greif zu einer Entwicklungstypologie für CEIs in Wechselwirkung mit historisch vorherrschenden CCIs. Als wenig förderlich für die Ausbildung von effektiven CEIs erachtet er einen schwachen Staat, Strukturen gegenseitiger Abschreckung gegen Kontraktbruch und eine „kommunalistische" Kultur, die mittels sozialer Kontrolle innerhalb überschaubarer, geschlossener Gruppierungen funktioniert. Unter derartigen Bedingungen können sich wirtschaftliche Transaktionen innerhalb von Familien bzw. Clans gut entwickeln, es wird aber kaum Nachfrage nach höher entwickelten CEIs manifest, wodurch derartige Settings, selbst wenn sie anfänglich durchaus Wachstumserfolge gestatten, eine Barriere für weitere marktwirtschaftliche Entwicklungsprozesse darstellen. Als förderlichere Ausgangsbedingung für nachhaltiges Wachstum, trotz anfänglich höherer institutioneller Kosten, erachtet Greif eine starke, aber durch die Wirtschaftsakteure kontrollierte staatliche Macht, verbunden mit einer individualistischen Kultur und unpersönlichen Austauschbeziehungen, die dank gut entwickelter CCIs den Ausbau von designed CEIs erleichtert und damit der Marktentwicklung förderlich ist (Greif 2006: 309 ff). Greif nennt als historische Beispiele, wo anfänglich gut funktionierende kommunalistische Strukturen gleichsam in eine Sackgasse für weitere Entwicklungen geführt haben, China und das erste Islamische Reich, als Exempel für die zweitgenannte Entwicklung England (Greif 2008).

Auf dieser theoretischen Grundlage befasst er sich auch in weiteren Studien, die er gemeinsam mit Guido Tabellini vorgelegt hat, mit der institutionellen „bifurcation" zwischen China und Europa als Erklärungsansatz für die unterschiedliche ökonomische Entwicklung. Dabei hebt er insbesondere die differenten Entwicklungslogiken durch die Clanstrukturen in China und das städtische Bürgertum in Europa hervor. Erneut betont er, dass der Clan anfänglich Durchsetzungskosten ökonomischer gestalten konnte, im Lauf der

Entwicklung aber die europäischen Städte economies of scale dank nachhaltiger Handelskooperation zwischen größeren und heterogeneren Personengruppen besser zu nutzen vermochten (Greif/Tabellini 2010).

Im Spannungsfeld zwischen deduktiver ökonomischer Theorie und induktiver historischer Erkenntnisweise hat Greif sein Forschungskonzept der „Empirical Method of Comparative and Historical Institutional Analysis" angesiedelt (Greif 2006: 305 ff). Er geht davon aus, dass Institutionen nicht deterministisch aus einfachen Rahmenbedingungen erklärbar sind, was deduktive Theorien allein wenig hilfreich macht. Institutioneller Wandel spielt sich unter je vorherrschenden Institutionen, aber beeinflusst von aus der Vergangenheit überkommenen institutionellen Elementen ab. Somit kann institutionelle Entwicklung nicht im Sinne deduktiver Theorien prognostiziert werden. Aber auch induktive (historische) Forschung allein ist nicht adäquat, da wesentliche institutionelle Elemente, wie Überzeugungen und Normen, die das Verhalten motivieren, nicht direkt beobachtbar sind. Überdies können identische derartige Elemente Teile unterschiedlicher Institutionen und identische Organisationen Elemente unterschiedlicher institutioneller Umgebungen sein, wodurch sie verschiedene Wohlfahrtsergebnisse erbringen. Als Beispiel nennt Greif die identischen Organisationsformen des *podesteria*-Systems im mittelalterlichen Genua und Pisa, mit stark abweichenden ökonomischen Entwicklungen. Als Ausweg schlägt er eine komplementäre Fallstudien-Methode vor, um einerseits Mikro-Details dicht erfassen zu können, diese andererseits aber auch in einem breiteren Kontext zu evaluieren. „Such an analysis is crucial for comprehending past and present institutions, identifying the factors that lead to distinct institutional trajectories, and foreseeing the direction of institutional change in response to, say, institutional reform or an exogenous environmental change" (Greif 2006: 307 f). Dieser Zugang sieht vor, im Forschungsprozess immer wieder theoriegeleitete Modelle bzw. Annahmen mit kontextuellem Wissen und empirischer Evidenz zu konfrontieren, um so gleichsam in einem Vorgang der Triangulierung zu plausiblen Vermutungen über kontextspezifisch-historische Zusammenhänge aber auch für die Relevanz von Institutionen generell zu gelangen. Theorie dient somit als heuristisches Werkzeug im kontextuell und historisch offenen Forschungsprozess.

2.2 Governance structures und Unternehmensgeschichte

Die neoinstitutionenökonomische Theorie der Firma war ursprünglich auf eine statische Untersuchung der Kostenrelationen von Markttransaktionen versus Transaktionen im Rahmen hierarchischer Unternehmen bei gegebenen institutionellen Bedingungen und Präferenzstrukturen ausgerichtet (vgl. Williamson 1975). Bis heute befasst sich der Hauptstrang der Neuen Institutionenökonomik im Sinne von Williamson mit der Analyse von *governance structures* unter gegebenen institutionellen Rahmenbedingungen, wobei aber das Spektrum um „Hybride" zwischen Markt- und Unternehmenslösungen erweitert wurde. Dies stellt zwar eine Differenzierung des marginalistischen Ansatzes im Sinne von Ronald Coases Theorie der Firma dar. Ein derartiger Zugang ist konzeptionell jedoch nicht an langfristigen Koevolutionsprozessen zwischen institutionellem Umfeld und Organisationsformen der Transaktionen interessiert, sondern nimmt das jeweilige Umfeld als gegeben an. Somit werden institutionelle Entwicklungen und Präferenzen nicht endogenisiert. Diese Sichtweise bedingt einen relativ kurzen Zeithorizont. Trotzdem erweist sich auch dieser

Ansatz als durchaus instruktiv für Teilgebiete der Wirtschaftsgeschichte, insbesondere für die Unternehmensgeschichte oder auch Geschichte von Wirtschaftsbranchen, da er bei der Untersuchung konkreter Unternehmen bzw. Formen von *governance structures* in ihrer institutionellen Einbettung theoretisch fundierte Erklärung von Erfolgen und Misserfolgen, die oft nicht intuitiv einsichtig sind, gestatten kann. Auf diese Weise können Fallstudien vorgenommen werden, die gegebenenfalls ihrerseits wiederum als Elemente für Forschungsarbeiten mit übergeordnetem Erkenntnisinteresse dienen. Während Williamson in seinem Werk aus 1985/1990 primär auf *Institutionen des Kapitalismus* abzielte, wurden unternehmenstheoretische und institutionenökonomische Ansätze dieser Art durchaus auch genereller auf die Ausbildung von *governance structures* unter verschiedenen historischen bzw. kulturellen Rahmenbedingungen angewandt.

Dies sei im Folgenden anhand weniger, willkürlich ausgewählter Exempel zu *governance structures* unter verschiedenen institutionellen Rahmenbedingungen vom europäischen Mittelalter bis zur Gegenwart illustriert. Zum Beispiel hat der deutsche Wirtschaftshistoriker Marcel Boldorf mithilfe eines institutionenökonomischen Ansatzes überzeugend herausarbeiten können, warum unter – auf den ersten Blick ähnlichen Voraussetzungen – die Leinengewerberegionen in Irland seit dem 18. Jahrhundert einen nachhaltigen Aufschwung erzielten, während das gleiche Gewerbe in Schlesien im bekannten Elend der 1830er und 1840er Jahre endete.

In Niederschlesien erlangten im 17. Jahrhundert, nach dem Dreißigjährigen Krieg, regionale Kaufleute, unterstützt durch merkantilistische staatliche Interessen (zuerst Habsburger, ab 1740/42 Preußen), eine monopolistische Position im Leinenexporthandel. Die Händler in den Städten gründeten privilegierte Gilden, die einflussreichsten Handelshäuser den überregional agierenden Gebirgshandelsstand. Die Exportware – einfaches Leinen – beschafften sie über den Einkauf auf zu ihren Gunsten streng regulierten städtischen Märkten, wobei kleine Händler, die von den Exporthändlern kontrolliert wurden, zum Teil das von den am Land zerstreut angesiedelten Webern produzierte Warenangebot bündelten. Die Exportkaufleute verstanden es, um ihre Monopolmacht zu sichern, die kleinen Zwischenhändler an einer eigenständigen wirtschaftlichen Entwicklung zu hindern, wodurch sich diese nicht – wie in anderen Regionen – zu Verlagskaufleuten entwickeln konnten. Die restriktiven Handelsregelungen auf den städtischen Märkten sorgten dafür, dass sich keine wirklichen Marktpreise bilden konnten, sondern die Weber und Zwischenhändler zu vorgegebenen Konditionen an die Exportkaufleute verkaufen mussten. Für die Qualitätskontrolle errichtete man zentrale und dezentrale Strukturen der Leinenbeschau, wobei die Beschauer von den Großhändlern bezahlt wurden. Dieses System senkte zugunsten der Exporthändler die Transaktionskosten, da Unsicherheit bezüglich der Beschaffenheit der gehandelten Waren reduziert wurde.

Die monopolistischen Kaufleute fürchteten um ihre Privilegien und waren daher misstrauisch gegen jegliche Änderungen der Produktion, die Leinenbeschauer wollten weiterhin ihre von den Händlern bezahlte Tätigkeit der Kontrolle der etablierten Produkte ausüben und erwiesen sich somit ebenfalls als Gruppierung, die jeglichen Änderungen skeptisch gegenüberstand. Die Zwischenhändler vermochten so gut wie keine innovativen Impulse zu entfalten, da ihnen infolge der engmaschigen Kontrolle durch Exporthändler und staatliche Obrigkeit eine Entwicklung zu geschäftlich eigeninitiativen Verlagshändlern unmöglich war. Dadurch fehlten die innovativen Impulse, die andernorts vom Verlagswesen ausgingen. Als ab dem späten 18. Jahrhundert der Leinenexport durch neue Konkurrenzprodukte, vor allem durch die Baumwolle (sowie ab 1806/07 zusätzlich durch die Kontinentalsperre), beeinträchtigt wurde, erwiesen sich die in sich stabilen institutionellen Strukturen als Hemmnis für Innovationen zur Überwindung der ökonomischen Schwierigkeiten.

Im Gegensatz dazu vermochten die Leinenhändler aus der Region Ulster ihre Gewerbegebiete aufgrund differenter institutioneller Ausgangsbedingungen nicht derartig lückenlos unter ihre Kontrolle zu bringen – nicht zuletzt fehlten hier die Voraussetzungen, staatliche, merkantilistische Politik für eigene, monopolistische Interessen zu instrumentalisieren. In Irland behielten somit sämtliche Wertschöpfungsstufen des Leinengeschäfts einen Einfluss auf Entwicklung und Praxis im gesamten Gefüge. Im Rahmen der vielfältigeren Strukturen von Garn- und Stoffproduzenten sowie Händlern und Zwischenhändlern verblieben mehr Freiheiten für die evolutionäre Entwicklung alternativer *governance structures*. So konnten hier regional aktive Verleger stärker als Initiatoren von Innovationen auftreten, die ihre Produzenten mit moderneren Produktionsmitteln versorgten und neue, wettbewerbsfähige Qualitäten, wie etwa Damaststoffe statt einfachen Leinens, erzeugen lassen. Durch diese unterschiedlichen institutionellen Ausgangsbedingungen vermochte das irische Gewerbe in der ersten Hälfte des 19. Jahrhunderts weiterhin einen starken Aufschwung zu erzielen, während das schlesische Gewerbe einen katastrophalen Niedergang erlitt (vgl. Boldorf 2003, 2006, 2009).

Die Studien von Boldorf können als Beispiel dafür gelten, wie mithilfe eines institutionellen Ansatzes abwägend Erfolg und Misserfolg gewerblicher Entwicklungen aus ähnlichen Ausgangspositionen erklärbar ist. Zahlreiche weitere neoinstitutionelle Studien vormoderner Agrar-, Handels- und Gewerbearrangements konzentrieren sich hingegen darauf, allein deren Entstehen und Bestehen im Rahmen ihrer historischen, wenig transaktionsförderlichen institutionellen Umgebung, als relative Erfolge zu analysieren und ihnen somit „Effizienz" zu bescheinigen, auf die sie tendenziell von vornherein durch die Eigenlogik des Forschungsansatzes ausgerichtet sind. [8]

Auch das hartnäckige Fortbestehen mancher anscheinend veralteter Institutionen aus merkantilistischer Zeit bis in das beginnende Industriezeitalter kann mithilfe der Neuen Institutionenökonomik analysiert werden. Zum Beispiel hat Clemens Wischermann aufgezeigt (Wischermann 1993b: 453-474), dass im westfälisch-niedersächsischen Grenzraum die im 18. Jahrhundert als merkantilistische Institution eingeführten „Leggen" – obrigkeitliche Schauanstalten für Leinen, die Ware zertifizierten – von den Unternehmern auch im Reformzeitalter nach 1815 noch in Anspruch genommen wurden, da sie die Probleme „der exakten Definition des Tauschobjektes und der Erfüllungssicherheit" lösten und somit „Spezifikations-, Informations- und Überwachungskosten" senkten (Berghoff 1999: 167). Der Wunsch, diese Institution weiterhin beizubehalten, entsprach somit nicht allein einer rückständigen, auf alte merkantilistische Institutionen fixierten Haltung, sondern dem Bemühen, eine effektiv Transaktionskosten senkende Einrichtung zu bewahren, bis man schließlich im Rahmen einer zentralisierten Textilproduktion eine Neuregelung der Qualitätskontrolle realisiert hatte.

Auf der Basis zahlreicher derartiger Fallstudien stellt die neue Institutionenökonomik das gängige Bild von der Industrialisierung im späten 18. und 19. Jahrhundert als Durchsetzung von „technischem Fortschritt" in Frage. Während im Diskurs lange Zeit eine Domi-

---

8   Vgl. als kleine willkürliche Auswahl aus einer großen Zahl derartiger Studien: Pfister 2004; Richardson 2005; Epstein 1998; Epstein 2008; Caunce 1997. Kritische Anmerkungen dazu werden weiter unten auf der Grundlage eines Kommentars von Sheilagh Ogilvie ergänzt.

nanz monokausaler technologischer Erklärungsansätze vorherrschte, können mit diesen
Zugangsweisen auch Transaktionskostenvor- und -nachteile der Integration in zentralisierte,
hierarchische Produktionsstrukturen versus dezentralem Verlagswesen oder unabhängiger
kleinbetrieblicher Produktion erklärt werden. Zu Recht warnt jedoch etwa Hartmut Berghoff, dass nicht nunmehr der alte „Determinismus der Technologie" durch „einen neuen der
Transaktionskosten" ersetzt werden dürfe (Berghoff 1999: 170 f u. 175).

Die im Rahmen der neuen Institutionenökonomik thematisierten Probleme von Informationsasymmetrien sowie von organisatorischen Ansätzen, daraus resultierende Probleme
zu bewältigen, treten insbesondere im Bereich der Finanz- und Kapitalmärkte auf sehr
markante Weise auf. Als zwei instruktive Exempel aus der großen Zahl von einschlägigen
Studien seien eine Untersuchung von Cristiano Antonelli und Morris Teubal zur Evolution
der Institutionen für Venture Capital-Firmen sowie eine Arbeit von Timothy W. Guinnane
zu Versuchen, das System der Raiffeisen-Kreditgenossenschaften in Irland einzuführen,
vorgestellt.

Antonelli und Teubal (2008) gehen von den bekannten Eigenschaften des ökonomischen Gutes „Wissen" bzw. „Know-how" aus, die seine Handelbarkeit auf Märkten weitgehend beeinträchtigen (klassische Studien dazu: Arrow 1962; Nelson 1959): Durch Unteil-
barkeit, Nicht-Ausschließbarkeit und Nicht-Rivalität sowie Nicht-Erschöpfbarkeit und
Nicht-Teilbarkeit kann es kaum im Wege „normaler" Markttransaktionen gehandelt werden. Des Weiteren steht reibungslosen Markttransaktionen die Tatsache entgegen, dass der
Nutzen von Wissen vom Käufer erst bewertet werden kann, wenn er es sich angeeignet hat
– weswegen ex ante die Festlegung eines Preises kaum möglich ist, ex post der Käufer über
das Gut aber bereits verfügt (ähnliche Probleme treten zum Beispiel auch beim Handel mit
Musikdateien im Internet auf). Aus den Eigenschaften des Gutes „Wissen" folgt überdies
auch, dass der private Nutzen eines Käufers wesentlich geringer ist, als der gesamte gesellschaftliche Nutzen, weswegen die individuell ausgeübte Marktnachfrage deutlich unterhalb
eines wohlfahrtsoptimalen Niveaus bleiben wird – ein klassischer Fall von „Marktversa-
gen". Antonelli und Teubal arbeiten heraus, wie sich in den USA von den 1940er bis in die
1970er Jahre in einem evolutionären Prozess nach vielerlei institutionellen bzw. organisatorischen Anläufen ein funktionierender *surrogate market* für Wissen herausgebildet hat. Sie
identifizieren drei miteinander verbundene institutionelle Innovationen: Die Venture Capital-Firmen verstanden es, die Entwicklung von Know-how mit adäquatem Management
Know-how und wohl organisierter Finanzierung zusammenzubringen und auf diese Weise
ein gebündeltes Produkt zu kreieren, nämlich innovative Unternehmen, deren Anteile nunmehr teilbar und handelbar waren. Als drittes Element folgte in den 1970er Jahren die
Gründung eines liquiden Marktes, um für Investitionen in diese Unternehmensgründungen
– im Falle von absehbaren Erfolgen – eine profitabel Exitmöglichkeit zu bieten. Zu diesem
Zweck entstand die Technologiebörse NASDAQ, wo ebenfalls Investoren in zahlreiche,
klein gestückelte Beteiligungen investieren können. Dieses System gestattet es, innovati-
onsorientierte Firmen in der Gründungsphase mit Eigenkapital auszustatten. Kredite wären
für diese Start Up-Unternehmen nur zu unakzeptablen Konditionen erhältlich, da angesichts
des hohen Risikos prohibitiv hohe Zinsen berechnet werden müssten. Gestreute kleine
Eigenkapitalbeteiligungen an vielen derartigen Unternehmen erweisen sich hingegen dank
der schiefen Verteilung der Profitabilität (viele erfolglose Unternehmen, einige mäßig erfolgreiche und wenige extrem hoch profitable Gründungen, die aber ausreichen, um im
Durchschnitt eine attraktive Kapitalverzinsung zu gewährleisten) mit hoher Wahrschein-

lichkeit als ein erfolgreiches Investitionsmodell. Abgerundet wird diese Marktstruktur durch die (potentiell hochprofitable) Exitmöglichkeit aus den Gründungen im Wege eines öffentlichen Angebots (IPO) an der Technologiebörse. Mit der Entwicklung dieser Struktur entstanden marktliche Handelsmöglichkeiten für die Entwicklung von Know-how, die zugleich für eine Verbindung von Wissenschaft und Managementkapazitäten sorgen und schließlich hochgradig teilbare und handelbare Eigentumsrechte am kreierten Know-how im Wege der Börse ergeben. Die evolutionäre Entwicklung dieser komplexen *governance structure* gestattete in großem Stil das Aufbringen von Mitteln für Venture Capital-Firmen dank der Ermöglichung des Handels mit Eigentumsrechten an Wissen.

Kapitalmarktorganisationen müssen sowohl an die Eigenschaften der gehandelten Güter als auch des institutionellen bzw. gesellschaftlichen Umfeldes angepasst sein, um funktionieren zu können. Wie eine „institutionelle Transplantation" an unterschiedlichen Rahmenbedingungen scheitern kann, hat Timothy W. Guinnane anhand des Versuches, in Irland Raiffeisen-Kreditgenossenschaften einzuführen, beispielhaft dargelegt. In Irland entwickelte sich seit dem späten 19. Jahrhundert ein durchaus erfolgreiches Genossenschaftswesen für den Bereich der Molkereien. In der zweiten Hälfte der 1890er Jahre unternahm man Versuche, auch das ländliche Kreditgenossenschaftswesen auszubauen, wobei man sich explizit am Vorbild des erfolgreichen deutschen Raiffeisen-Systems orientierte. Dieses erfreute sich dank der Verankerung in den dörflichen Gemeinschaften erheblicher Transaktionskostenvorteile gegenüber größeren Banken, da einander Kreditgeber und Kreditnehmer in den regionalen Genossenschaften kannten und die Einhaltung von Verträgen im Rahmen der dörflichen Sozialstrukturen effektiv gewährleistet war. So konnten Sparer ihre Einlagen den Genossenschaften beruhigt anvertrauen und Kredite konnten angesichts der geringen Ausfallsrisiken zinsengünstig vergeben werden. Zentrale Institutionen im Sektor sorgten für Know-how, Revisionen der dezentralen Institute und im Bedarfsfall für Liquidität. In Irland begann man das System mit praktisch identischen Statuten aufzubauen, doch führte ein divergentes institutionelles und kulturelles Umfeld zu einer gänzlich anderen Entwicklung. Angesichts der vorgesehenen unbeschränkten Haftung (die man in Deutschland gegebenenfalls durchaus flexibel handhabe) konnten die Genossenschaften nur wenige wohlhabende Mitglieder attrahieren, während in Deutschland oft kapitalstarke Genossenschaftsmitglieder mit gut ausgebildeten kaufmännischen Fähigkeiten mitwirkten. Angesichts eines bereits etablierten Postsparkassenwesens blieb der Einlagenstand der irischen ländlichen Kreditgenossenschaften sehr gering, während in Deutschland die Raiffeisenkassen gleichzeitig mit dem (eher städtischen) Sparkassenwesen entstanden waren und am Land zahlreiche Einlagekunden akquirieren konnten. Somit refinanzierten sich die irischen Institute überwiegend im Wege von staatlichen Geldern und Mitteln von kommerziellen Banken. Auch zentrale Finanzinstitutionen im Sektor wurden nicht gegründet, weswegen die Revision mangelhaft blieb und die Funktion des Liquiditätsausgleichs nicht bereit gestellt werden konnte. Überdies scheint es in den lokalen irischen Gemeinschaften mehr als in Deutschland als sozial unakzeptabel gegolten zu haben, im Falle nicht performender Kredite harte Maßnahmen bis hin zur Verwertung der Vermögenswerte der Schuldner durchzusetzen. So widersprach es sozialen Normen im regionalen Umfeld, im Rahmen von Zwangsveräußerungen angebotene Liegenschaften zu erwerben. Die kollektive soziale Kontrolle führte somit nicht dazu, dass Informationsvorsprünge der Genossenschaften gegenüber externen Banken in Kostenvorteile bei der Auswahl und Durchsetzung der Kreditgeschäfte umgesetzt worden wären, sondern offenbar sogar eher als ein Hemmnis wirkten. Ebenfalls scheinen in Irland Vorbehalte der Bevölkerung, in einer lokalen Institution die eigene Vermögenslage offenzulegen, größer als in Deutschland gewesen zu sein, da wohlhabende Dorfbewohner damit verstärkt unter Druck geraten wären, als Bürgen für andere Bauern aufzutreten. Auch das trug dazu bei, dass sich Wohlhabende vom Genossenschaftswesen fernhielten. All diese Faktoren führten in Summe dazu, dass in Irland die Informationsvorteile der regionalen Genossenschaften nicht nachhaltig für eine günstigere Kreditvergabe genutzt werden konnten, ein strukturelles Managementproblem der Kreditgenossenschaften auftrat, weil die in Geldgeschäften Bewanderten fernblieben, was wiederum die Glaubwürdigkeit der Genossenschaften und somit die Attraktivität für potentielle Sparer beeinträchtigte, die sichere Anlagemöglichkeiten suchten. Die Folge war, dass das ländliche Kreditgenossenschaftswesen in Irland in den Jahrzehnten nach dem Ersten Weltkrieg beinahe gänzlich von der Bildfläche verschwand. Dieser gescheiterte Versuch einer institutionellen Transplantation zeigt deutlich, dass nicht nur die Statuten einer Organisation (formelle Regeln), sondern ganz erheblich das institutionelle Umfeld und das Timing der Entwicklung für den Erfolg oder Misserfolg von größter Bedeutung sind.

In den bisher dargelegten Beispielen der Anwendung der Neuen Institutionenökonomik wurde eine Analyse konkreter *governance structures* unter gegebenen institutionellen Rahmenbedingungen vorgenommen. Für übergeordnete Fragestellungen können aber auch Wechselwirkungen zwischen Veränderungen des Umfeldes, in das die Organisationsformen der Transaktionen eingebettet sind, und den *governance structures* selbst einbezogen werden, wodurch insbesondere aus der historischen Genese resultierende Entwicklungspfade bzw. *trajectories* herausgearbeitet werden können. Zum Beispiel bildeten mehrere Fallstudien zu konkreten Entwicklungen seit dem Mittelalter (jüdische, maghrebinische Händler, Kaufleute in Genua, Kaufleute in Flandern und England, Familienclans in China etc.) die exemplarischen Grundlagen für die verallgemeinernden Aussagen von Avner Greif zur Koevolution von Staat, rechtlichen Rahmenbedingungen etc. und kommerziellen Aktivitäten, die bereits oben in knapper Form dargestellt wurden.

Die Anwendung eines Ansatzes der Analyse von unternehmerischen Strukturen in ihrer transaktionskostenökonomischen Wirkung im Wechselspiel mit sich ändernden institutionellen Rahmenbedingungen gestattet es auch, bislang hauptsächlich empirisch-deskriptiv erarbeitete Ergebnisse zur Unternehmensentwicklung im Nachhinein fundierter theoretisch zu erklären und überdies diese Entwicklungen auch noch in einen längerfristigen historischen Kontext der Koevolution von institutionellem Umfeld und lebensfähigen Unternehmensformen einzuordnen.

Zum Beispiel erlaubten derartige Ansätze im Nachhinein, die empirischen Forschungsergebnisse des wohl einflussreichsten amerikanischen Unternehmenshistorikers, Alfred D. Chandler, theoretisch zu fundieren sowie ihrerseits zu historisieren. Chandler arbeitete in den 1960er bis 1980er Jahren in umfangreichen Studien die Überlegenheit von multidivisionalen Großunternehmen gegenüber kleineren Unternehmen heraus (Chandler 1972, 1977, 1990). Als Argument dafür dienten nicht nur technologische Größen- und Verbundvorteile, sondern auch Effizienzvorteile der Organisation gegenüber der Koordination von Marktbeziehungen. In Sinne von Williamson können diese nunmehr als Transaktionskostenersparnisse und Ermöglichung von spezifischen Investitionen gedeutet werden.

In der jüngsten Vergangenheit legten heterodoxe Ökonomen und Wirtschaftshistoriker wie Richard N. Langlois, Naomi R. Lamoreaux, Daniel M.G. Raff und Peter Temin dazu instruktive Ergebnisse vor. Lamoreaux, Raff und Temin haben zum Beispiel in einer gemeinsamen Studie die endogenen Adaptionsleistungen der unternehmerischen *governance structures* des US-amerikanischen Unternehmenssektors im Kontext sich ändernder historischer Handlungsbedingungen untersucht und eine Periodisierung entwickelt, die auch eine Erklärung der zu Grunde liegenden Entwicklungsdynamik enthält. Dabei ziehen sie explizit Muster von Williamson zur Erklärung der Änderung wettbewerbsfähiger Organisationsformen als Reaktion auf den Wandel des institutionellen (und technologischen) Umfeldes heran. Sie identifizieren zwei „Marktrevolutionen", durch die sich drei Entwicklungsphasen der amerikanischen Business History unterscheiden lassen: Bis zur Mitte des 19. Jahrhunderts machten hohe Transport- und Kommunikationskosten überregionale Markttransaktionen teuer, weswegen lokales wirtschaftliches Handeln überwog, vielfach noch im Rahmen der Haushalte selbst. Eisenbahnbau und moderne Telekommunikation brachten in der zweiten Jahrhunderthälfte die erste „Marktrevolution", auf die als organisatorische Reaktionen Großhandel und moderne, multidivisionale Großunternehmen folgten, die Bereiche von der Rohstoffversorgung bis zu Vertrieb und Marketing integrierten. In diesem Stadium waren die Transaktionskosten so weit gesenkt, dass große, integrierte Unternehmen überregionale, multidivisionale Produktions- und Handelsorganisationen errichten konnten, während die Kosten für weiträumige, individualisierte Marktbeziehungen noch zu hoch waren. Etwa hundert Jahre später folgte mit einer weiteren Verbilligung der Transportkosten und der Informations- und Kommunikationsrevolution des späten 20. Jahrhunderts eine zweite „Marktrevolution". Dadurch sanken die Markttransaktionskosten – Unternehmen und Nachfrager konnten sich kostengünstiger und flexibler als bisher des Marktes bedienen, eine Tendenz zur Auslagerung von Unternehmensfunktionen war die Folge. Die Wertschöpfungsstrukturen wurden komplexer, flexible Produktion, Netzwerke von Zulieferern und Weiterverarbeitern entstanden. Die Grenze zwischen „make or buy" im Sinne von Coase verschob sich mehr in Richtung „buy" bzw. wurden die Grenzen der Unternehmen fließend (vgl. Lamoreaux/Raff/Temin 2003; 2002). Die „Chandlerian firm", die das klassische Industriezeitalter in den USA dominiert hatte, geriet aufgrund vertiefter Marktintegration und reduzierter Markt-Transaktionskosten gegenüber dezentralisierten, marktorientierten *governance structures* ins Hintertreffen (vgl. auch Langlois 2004). Dieses Ergebnis steht im Einklang mit dem Auswahlschema für Vertragslösungen von Williamson, das im Beitrag von Pirker und Resch angeführt ist. Dieses Schema hat zum Inhalt, dass für Transaktionen, die mit hohen Markttransaktionskosten belastet sind, tendenziell nicht reine Markttransaktionen, sondern hybride *governance structures* oder die gänzliche Integration in ein Unternehmen gewählt werden. Der Logik dieses Ansatzes entspricht es, dass bei einem generellen Sinken von Markttransaktionskosten ceteris paribus ein höherer Anteil der Transaktionen über den Markt abgewickelt werden wird und ein größerer Anteil der potentiell nutzbringenden Transaktionen realisiert werden kann, was insgesamt zu steigender ökonomischer Wohlfahrt beitragen wird. Mit diesem Schema im logischen Einklang steht der von Lamoreaux, Raff und Temin herausgearbeitete Effekt, dass die Senkung der Transaktionskostenniveaus im späten 20. Jahrhundert tendenziell zu einer Auslagerung von Aktivitäten aus Unternehmen in mehr marktförmige Transaktionsformen mit sich gebracht hat. So bieten sie auf transaktionskostentheoretischer Grundlage eine Erklärung für den Trend zur Auslagerung, zu flacheren Hierarchien und mehr netzwerkartigen Beziehungen zwischen ökonomischen Akteuren als in der Ära der klassischen fordistischen bzw. „Chandlerian" Großunternehmen.

Richard N. Langlois stimmt dem Grundmuster dieser Darstellung zu. Er äußert aber Vorbehalte, für deren Erstellung zu weitgehend Ansätze von Williamson heranzuziehen, da dieser – insbesondere in seiner Arbeit aus 1975 (Williamson 1975) – auf einen ahistorischen Bezug von *governance structures* zu exogen gegebenen institutionellen Bedingungen abgezielt habe, wodurch der für längerfristigere Betrachtungen erforderliche evolutionäre (bzw. koevolutionäre) Aspekt ausgeblendet bleibe. Gerade diesen will aber Langlois als Hauptansatzpunkt für die langfristige Analyse hervorheben. In diesem Sinne formuliert er eine ergänzende Erklärung, warum ceteris paribus über die Zeit Faktorspezifität sinkt und somit eine Vermarktlichung möglich ist:

> "As time passes, (…) capabilities will (…) diffuse (…). Moreover, economic agents can be expected to discover techniques other than integration for mitigating problems of asymmetric information. As the extent of the market grows (…) it will pay to incur set-up costs that markets and market-supporting institutions (…) require. Moreover, as markets become thicker, assets are likely to become less transaction specific (because there are many more potentially similar transactions), and relative minimum efficient scale is likely to decline in general" (Langlois 2004: 371f).

Während Williamson in seinem Buch aus 1975 als heuristischen Ausgangspunkt vorgeschlagen hat: „In the beginning there were markets", zeigen die Untersuchungen der langfristigen Koevolution von Institutionen und Organisationen auf, dass erst im historischen Prozess Markttransaktionen in zunehmendem Ausmaß möglich geworden sind, oder wie es Langlois zugespitzt formuliert: "In the end there are markets. This is not a historicist claim, merely a claim that history matters" (Langlois 2004: 372), womit er insbesondere auf den Stellenwert der Evolution von Fähigkeiten (capabilities) von Unternehmen und Märkten als entscheidend für die Erklärung ökonomischer Organisationen in der Geschichte hinweisen will.

3   Resümee: Neue Institutionenökonomik und Historizität

Die Neue Institutionenökonomik hat sich seit den 1970er Jahren, anfänglich als Ergänzung der Neoklassik, entwickelt. Deren Grundannahmen (Verhalten gemäß Nutzenfunktionen und Budgetbeschränkungen bei vollkommenem Wettbewerb auf Märkten mit vollständig informierten Akteuren, wobei Technologie, Ressourcenausstattung und Präferenzen exogen und der Staat/die Gesellschaft neutral sind) wurden anfänglich ergänzt um die „realistischere" Annahme unvollständiger Informationen, aus der resultiert, dass Informationen etwas kosten und asymmetrisch verteilt sind, Eigentumsrechte unklar sein können, die Gefahr von Opportunismus entsteht und nur „begrenzte" Rationalität möglich ist. Mit diesem Ansatz konnten (insbesondere im Entwicklungsstrang der Theorie der Firma nach Coase und Williamson) angesichts dadurch erklärbarer Transaktionskosten nicht-marktförmige Organisationsstrukturen wirtschaftlicher Aktivitäten als komparativ effizient erklärt werden; darin erschöpfte sich aber weitgehend der Zugewinn an Erklärungskraft gegenüber der etablierten Neoklassik. Die im Kern ahistorische Theorie erregte massive Kritik von Vertretern und Vertreterinnen der (Wirtschafts-)Geschichte, der Sozialwissenschaften und der heterodoxen Ökonomie.

Von Seiten der Sozialwissenschaften wurden elementare Unzulänglichkeiten bei der Berücksichtigung der Einbettung wirtschaftlicher Aktivitäten in die soziale Welt moniert, von heterodoxen Ökonomen die unhaltbare ahistorische Vorstellung von „Markt" als gleichsam „naturgegebenem" Zustand kritisiert, und aus der Sicht der historischen Wissenschaften wurde überhaupt der Erklärungswert für geschichtliche Entwicklungsprozesse in Abrede gestellt. Zum Beispiel äußerte der deutsche Wirtschaftshistoriker Werner Plumpe, der selbst unter „Wirtschaft" den „Gesamtkomplex von Verhalten zur Sicherung des materiellen Überlebens der Menschheit" (Plumpe 2009: 30) versteht, im Einklang mit zahlreichen Fachkollegen die Kritik, dass die Ausbildung von „Wirtschaft" als separat denkbare Sphäre (Trennung von Wirtschaft und Staat) selbst ein historischer Prozess ist, damit auch die Entwicklung eines spezifischen Denkschemas von Wirtschaft. Folglich sei auch die Neue Institutionenökonomik – und das ihr aus Sicht der Kritiker zugrunde gelegte ökonomische Handlungsmodell – nicht Erklärungsansatz, sondern selbst erklärungsbedürftiges historisches Phänomen (Plumpe 2009: 27-29; 2004: 31f; Wischermann 1993a: 250). Damit befinden sie sich auf einer Linie mit Überlegungen, die Max Weber zur Entwicklung der „rationalen" okzidentalen Wirtschaft angestellt hat (vgl. dazu den einschlägigen Beitrag von Gertraude Mikl-Horke in diesem Band). Die kritischen Stimmen von Historikerseite stehen auch im Einklang mit anderen kritischen Sozialwissenschaften, indem sie ebenfalls betonen, dass der neuzeitliche Markt in seiner Ausprägung ein historisches Phänomen eines gesellschaftlich „strukturierten Wirtschaftsraumes" somit eine kulturelle Institution ist (Wischermann 2004: 17 u. 21-24).

Des Weiteren wird eingewendet, dass die Rationalitätsannahme, selbst in ihrer abgeschwächten, „eingeschränkten" Form, ebenfalls modernes, ökonomisches Denken ahistorisch voraussetze und eher ein historisches Explanandum denn ein Element historischer Erklärung sein könne (Kocka 1976: 127). In diesem Sinne fordert Plumpe eine verstärkte Berücksichtigung des historischen ökonomischen Diskurses im Zeitablauf bei der Untersuchung langfristiger wirtschaftlicher Entwicklung. Illustrativ hat er seinerseits drei aus der überkommenen Litaratur erkennbare derartige Diskussionsstränge zum „Homo Oeconomicus" herausgearbeitet: Fragen der Preisbildung, Durchsetzung einer rationalen Haltung zur Arbeit und disziplinierten Lebensführung sowie eine Diskussion um den „Eigennutz" (vgl. Plumpe 2004: 33-56). Diese Diskurse seien ihrerseits im komplexen Zusammenhang historischer Entwicklung zu sehen.

Plumpe sieht die neue Institutionenökonomik als Theorie, die ahistorisch und dem „verengten" Wirtschaftsbegriff der Neoklassik verpflichtet ist. Als für die Wirtschaftsgeschichtsforschung adäquatere Alternative empfiehlt er einen heuristischen Ansatz, in dem die historische Entwicklung von Wirtschaft als komplexer Koevolutionsprozess von Semantiken (Moment der Bedeutungszuweisungen), Institutionen (Moment der Regeln und Sanktionen) und Praktiken (Moment alltäglicher Verfahrensweisen) betrachtet wird. Er schlägt ein Konzept der Koevolution vor, das von Dynamiken aus Entwicklungen in den einzelnen Bereichen sowie von komplexen Wechselwirkungen zwischen den Bereichen ausgeht, und das als heuristisches Muster für die Untersuchung langfristiger historischer Prozesse, insbesondere des Wandels von der traditionellen zur modernen Gesellschaft in Europa vom 15. bis zum 19. Jahrhundert dient (Plumpe 2009: 30-40).

Die Neue Institutionenökonomik hingegen wird von Plumpe und zahlreichen Fachkollegen lediglich als erweiterte Neoklassik angesehen. Insbesondere werden die zugeschriebenen handlungstheoretischen Grundannahmen als ahistorisch empfunden. So formuliert

Clemens Wischermann angesichts des dem Property-Rights-Ansatz zugrundeliegenden Menschenbildes des Homo Oeconomicus mit stabilen Präferenzen, es sei keineswegs unumstritten, „dass sich der Mensch schon immer gleich gewesen sei" (im Sinne eines ahistorischen Rationalitäts- und Nutzenkonzeptes). Er erachtet daher den neoinstitutionellen Ansatz trotz teilweise revidierter Grundannahmen „lediglich als Ergänzung" des neoklassischen Mainstream (Wischermann 1993a: 248-255). In diesem Sinne zitiert er eine pointierte Kritik von Walt W. Rostow an North. Rostow schrieb über den Ansatz, wie ihn North seinen Werken bis zu Beginn der 1980er Jahre zugrunde legte:

> "Its failures all stem from the same source: his lack of a reasonable coherent view of the individual human being ... Put another way, North is striving towards a general social science by the method of the pre-copernican astronomers; i. e., by adding spheres to the Ptolmaic (neoclassical) system to account for the observed phenomena it did not explain" (Rostow 1982: 301).

Des Weiteren konstatiert Wischermann – übereinstimmend mit anderen kritischen Kommentatoren –, dass zu den begeistertsten Verbreitern der „neuen Wirtschaftsgeschichte" mit ihrer ahistorischen, auf einer lediglich modifizierten Neoklassik beruhenden Perspektive Verfechter einer „neo-liberalen Kurskorrektur" gehörten. Er schreibt ihr damit die potentielle oder tatsächliche Funktion zu, durch ihre Darstellung des erfolgreichen westlichen Entwicklungspfades zur „historischen Legitimierung einer neoliberalen Geschichts-, Wirtschafts- und Gesellschaftsauffassung" zu dienen oder einsetzbar zu sein (Wischermann 1993a: 256). Zu dieser Wahrnehmung mögen auch die oben zitierten sehr reservierten Kommentare Norths zu den sozialen Bewegungen während und nach der Industrialisierung beigetragen haben, in denen er vor allem auf deren die wirtschaftliche Effizienz beeinträchtigende Effekte hinwies.

Seit den 1980er Jahren haben sich die konzeptionellen Ansätze und forschungspraktischen Anwendungen im breiter werdenden Bereich der Neuen Institutionenökonomik weiterentwickelt, teils als Reaktion auf kritische Einwendungen, teils aus den Forschungsprozessen der Akteure selbst heraus. Zum Beispiel zeigt der eingangs angeführte resümierende Überblick über den Entwicklungsstand der Neuen Institutionenökonomik von Williamson aus dem Jahr 2000 deutliche Spuren dieser Prozesse. Das dort präsentierte Schema der Einbettung von Entscheidungen für *governance structures* in die soziokulturellen und formal-institutionellen Ebenen, für die jeweils eigenlogische, aber auch interdependent verlaufende Entwicklungen angenommen werden, ist deutlich als Rezeption kritischer Stimmen erkennbar. So zitiert er in den Erläuterungen zu diesem Schema Wirtschaftssoziologen wie Mark Granovetter, Paul DiMaggio, Neil Smelser und Richard Swedberg, oder stärker wirtschaftshistorisch orientierte Ökonomen-Kollegen wie Douglass C. North und Nathan Rosenberg. Als Stärken der Neuen Institutionenökonomik weist er eine Überwindung der neoklassischen Effizienzhypothese aus und stellt dieser das sogenannte „remediableness criterion" entgegen. Dieses besagt, dass Auswahlprozesse (wie immer modelliert) nicht zu „effizienten" Lösungen im Sinne hypothetischer, neoklassischer Optimierung führen, sondern allenfalls zu den besten „machbaren" Lösungen unter den jeweils vorherrschenden institutionellen Rahmenbedingungen (Williamson 2000: 601). Damit öffnet er die Neue Instutionenökonomik für evolutionäre Ansätze, die von Variations- und Selektionsprozessen unter historischen Umfeldbedingungen ausgehen und ihrerseits Erklärungsmöglichkeiten für „nicht-effiziente" Lösungen im Sinne der Neoklassik bieten. In diesem Sinne werden Konzepte wie Pfadabhängigkeit, lock in-Effekte, spieltheoretische Ansätze, etc. ausdrücklich in den Bereich der Neuen Institutionenökonomik einbezogen. Damit grenzt Williamson den neoinstitutionellen Effizienzbegriff – sofern er überhaupt noch an einem solchen festhält – auch von theoretisch in neoklassischen Konzepten konstruierbaren, in einer je sozial gegebenen Welt aber nicht realisierbaren Lösungen, also von sogenannten „Nirwana-Trugschlüssen" (vgl. Demsetz 1969; Richter/Furubotn 2003: 549), ab.

Als wesentliches neues Element neben den Faktoren beschränkter Rationalität und opportunistischen Verhaltens führt Williamson in den frühen 1980er Jahren zur Bestimmung der Transaktionskosten die „Faktorspezifizität" ein. Damit bietet er einen neuen Ansatzpunkt an, die Transaktionskosten bei der Auswahl der *governance structures* mit transaktionsspezifischen Eigenschaften in Verbindung zu bringen (Pies 2001: 10). Trotz der vielfältigen Erweiterungen des Ansatzes ist als Williamsons eigenes Forschungsinteresse weiterhin vor allem die Auswahl von *governance structures* unter gegebenen institutionellen Rahmenbedingungen zu erkennen (vgl. etwa Williamson 2008).

Zu einem Hauptstrang der Weiterentwicklung neoinstitutioneller Ansätze ist die explizitere Einbeziehung der Einbettung in die kulturelle und soziale, somit historische Welt geworden. Dies wurde u.a. bereits weiter oben anhand der Präsentation des Werkes von Douglass C. North und Avner Greif angedeutet. Insbesondere North, der derartige Aspekte mit Konzepten von „Ideologie"[9] sowie *mental models* der Akteure zu integrieren trachtete, ist aber weiterhin von Seiten historischer Wissenschaften mit dem Verdacht konfrontiert, letztlich doch ein ahistorisches Menschenbild zu vertreten, und damit Ergebnisse zu produzieren, die zu schematisch sind und nicht der historischen Komplexität und Kontingenz gerecht werden. North wird vorgeworfen, lediglich einen akkumulativen Kulturbegriff zu vertreten.

Zweifellos bietet aber die Verbreiterung und Öffnung des Modells für soziale, kulturelle bzw. historische Merkmale durchaus noch Weiterentwicklungsmöglichkeiten. Damit können zentrale Elemente der neoklassischen Theorie, die für ihre konzeptionelle Einfachheit und Eleganz, aber auch für ihre Ahistorizität entscheidend sind, noch differenzierender hinterfragt werden, nämlich die Rationalitätsannahme und die Endogenität der Präferenzen in einer zeitlosen Wirtschaft.

Weiter oben wurde dargelegt, dass die ökonomische Rationalitätsannahme von Seiten der Geschichtswissenschaften als unhistorisch kritisiert wird. Von den zitierten Historikern wird die ökonomische Handlungstheorie als Rationalität definiert, Profite in einer geldgesteuerten Marktwirtschaft zu maximieren, somit als Verhaltensmuster, das an die historische Ausprägung der westlichen Moderne bzw. der okzidentalen Marktwirtschaft und Rechenhaftigkeit gebunden ist.

Ist man jedoch bereit, die dogmenhistorische Genese des neoklassischen Modells als Hinweis auf die Breite seines Geltungsanspruches heranzuziehen, so finden sich Hinweise, die einen wesentlich universelleren Rationalitätsbegriff vermuten lassen. Wie im Beitrag von Pirker und Resch dargelegt, entstand die neoklassische Theorie aus Überlegungen zum Naturaltausch innerhalb kleiner Gruppierungen, die sukzessive um Produktionsmittel und Technologie ausgeweitet wurden. Geld ist für dieses Denksystem nicht erforderlich, sogar nur mit Komplikationen integrierbar. Geld und Rechenhaftigkeit in Geldwerten ist somit nicht als logischer Bestandteil modellhafter neoklassischer Ökonomie zu erachten, sondern vielmehr als historisch-praktisches Exempel für eine Institution, die besonders erfolgreich Transaktionskosten des Tausches senkte.

---

9   Nicht nur im deutschsprachigen Sinne.

Folglich sind auch neoklassische Nutzenkonzepte nicht im Sinne einer Rationalität der geldwertigen Profitmaximierung entstanden, sondern aus allgemeineren, schlichten Überlegungen, dass situativ nach der Befriedigung der dringendsten Bedürfnisse getrachtet wird, ohne dass die Theorie über deren Natur oder Herkunft etwas auszusagen hat. Gemäß dieser Genese ist die neoklassische Rationalität nicht exklusiv als Verhaltensnorm in einer okzidental-geldwirtschaftlicher Marktökonomie angelegt.

Im angloamerikanischen Raum hat sich diese umfassendere Sichtweise „ökonomischen" Denkens gängiger erhalten und schließlich bis zur „kulturalistischen Wende der Mainstream-Ökonomie" im Werke von Autoren wie Gary C. Becker geführt (Berghoff 2007: 178), der dabei jedoch an exogenen und zeitlos-stabilen Präferenzen festhält. Anerkennt man diese Tradition einer „breiteren" Nutzenlogik der Ökonomie, so liegt es nicht nahe, „ökonomisches Denken" lediglich auf eine separate „ökonomische Sphäre", wie sie historisch als Phänomen der Neuzeit konstatiert werden kann, anzuwenden und auf eine Zeit, in der dieser Diskurs bereits entwickelt war.

Will man jedoch einen derartigen Ansatz theoretischen Räsonierens zur Richtschnur historisch-empirischen Arbeitens machen, so erweist sich rasch seine tautologische Annahmenstruktur, dass Menschen gerne tun (wollen), was sie gerne mögen und dass ihre beobachtbare Praxis Ausdruck dieses Bestrebens ist. Eine historische Analyse gemäß diesem Muster ist somit logisch darauf beschränkt, jegliche Praxis als Versuche der Realisierung dieses Bestrebens, somit als (zumindest intentional) „rationales" Handeln zu erschließen. Auf diese Gefahr einer Fehldeutung hat zum Beispiel Knut Borchardt hingewiesen (Borchardt 1977, 154; vgl. auch Leipold 2009, 264).

Kippt man die „breit" angelegte Neoklassik aus ihrer Zeitlosigkeit also in eine historische Welt, so bleibt lediglich die weitgehend inhaltsleere heuristische Grundannahme, dass Menschen tun wollen, was ihren Bedürfnissen entspricht. Inwieweit diese Bedürfnisse „materiell", geldwertig, moralisch, emphatisch, sozial, biologisch etc. ausgerichtet oder bedingt sein mögen, wird von der Theorie nicht berührt, muss daher im historischen Kontext als jenseits der Theorie liegend ergänzt werden.

Daher bedarf eine geschichtswissenschaftliche Anwendung derartiger Konzepte der Erschließung der historischen, situativen, kontextuellen Rationalitäten, somit einer Endogenisierung der Präferenzen. Rationalität wird von einer angenommenen fixen Merkmalsausprägung zu einem endogenen Merkmal, dessen Ausprägung selbst je historisch zu ergründen ist, unter Berücksichtigung unterstellter komplexer Zusammenhänge zwischen beobachtbarem Handeln, Intention und Effekten. In diese Richtung weist auch das oben zitierte Forschungsprogramm von Avner Greif. Aber auch schon Vertreter der älteren institutionalistischen Schule haben sich mit dieser Problematik beschäftigt. Zum Beispiel geht Thorstein Veblen von der Bildung endogener Präferenzen auf zwei Ebenen aus; „one instinctive and universal, the other cultural and historically specific" (Hodgson 2002: 97).

An diesem Punkt der Darlegungen sei ein Diskussionsbeitrag von Hansjörg Siegenthaler eingeführt. Er weist darauf hin, dass sich auch die klassische Hermeneutik zur Interpretation von Texten einer Annahme von Rationalität des Textautors bedient. Diese Rationalität bzw. die dahinter liegenden „propositionalen Einstellungen" (Überzeugungen, Regeln des Handelns, „intrinsische Motivationen", (...)) würde(n) sich eben im Zuge der interpretativen Arbeit erschließen lassen. Genau in diesem Sinne schlägt Siegenthaler vor, auf die ökonomische Rationalitätsannahme trotz der oben dargelegte Defizite nicht zu verzichten, sondern sie vielmehr im Sinne einer „klassisch-neoklassischen Hermeneutik" fruchtbar zu machen: Rationalitätsunterstellung also als heuristisches Instrument zu nutzen, um so die je historische Rationalität von Akteuren und ihre propositionalen Einstellungen zu ergründen (Siegenthaler 2002: 168-172) – mit anderen Worten, die Nutzenfunktion von einer erklärenden zu einer zu erklärenden Variable zu machen. Die Hinwendung zu einer historischen, kulturellen, situativen Rationalität gemahnt an die analoge Entwicklung im Bereich der historischen Sozialwissenschaften, wie etwa die der „Bielefelder Schule" zu einer komplexer kulturwissenschaftlich fundierten Forschungsrichtung seit den 1980er Jahren. Dabei hat sich aus einer Kritik an der „Reifikation von Strukturen" und Anregungen von Seiten der Annales Schule, Lebenswelt-Konzepten, der Wissenssozologie, ethnologischer Ansätze etc. als durchaus tragfähige Konzeption die Sichtweise herausentwickelt, soziale Wirklichkeit als doppelt konstituiert zu erachten: einerseits durch „,Strukturen' als Ordnungen von Merkmalen des Sozialen, der Wirtschaft, der Politik usw." und andererseits aus dem „Handeln und Deuten der Akteure, die diese strukturierten Gegebenheiten (…) hervorbringen, reproduzieren oder verändern" (Sieder 1994: 445 u. 448). Dadurch wurde zusätzliche historische Komplexität in den Blick der Forschung gerückt.

Analog strukturierte Muster zur Untersuchung historischer Prozesse, die von komplexen Wechselwirkungen in und zwischen bestehenden Strukturen und Teilsystemen, sowie zwischen diesen und den einzelnen Akteuren ausgehen, vermögen zu einer „kulturwissenschaftlich erweiterten" Institutionenökonomik beizutragen, die es gestattet, „lokale, kontextuelle, kulturhistorische Rationalität" mit ins Bild zu bringen. Eine derartige „kulturalistische Wende", stellt dem „homo oeconomicus einen homo culturalis und einen homo sociologicus zur Seite." Angesichts der komplexen Beziehungen zwischen den analytisch ausgemachten Teilbereichen, sowie zwischen diesen und den sie formierenden Individuen erlauben es die komplexen Handlungsstrukturen „in letzter Konsequenz nicht mehr, Individuum und Gesellschaft voneinander zu trennen. Vielmehr erfordert jede Analyse kollektiven Handelns die systematische Analyse der handelnden, deutenden Individuen, die in einem erweiterten Sinne ökonomisch rational handeln" (Berghoff 2007: 178 f).

Auch der „reife" North hat sich im Gegensatz zum „naiven" North der 1960er und 1970er Jahre vermehrt der Sphäre der Kultur, der *mental models* sowie kognitiver Prozesse zugewandt (vgl. Leipold 2009; Pies 2009). Er hat neben den üblichen exogenen ökonomischen Handlungsrestriktionen somit „innere" Restriktionen, die in den Akteuren selbst zu verorten sind, aufgenommen (Döring 2009: 178) und damit in gewisser Weise einen „cultural turn" eingeleitet, ihn aber selber nicht bis zur Konsequenz der situativen Erschließung subjektiver Rationalität und somit endogenisierter Präferenzen beschritten. In diesem Sinne bleibt seine Zugangsweise etwas schematisch, geht nicht auf die Beziehungen der Individuen untereinander unter ihren strukturellen Rahmendebindungen ein und findet somit auch „nicht den Weg zur Kultur als Sinndeutungsgemeinschaft" (Wischermann 2004: 20f u. 27).

Mit endogenen, komplex kulturell geprägten Präferenzen und der expliziten Einführung von Zeit werden endgültig die einfachen Modellannahmen zurückgelassen, welche die Neoklassik so ästhetisch ansprechend und klar machen. Was bleibt, ist eine kulturalistisch gewendete Institutionenökonomik, die offen ist für evolutionäre Ansätze, spieltheoretische Modellierungen (adäquater wären modernere Modellierungen „sozialen Lernens" ohne vollständige Information der „Spieler" (etwa Kandori/Mailath/Rob 1993)), sowie auch qualitative hermeneutische Geschichtsforschung. Damit verlieren die institutionellen Muster jedoch auch ihre in sich schlüssige, einheitliche Struktur und Verbindlichkeit – es bleibt ein Arsenal an heuristischen Angeboten und eine Fülle von Anregungen für Studien verschiedensten methodischen Zuschnitts, von historisch-hermeneutischen Arbeiten bis hin zu radikal komplexitätsreduziert angelegten ökonometrischen Analysen – wichtig ist dabei, dass man jeweils weiß, was man tut, wenn man es tut.

Ebenfalls jenseits der theoretischen Erklärung bleiben die eigentlichen Ursachen für die institutionelle und wirtschaftliche Entwicklung. North geht von kumulativen Lernprozessen und externen Einflüssen, die Knappheitsrelationen verändern, aus. Generell führt er Änderungen des Verhaltens auf Änderungen in den Handlungsbedingungen zurück (Döring 2009: 178 f). An Veblen gemahnt sein Konzept, dass die Struktur der Anreize sich als wesentlich dafür erweist, ob die Akteure sich mehr in Richtung produktiver Aktivitäten oder Einkommensumverteilung entwickeln (North 2008: 22 f). Schon der Vertreter der älteren Institutionenökonomik hat ein analytisches Schema für die „cumulative causation" evolutionärer Entwicklung, die entweder zu „predatory or productive types of activities" führen kann, ausgearbeitet (Veblen 1914 nach Rutherford 1995: 447).

Gibt man den Rationalitätsbegriff der Neoklassik gemäß exogener Präferenzen auf, so wird zwangsläufig auch der Terminus „Effizienz", der bereits durch Autoren wie Williamson und North relativiert wurde, noch diffuser. Zum Beispiel kritisiert die Wirtschaftshistorikerin Sheilagh Ogilvie (2007) die verbreitete Neigung, bei der Durchführung von wirtschaftshistorischen Untersuchungen im Sinne der Neuen Institutionenökonomik vorgefundene Institutionen bzw. Organisationsformen als „effizient" zu charakterisieren, weil etwa mittelalterliche Gilden Fernhandel trotz widriger institutioneller Umwelt doch überhaupt zustande brachten, oder Handwerkszünfte in einer Welt wenig ausgeprägter Marktbeziehungen doch erhebliche Volumina von Produktion, Standards von Qualitätssicherung und manchmal die Einführung von Innovationen gestatteten. Im Sinne von Williamson kann man Ogilvies Kritik an diesen Befunden so ausdrücken, dass das „remediableness-criterion" zu unkritisch angelegt wird, dass also Organisationsformen, sofern sie in einem schwierigen Umfeld überhaupt funktionieren, schon als „effizient" gesehen werden, obwohl womöglich historisch eine bessere Lösung denkbar wäre. Dies obwohl gerade evolutionäre und spieltheoretische Ansätze auch stabile „nicht-effiziente" Zustände erwarten lassen und „Effizienz" eher als Ausnahme zeichnen. Es ist sicher etwas dran an der Vermutung, dass sich Historiker oft mit ihrem Untersuchungsobjekt identifizieren und sich freuen, originelle Erklärungen zu präsentieren, warum diese „doch" effizient sind. Ogilvie mahnt ein, dass nicht nur direkte, sondern auch externe Effekte zu berücksichtigen sind, also z.B. nicht nur Produktionsleistungen einer Zunft, sondern auch, ob diese andere Handwerker in eine weniger produktive Schattenwirtschaft abgedrängt habe. Außerdem weist sie auf effizienzschmälernde Wirkungen wie Verzerrung von Kapital-, Arbeits- und Produktmärkten durch Monopolrechte und herrschaftliche Gewalt hin. Damit begibt sie sich aber zweifellos selber in Gefahr, ihrerseits ahistorische „Nirwana-Vergleiche" anzulegen, da unter den gegebenen Institutionen vormoderner europäischer Gesellschaften eben nicht mit „modernen" Arrangements dieser Märkte gerechnet werden kann. In diesem Sinne fordert der von ihr kritisierte Autor S. R. Epstein seinerseits mehr historische Differenzierung und sorgfältige regionale Vergleiche ein (Epstein 2008).

Mehr erhellend ist hingegen, auch in Hinblick auf das oben Angeführte, Ogilvies Hinweis darauf, wie schwierig Effizienz definierbar ist. „Effizienz" kann nur im Hinblick auf definierte Bedürfnisse festgelegt werden. Somit ist zwischen Effizienz im Sinne der Herrschenden, Zunftmeister, Händler, Arbeitenden etc. zu unterscheiden, wobei selbstverständlich auch innerhalb dieser Gruppen verschiedene und unstabile Präferenzen anzunehmen sind. Konsequenterweise mahnt Ogilvie auch mehr Komplexität im Hinblick auf direkte und indirekte Effekte von Institutionen und Organisationen sowie Wechselwirkungen zwischen den Organisationen unter Berücksichtigung der inneren Überzeugungen und Werte der Akteure ein (Ogilvie 2007).

Im Einklang mit der hohen unterstellten Komplexität und Kontingenz historischer Prozesse steht auch, dass rezente vergleichende Forschungen zu wirtschaftlichen Entwicklungen keine eindeutigen Beziehungen zwischen bestimmten Institutionen und wirtschaftlichen Ergebnissen ergeben. Zum Beispiel lautet eines der Hauptresultate derartiger Forschungen, die von Engerman und Sokoloff (2008) angestellt wurden: „very different structures have often been found to be reasonable substitutes for each other." Das zeigt auch aus entwicklungspolitischer Perspektive, dass es nicht einen simplen deterministischen Zusammenhang zwischen „guten" Institutionen" und hoher Wirtschaftsleistung gibt, wie ihn manche einfache Rezepte für „good governance" vorschreiben wollen.

Im Bereich der Business History besteht eine weniger komplizierte Beziehung zwischen Neuer Institutionenökonomik und historischer Forschung. Der Entwicklungsstrang von Coase bis Williamson ist ja gerade auf die Untersuchung von *governance structures* im Rahmen moderner Marktwirtschaften ausgerichtet,[10] somit auf jene Objekte, die im Mittelpunkt der meisten unternehmensgeschichtlichen Arbeiten stehen. Selbst Plumpe, der, wie wir gesehen haben, der Anwendung des Neoklassik-nahen Ansatzes für allgemeinere wirtschaftsgeschichtliche Forschung äußerst kritisch gegenübersteht, konzediert, dass trotz auch hier bestehender Vorbehalte die Neue Institutionenökonomik für diesen Bereich nicht grundsätzlich abzulehnen sei.

Zweifellos kann der Ansatz dazu dienen, unternehmensgeschichtliche Forschung zu strukturieren und somit den Vergleich von Unternehmen, Branchen und Regionen ermöglichen (Berghoff 1999). Der Ansatz bedarf jedoch auch hier „einer kreativen Übertragung seiner Grundannahmen" (Reckendrees 2004: 276). Durch die „kulturalistische Wende" kann auch die Rolle von „Unternehmenskultur" bei der Stiftung von Sinn- und Deutungsgemeinschaften, damit aber auch bei der Senkung von Organisationskosten aufgezeigt werden. Durch den möglichen Stellenwert kultureller Aspekte ist der Ansatz auch „anschlussfähig" für Konzepte der Mikropolitik (versus formale Unternehmensstrukturen), durch die Ergänzung um die Zeitdimension auch für evolutionäre Ansätze des Überlebens und Ausscheidens von Firmen. Damit können auch Aspekte des Aufbaues von Fähigkeiten (capabilities) als soziale Prozesse sowie des Aufbaus von Entscheidungsfähigkeit in Unternehmen einbezogen werden (Langlois 2004; Plumpe 2006: 82). Somit ermöglicht ein „erweiterter" institutionenökonomischer Ansatz, soziale und kulturelle Dimensionen des Geschehens in Unternehmen zu erfassen. „Weiche Faktoren" wie Fairness, Würde, Vertrauen, Moral etc. rücken in den Bereich der Betrachtungen (Nieberding/Wischermann 1998: 46).

Damit wird für die Unternehmensgeschichte die zweckrationale Logik unkomplexer Kostenminimierung verlassen. Auf dieser Grundlage kann argumentiert werden, dass soziale Beziehungen wesentlich für den Aufbau von Fähigkeiten in Unternehmen sind. Daraus können auch für den Bereich der Arbeitsbeziehungen in politischer Hinsicht Argumente gegen zu einfache, ahistorische Sichtweisen von „neoliberaler" Seite abgeleitet werden, die allein auf „Flexibilisierung" und radikalere Vermarktlichung abzielen.

Wenn die Forschung allein in der Tradition von Coase und (frühem) Williamson verbleibt, so ist sie hingegen weitgehend darauf beschränkt, den „Zusammenhang zwischen

---

10   Prototypisch dafür Williamson 1985 bzw. 1990.

Anreiz und Reaktion durchzudeklinieren" und somit Unternehmen völlig schematisch als „triviale Maschine" zu modellieren (Plumpe 2006: 265). Defiziente Entwicklungen von sozialen Beziehungen und Fähigkeiten in Unternehmen können in dieser Logik lediglich als institutionenökonomische Opportunitätskosten einer nicht nachhaltigen Personalpolitik untersucht werden, die mit der Faktorspezifizität bzw. Idiosynkrasie von organisationsspezifisch entwickelbaren Fähigkeiten zu erklären sind. Wird bei der Analyse „die von Coase angelegte Machtspur der Hierarchie nicht verlassen", so verharrt man bei einem unterkomplexen Bild schlicht steuerbarer Unternehmensorganisation (Wischermann 2004: 24) und die historischen Ausprägungen von Konventionen, Ideologien, Religion etc. bleiben unbeachtet. In der kurzfristigen Perspektive der Williamsonschen Forschungspraxis bleibt auch die Beziehungsebene zwischen Politik und Unternehmen weitgehend außen vor. Die Ebene L3 wird als gegeben angenommen, so wie überhaupt strategische Aspekte, abgesehen von kurzfristigen Überlegungen zur vertikalen Integration, weitgehend ausgespart sind. Des Weiteren ist die geringe Operationalisierbarkeit des institutionenökonomischen Ansatzes nach wie vor nicht überwunden, der bislang wenig über den Vergleich von evolutionärer Überlebensfähigkeit alternativer Lösungen hinausgeht.

Auch im Bereich der Unternehmensgeschichte erscheint somit vor allem der kreative Einsatz „kulturell gewendeter" institutionenökonomischer Schemata als heuristische Werkzeuge am meisten für die weitere Forschung zu versprechen. Des Weiteren gilt auch hier der Imperativ, dass Transaktionskosten nicht ihrerseits als monokausaler Erklärungsansatz verabsolutiert werden dürfen, sondern z. B. im Einklang und Wechselspiel mit „konventionellen" Aspekten einer „betriebsökonomischen Ebene, die sowohl die Kostenstruktur (die Produktionsseite) als auch die Absatzmöglichkeiten (die Marktseite) und den Erlös (die Realisierung der Möglichkeiten)" einbezieht (Reckendrees 2004: 288), zur Anwendung kommen sollen.

Abschließend sei noch einmal auf den in diesem Beitrag insgesamt dargelegten Entwicklungsbogen von der Neuen Institutionenökonomik als Erweiterung der Neoklassik hin zu einer kulturalistischen, institutionenökonomischen Heuristik zurückgekommen. Als Ausgangpunkt der Entwicklung kann identifiziert werden, dass Autoren wie Coase, Williamson oder North für ihre Forschungsinteressen mit dem neoklassischen Ansatz nicht mehr das Auslangen fanden. Darauf reagierten sie mit einer Adaption der ihnen vertrauten Orthodoxie. Kritik von dritter Seite und das Empfinden der Autoren selber, dass nach wie vor eine Defizienz im Hinblick auf die Einbeziehung von „Kultur" und Zeit (mit ihren komplexen Implikationen) bestand, gab Anlass zu einer graduell weiteren Entfernung vom neoklassischen Theoriegebäude. Der Weg konnte somit tendenziell von der Anwendung neoklassischer Muster auf die Geschichte zur Anerkennung der Historizität und kulturellen Bedingtheit von Wirtschaft führen. Der niederländische Historiker J. W. Drukker charakterisierte diesen, von der „Neuen Wirtschaftsgeschichte" ausgehenden Prozess treffend als „(t)he revolution that bit its own tail", in dem Sinne, dass die Anwendung der Neoklassik auf die Geschichte ihrerseits zur Adaption bzw. Überwindung dieses Ansatzes führte. Auch Drukker (2006: 265) gelangt dabei jedoch zum Resümee, dass die Neue Institutionenökonomik im Sinne von Williamson und North zwar gut darin ist, wirtschaftliche Entwicklungsprozesse zu beschreiben, jedoch „*why* economic development emerges, cannot be answered in general and certainly not from an economic perspective." Der Wert für die wirtschaftsgeschichtliche Forschung liegt zum einen darin, dass Arbeiten im Sinne der „Neuen Wirtschaftsgeschichte" und der nahe an der Neoklassik angesiedelten Neuen

Institutionenökonomik gewohnte Sichtweisen aus „konventioneller" historischer Perspektive in Frage stellen. Damit haben sie das Potential, zur weiteren Entwicklung anzuregen.
Zum anderen bietet die Neue Institutionenökonomik in kulturalistisch „gewendeter" Form
ein vielfältiges heuristisches Instrumentarium für weitere Forschung.

Unter den Wirtschaftswissenschaftern, die im inzwischen breit und unübersichtlich
gewordenen Spektrum der Neuen Institutionenökomik tätig sind, herrscht heute Uneinig-
keit, ob sie ihr Leitkonzept noch als Ergänzung der Neoklassik oder bereits jenseits dieser
Schule ansiedeln. Claude Ménard und Mary M. Shirley (2008: 2) umgingen in ihrer Einleitung zum *Handbook of New Institutional Economics* elegant eine klare Distanzierung von
der Neoklassik, indem sie formulierten: „NIE tries to answer questions that neoclassical
economics does not address and this has given NIE a distinct identity and a strong follow-
ing."

Literatur

Antonelli, Cristiano/Teubal, Morris (2008): Knowledge-intensive Property Rights and the Evolution
    of Venture Capitalism. In: Journal of Institutional Economics 4/2, 163-182.
Arrow, K. (1962): Economic Welfare and the Allocation of Resources to Invention. In: Nelson, Ri-
    chard (Hg.): The Rate and Direction of Inventive Activity. Chicago.
Berghoff, Hartmut (1999): Transaktionskosten. Generalschlüssel zum Verständnis langfristiger Un-
    ternehmensentwicklung? Zum Verhältnis von Neuer Institutionenökonomik und moderner Un-
    ternehmensgeschichte. In: Zeitschrift für Unternehmensgeschichte 41, 159-176.
Berghoff, Hartmut (2007): Nutzen und Grenzen des kulturwissenschaftlichen Paradigmas für die
    Wirtschaftsgeschichte. In: Vierteljahrschrift für Sozial- und Wirtschaftsgeschichte 94, 178-181.
Boldorf, Marcel (2003): Entwicklung und institutionelle Rahmenbedingungen: Die Beispiele Nieder-
    schlesien und Nordirland (1750-1859). In: Vierteljahrschrift für Sozial- und Wirtschaftsge-
    schichte 90, 399-415.
Boldorf, Marcel (2006): Europäische Leinenregionen im Wandel. Köln, Weimar, Wien: Böhlau.
Boldorf, Marcel (2009): Socio-economic Institutions and Transaction Costs: Merchant Guilds and
    Rural Trade in Eighteenth-Century Lower Silesia. In: European Review of Economic History
    13, 173-198.
Borchardt, Knut (1977): Der „Property-Rights-Ansatz" in der Wirtschaftsgeschichte – Zeichen für
    eine systematische Neuorientierung des Faches? In: Kocka, Jürgen (Hg.): Theorien und Praxis
    des Historikers. Göttingen: Vandenhoeck & Ruprecht, 140-156.
Caunce, S. A. (1997): Complexity, Community Structure and Competitive Advantage within the
    Yorkshire Woollen Industry, c. 1700-1850. In: Business History 39, 4, 26-43.
Chandler, Alfred D. (1972): Strategy and Structure. Cambridge/Mass.: MIT Press.
Chandler, Alfred D. (1977): The Visible Hand. The Managerial Revolution in American Business.
    Cambridge/Mass., London: Harvard University Press.
Chandler, Alfred D. (1990): Scale and Scope. Cambridge/Mass.: The Belknap Press of Harvard Uni-
    versity Press.
Coase, Ronald H. (1937): The Nature of the Firm. In: Economica n. s. 4, 386-405.
Demsetz, H. (1969): Information and Efficiency: Another Viewpoint. In: Journal of Law and Econo-
    mics 12, 1-22.
Döring, Thomas (2009): Douglass North und das Problem der "Shared Mental Models": Gehaltvolle
    kognitive Erweiterung oder halbherzige Modifikation des ökonomischen Ansatzes? In: Pies, In-
    go/Leschke, Martin (Hg.): Douglass Norths ökonomische Theorie der Geschichte, 145-187.
Drukker, Jan Willem (2006): The Revolution That Bit its Own Tail. How Economic History Changed
    Our Ideas on Economic Growth. Amsterdam: aksant.

Engerman, Stanley L./Sokoloff, Kenneth L. (2008): Institutional and Non-Institutional Explanations of Economic Differences, in: Ménard, Claude/Shirley, Mary M. (Hg.): Handbook of New Institutional Economics, 639-666.

Epstein, S. R. (1998): Craft Guilds, Apprenticeship, and Technological Change in Preindustrial Europe. In: Journal of Economic History 58, 684-713.

Epstein, S. R. (2008): Craft Guilds in the Pre-modern Economy: a Discussion. In: Economic History Review 61, 155-174.

Greif, Avner (2000): The Fundamental Problem of Exchange: A Research Agenda in Historical Institutional Analysis. In: European Review of Economic History 4/3, 251-284.

Greif, Avner (2004): Impersonal Exchange without Impartial Law: The Community Responsibility System. In: Chicago Journal of International Law.

Greif, Avner (2006): Institutions and the Path to Modern Economy. Cambridge/UK et al.: Cambridge University Press.

Greif, Avner (2008): Commitment, Coercion, and Markets: The Nature and Dynamics of Institutions Supporting Exchange. In: Ménard, Claude/Shirley, Mary M. (Hg.), Handbook of New Institutional Economics, 727-786.

Greif, Avner/Tabellini, Guido (2010): Cultural and Institutional Bifurcation: China and Europe Compared. Centre for Economic Policy Research, Discussion Paper No. 7648, January 2010.

Hesse, Jan-Otmar/Kleinschmidt, Christian/Lauschke Karl (2002): Einleitung: Herausforderungen und Perspektiven der Unternehmensgeschichte. In: Diess. (Hg.): Kulturalismus, Neue Institutionenökonomik oder Theorienvielfalt. Essen: Klartext Verlag, 9-15.

Hodgson, Geoffrey M. (2002): Institutional Economics and the Problem of Historical Specificity. In: Nau, Heino N./Schefold, Bertram (Hg.): The Historicity of Economics. Berlin, Heidelberg, New York: Springer, 92-125.

Kandori M./Mailath, G. J./Rob, R. (1993): Learning, Mutation, and Long Run Equilibria in Games. In: Econometrica 61, 29-56.

Kocka, Jürgen (1976): Kommentar. In: Büsch, O. u.a. (Hg.): Industrialisierung und „Europäische Wirtschaft" im 19. Jahrhundert, Berlin, 126-129.

Lamoreaux, Naomi R./Raff, Daniel M.G./Temin, Peter (2003): Beyond Markets and Hierarchies: Toward a New Synthesis of American Business History. In: American Historical Review 108, 404-433.

Lamoreaux, Naomi R./Raff, Daniel M.G.,/Temin, Peter (2002): Beyond Markets and Hierarchies: Toward a New Synthesis of American Business History. Cambridge, MA: National Bureau of Economic Research, Working Paper 9029.

Langlois, Richard N. (2004): Chandler in a Larger Frame: Markets, Transaction Costs, and Organizational Form in History. In: Enterprise & Society 5/3, 355-375.

Leipold, Helmut (2009): Das Spannungsverhältnis zwischen Wirtschaftsgeschichte und Wirtschaftstheorie bei Douglass North. In: Pies, Ingo/Leschke, Martin (Hg.): Douglass Norths ökonomische Theorie der Geschichte, 255-277.

Maurer, Andrea (2009): Das Integrationspotential der Theorie des institutionellen Wandels von Douglass North. In: Pies, Ingo/Leschke, Martin (Hg.): Douglass Norths ökonomische Theorie der Geschichte. Tübingen: Mohr Siebeck, 249-254.

Ménard, Claude/Shirley, Mary M. (Hg.) (2008): Handbook of New Institutional Economics. 2. Auflage. Berlin, Heidelberg: Springer.

Nelson, Richard (1959): The Simple Economic Basics of Scientific Research. In: Journal of Political Economy 67, 297-306.

Nieberding, Anne/Wischermann, Clemens (1998): Unternehmensgeschichte im institutionellen Paradigma. In: Zeitschrift für Unternehmensgeschichte 43, 35-48.

North, Douglass C./Thomas, Robert Paul (1973): The Rise of the Western World. Cambridge: Cambridge University Press.

North Douglass C. (1981): Structure and Change in Economic History. New York, London: W. W. Norton & Company.

North, Douglass C. (1988): Theorie des institutionellen Wandels. Tübingen: Mohr.

North, Douglass C. (1990): Institutions, Institutional Change and Economic Performance. Cambridge u. a.: Cambridge University Press.

North, Douglass C. (1992): Institutionen, institutioneller Wandel und Wirtschaftsleistung. Tübingen: Mohr.

North, Douglass C. (1993): The New Institutional Economics and Development. Working Paper: Washington University, St. Louis.

North, Douglass C. (2005): Understanding the Process of Economic Change. Princeton, Oxford: Princeton University Press.

North, Douglass C. (2008): Institutions and the Performance of Economies over Time. In: Ménard, Claude/Shirley, Mary M. (Hg.): Handbook of New Institutional Economics, 21-30.

North, Douglass C./Wallis, John J./Weingast, Barry R. (2006): A Conceptual Framework for Interpreting Recorded Human History, National Bureau of Economic Research, Working Paper 12795.

Ogilvie, Sheilagh (2007): 'Whatever is, is Right'? Economic Institutions in Pre-industrial Europe. In: Economic History Review 60/4, 649-684.

Olson, Mancur (1968): Die Logik kollektiven Handelns. Tübingen: Mohr.

Pfister, Ulrich (2004): Protoindustrielle Produktionsregimes in instiutionenökonomischer Perspektive. In: Ellerbrock, Karl-Peter/Wischermann, Clemens (Hg.): Die Wirtschaftsgeschichte vor der Herausforderung durch die New Institutional Economics, Dortmund: Gesellschaft für Westfälische Wirtschaftsgeschichte, 160-178.

Pies, Ingo (2001): Theoretische Grundlagen demokratischer Wirtschafts- und Gesellschaftspolitik – Der Beitrag Oliver Williamsons. In: Pies, Ingo/Leschke, Martin (Hg.): Oliver Williamsons Organisationsökonomik (Konzepte der Gesellschaftstheorie, 7). Tübingen: Mohr Siebeck, 1-27.

Pies, Ingo (2009): Theoretische Grundlagen demokratischer Wirtschafts- und Gesellschaftspolitik – Der Ansatz von Douglass North. In: Pies, Ingo/Leschke, Martin (Hg.): Douglass Norths ökonomische Theorie der Geschichte, 1-32.

Pies, Ingo/Leschke, Martin (Hg.) (2009): Douglass Norths ökonomische Theorie der Geschichte (Konzepte der Gesellschaftstheorie, 15). Tübingen: Mohr Siebeck.

Plumpe, Werner (2004): Die Neue Institutionenökonomik und die moderne Wirtschaft. Zur wirtschaftshistorischen Reichweite institutionenökonomischer Argumente am Beispiel des Handlungsmodells der Rationalität. In: Ellerbrock, Karl-Peter/Wischermann, Clemens (Hg.), Die Wirtschaftsgeschichte vor der Herausforderung durch die New Institutional Economics. Dortmund: Gesellschaft für westfälische Wirtschaftsgeschichte, 31-57.

Plumpe, Werner (2006): Unternehmen. In: Ambrosius, Gerold/Petzina, Dieter/Plumpe, Werner: Moderne Wirtschaftsgeschichte. 2., überarbeitete und erweiterte Auflage. München: Oldenbourg, 61-94.

Plumpe, Werner (2009): Ökonomisches Denken und wirtschaftliche Entwicklung. Zum Zusammenhang von Wirtschaftsgeschichte und historischer Semantik der Ökonomie. In: Jahrbuch für Wirtschaftsgeschichte, 2009/1, 27-52.

Reckendrees, Alfred (2004): Der Property Rights-Ansatz und sein möglicher Nutzen für die historische Unternehmensforschung. Ein Versuch. In: Ellerbrock, Karl-Peter/Wischermann, Clemens (Hg.), Die Wirtschaftsgeschichte vor der Herausforderung durch die New Institutional Economics. Dortmund: Gesellschaft für westfälische Wirtschaftsgeschichte, 272-290.

Resch, Andreas (2011): Neue Institutionenökonomik und Wirtschaftsgeschichte. In: Cerman, Markus et al. (Hg.): Wirtschaft und Gesellschaft. Europa 1000–2000. Wien: StudienVerlag, 48-56.

Richardson, G. (2005): Craft Guilds and Christianity in Late-medieval England. In: Rationality and Society 17, 139-189.

Richardson, G. (2005): The Prudent Village. In: Journal of Economic History 65, 386-413.

Richter, Rudolf/Furubotn, Eirik (2003): Neue Institutionenökonomik. Eine Einführung und kritische Würdigung. Tübingen: Mohr.

Rostow, Walt W. (1982): Rezension von: D. C. North, Structure and Change in Economic History. In: Business History Review 56, 299-301.

Rutherford, Malcom (1995): The Old and the New Institutionalism: Can Bridges be Built? In: Journal of Economic Issues, Vol. 29, 443-452.

Sieder, Reinhard (1994): Sozialgeschichte auf dem Weg zu einer historischen Kulturwissenschaft? In: Geschichte und Gesellschaft 20, 445-468.

Siegenthaler, Hansjörg (2002): Theorienvielfalt in den Geschichtswissenschaften und die besondere Aufgabe der Ökonomie. In: Hesse, Jan-Otmar/Kleinschmidt, Christian/Lauschke, Karl (Hg.): Kulturalismus, Neue Institutionenökonomik oder Theorienvielfalt. Essen: Klartext Verlag, 161-173.

Veblen, Thorstein (1914): The Instinct of Workmanship and the State of the Industrial Arts. Reprint: New York: A. M. Kelley, 1964.

Williamson, Oliver E. (1975): Markets and Hierarchies: Analysis and Antitrust Implications. New York: Free Press.

Williamson, Oliver E. (1985): The Economic Institutions of Capitalism. New York: The Free Press.

Williamson, Oliver E. (1990): Die ökonomischen Institutionen des Kapitalismus. Unternehmen, Märkte, Kooperationen. Tübingen: Mohr.

Williamson, Oliver E. (2000), The New Institutional Economics: Taking Stock, Looking Ahead, In: Journal of Economic Literature 38/3, 596-600.

Williamson, Oliver E. (2008): Transaction Cost Economics. In: Ménard, Claude/Shirley, Mary M. (Hg.): Handbook of Institutional Economics, 41-65.

Wischermann, Clemens (1993a): Der Property-Rights-Ansatz und die „neue" Wirtschaftsgeschichte. In: Geschichte und Gesellschaft 19, 239-258.

Wischermann, Clemens (1993b): Frühindustrielle Unternehmensgeschichte in institutioneller Perspektive. In: Geschichte und Gesellschaft 19, 453-474.

Wischermann, Clemens (2004): Von der „Natur" zur „Kultur". Die neue Institutionenökonomik in der geschichts- und kulturwissenschaftlichen Erweiterung. In: Ellerbrock, Karl-Peter/Wischermann, Clemens (Hg.), Die Wirtschaftsgeschichte vor der Herausforderung durch die New Institutional Economics. Dortmund: Gesellschaft für westfälische Wirtschaftsgeschichte, 17-30.

Zum Abschluss: Das Unternehmen in interdisziplinärer Sicht

Gertraude Mikl-Horke

Die Idee einer einheitlichen wissenschaftlichen Behandlung gesellschaftlicher Tatbestände, wie sie etwa bei Henri de Saint Simon, Charles Fourier, Auguste Comte und John St. Mill festgestellt werden kann, ist seither einer Vielfalt von Einzelwissenschaften, von theoretisch-methodischen Paradigmata innerhalb jeder dieser Disziplinen und einer großen Zahl von Objekttheorien gewichen. Dies war das Resultat des Zerfalls des enzyklopädischen Systems der Wissenschaften, der Diskussion über die Geisteswissenschaften auf der Grundlage der Dominanz des Geist-Materie-Dualismus in der Erkenntnistheorie und der verschiedenen Methodenauseinandersetzungen zunächst in der Geschichte und in der Ökonomie, dann auch in Form des Positivismusstreits in der Soziologie. Gegenwärtig wird die Notwendigkeit interdisziplinärer Forschung in den Sozialwissenschaften wieder verstärkt betont, so etwa von der Gulbenkian-Kommission (Wallerstein 1996).

Allerdings gab es immer Ansätze zu einer Wiederanknüpfung zwischen den einzelnen Disziplinen, wie etwa die Konzeptionen der Gesellschaftsgeschichte bzw. der Strukturgeschichte oder die Universaltheorie von Parsons bzw. manche Konzeptionen der Soziookonomie, um nur jene zu nennen, die sich mit Verbindungen zwischen der Geschichte, der Ökonomie und der Soziologie, was aus der Sicht der Autoren dieses Bandes von besonderem Interesse ist, beschäftigen. Sie haben versucht auf der Grundlage einer gemeinsamen Definition des Gegenstands, einer systematischen Theorie oder eines universellen Modells wieder eine Ankoppelung zwischen verschiedenen Disziplinen oder sogar eine Integration derselben herzustellen.

Der Anspruch der vorliegenden Beiträge ist bescheidener. Hier soll versucht werden, Ansatzpunkte für den Dialog über ein spezifisches Objekt, das für alle drei Disziplinen relevant ist, aufzuzeigen. Dabei wird mit Olson (1991: 157 ff) davon ausgegangen, dass ein Dialog bedeutet, die Grenzen zwischen den Disziplinen anzuerkennen, aber miteinander auf der Grundlage der jeweiligen Stärken der einzelnen Wissenschaften ins Gespräch zu kommen, um aus der Kenntnis verschiedener Perspektiven zu lernen und die eigene Disziplin, vor allem aber die Erkenntnis des Problems bzw. des Objekts zu fördern. Man mag dies interdisziplinär oder multidisziplinär nennen, bedeutsam ist jedoch, dass die Wissenschaften sich untereinander austauschen und nicht auf der Grundlage eines Exklusivitätsanspruchs in Bezug auf bestimmte Objekte oder Methoden und unter Verwendung von betont spezifischen, andere ausschließenden Wissenschaftssprachen aneinander vorbei argumentieren. Ein Dialog setzt immer auch ein Basisverständnis des anderen voraus, weshalb auch in den Wissenschaften eine gewisse Transdisziplinarität, d.h. eine Grundkenntnis von Erklärungsweisen, Theorien und Methoden der anderen Disziplinen, erforderlich ist.

Worin bestehen nun die Ansatzpunkte gemeinsamer Erkenntnis in Bezug auf Unternehmen? Voraussetzung dafür ist zum einen der Konsens darüber, dass Handeln immer individuelles Handeln und gleichzeitig sozial, gesellschaftlich und kulturell geformtes Verhalten darstellt. Modelle können Handeln zwar so beschreiben, als ob es rein individuell motiviert und durchgeführt würde, aber sie müssen durch andere Perspektiven ergänzt werden, die Handeln in seiner zeitlichen Abfolge und unter den jeweiligen historischen Bedingungen betrachten und auch den verschiedenen Situationen und Rollen der Akteure, ihren persönlichen und sozialen Beziehungen sowie den normativen und strukturellen Bedingungen ihrer engeren und weiteren sozialen Umwelt und ihrer kulturellen Verankerung Beachtung schenken. Die Motive wirtschaftlichen Handelns von Unternehmen bzw. von deren Repräsentanten und die Wahrnehmung und Interpretation der Handlungsvoraussetzungen und –bedingungen durch die Akteure müssen als vielfältig und komplex erkannt werden. Dabei ist zu beachten, dass die hohe Kulturbedeutung der modernen Wirtschaftsweise und ihrer Ökonomik auch dazu geführt hat, dass „rein ökonomische Rationalität" zu einer allgemein verbreiteten Norm des Handelns nicht nur für Unternehmer und Manager geworden ist, so dass die Individuen – allerdings in jeweils unterschiedlichem Ausmaß – ein solches Verhalten als legitim und wünschenswert erachten und ihr eigenes Handeln so sehen bzw. darzustellen suchen. Unternehmer und Manager werden darin allerdings durch die verbreitete Auffassung unterstützt, wonach das Unternehmen zum Zweck der Gewinnerzielung durch rationales Markthandeln und effiziente Organisation der Produktionsfaktoren existiert.

Den Verfechtern einer ökonomischen Erklärung des menschlichen Handelns ist durchaus zuzustimmen, wenn sie meinen, dass die ökonomische Logik eine wichtige Seite menschlichen Handelns wiedergibt und daher auch die Anwendung der Wirtschaftstheorie auf nicht-ökonomische Bereiche gerechtfertigt sei. Allerdings dürfen gerade, wenn man davon ausgeht, dass Handeln immer ein Tun oder Nicht-Tun von Individuen darstellt, auch die nicht-ökonomischen Aspekte im wirtschaftlichen Handeln nicht übersehen werden. Das aber unterbleibt meist auf Grund der Interpretation der Wirtschaftstheorie und der Mainstream-Ökonomie als exklusiv zuständig für die Erklärung der Wirtschaft. Daher werden die nicht-ökonomischen Aspekte oft von den Handelnden selbst nicht ausreichend reflektiert, was dann vielfach auch mit Verweis auf die Wirtschaftstheorie als legitim, weil eben wissenschaftlich begründet, verstanden wird. Aber wissenschaftliche Forschung hat nicht nur wesentlich mehr mit Fragen als mit Antworten zu tun, sondern auch damit, dass jede Antwort auch darauf verweist, was damit nicht erklärt werden kann, und was vielleicht auch ganz andere Beobachterstandpunkte verlangt. Auch in Bezug auf Unternehmenshandeln dürfen die sozialen, historischen, normativen und kulturellen Voraussetzungen und Folgen nicht unberücksichtigt bleiben; sie müssen durch Theorien und Ansätze erfasst werden, die verschiedene disziplinäre Perspektiven mit einbeziehen.

In Bezug auf Unternehmen ist die Untersuchung des Handelns keineswegs nur auf die Inhaber der Spitzenpositionen zu beschränken, sondern involviert alle Mitglieder der Organisation und ihre jeweilige Perspektive und Interessenlage auf Grund ihrer Position und Funktion, und ebenso die Kontrahenten, Konkurrenten und Geschäftspartner „im Markt". Ihre jeweilige Positionierung im sozialen Feld der Organisation oder des Marktes, aber auch in Bezug auf ihr kulturelles, politisches, familiäres Umfeld, bestimmen ihre Einstellungen, ihre Aussagen und ihr Handeln – die sich überdies keineswegs decken müssen. Unternehmen können daher nicht als einheitliche Akteure analog individuellen Akteuren verstanden werden; die ganz bestimmten und meist sehr unterschiedlichen internen, aber auch externen Faktoren, die ihr Handeln bestimmen, müssen berücksichtigt werden, was sowohl betriebs- und organisationssoziologische Studien, aber auch empirische Untersuchungen der Branchengegebenheiten, der Eigentums- und Finanzierungsstrukturen, der

Macht- und Einflussstrukturen und der vielfältigen Vernetzungen zwischen den handelnden Personen erforderlich macht.

Einen wesentlichen Einfluss auf Handeln und Selbstverständnis ihrer Vertreter und Mitglieder hat die Geschichte des jeweiligen Unternehmens selbst, die auch wesentlich die Kultur des Unternehmens, seinen Geschäftsstil, seinen Umgang mit den Mitarbeitern, seine Stellung im und die Beziehung zum lokalen oder gesellschaftlichen Umfeld prägt. Diese Sicht des Unternehmens als historisches Gebilde, das daher eine gewisse Dauer seines Bestandes und seiner Form aufweist, ist in der Gegenwart durch die Orientierung am Kapitalmarkt stark zurück gedrängt worden zugunsten eines Verständnisses von Unternehmensstrukturen als bestimmt durch kurzfristige Finanzkennzahlen.

Die Unternehmensgeschichte ist jedoch nicht nur die offizielle Erfolgsstory des Managements, sondern umfasst auch die kollektive Geschichte der Menschen, die sich aus beruflichen Traditionen, betrieblichen Konflikten, Arbeitskämpfen, Verhandlungen und Kompromissen, gemeinsamen Normen und informellen Beziehungsmustern konstituiert hat, aber auch durch den Charakter und die Stärke der Interessenvertretungen der Arbeitenden bestimmt ist.

Die zweite wesentliche Übereinstimmung, die als Basis einer interdisziplinären Betrachtung notwendig ist, bezieht sich daher auf das Verständnis der Unternehmen, das diese weder auf die Funktion als Marktakteure noch auf die Strukturen der formalen Organisation reduziert, sondern sie darüber hinaus als historisch gewordene Gebilde, als soziale Räume, die Sinn- und Lebensgrundlagen für viele Menschen darstellen, aber auch als Zwangsverbände und gesellschaftliche Institutionen erkennt. Ihre Entstehung und Entwicklung, ihre Größe, Struktur und Kultur sind das jeweilig spezifische und einzigartige Resultat einer Vielzahl von historischen, personalen, sozialen, gesellschaftlichen Faktoren. Wenn gegenwärtig von Unternehmen aus der Perspektive der Kapitalmärkte und der Investoren so gesprochen wird, als müssten sie sich in ihrer Größe und Struktur, ja ihrer Existenz, ausschließlich nach ihrer Bewertung auf Grund der finanzökonomischen Kennzahlen richten, so ist das eine einseitige Hervorhebung einer Sichtweise, die dringend der Berichtigung und Ergänzung durch andere Zielsetzungen bedarf. Dabei geht es nicht nur um die Einbeziehung der Interessen anderer ‚stakeholder‘, also um die Erweiterung des Interessenspektrums, das in Bezug auf die ökonomische Funktion von Unternehmen berücksichtigt werden soll, sondern um eine demgegenüber ‚desinteressierte‘ und in diesem Sinn ‚objektive‘ Erforschung des realen Phänomens Unternehmen aus verschiedenen disziplinären und theoretischen Perspektiven.

Die Grundfrage der Theorie der Firma, warum Unternehmen existieren und welche Größe und Form sie annehmen, lässt sich daher nicht nur durch Verweis auf die Transaktionskosten des Marktes erklären, wiewohl es legitim ist, dies zu tun. Aber dies ist nur eine theoretische Perspektive unter vielen möglichen Erklärungen und empirischen Forschungszugängen. So etwa gibt es eine Reihe von anderen ökonomischen Theorien, die nach Erklärungen von Firmen suchen, von denen einer Richtung, nämlich den wissensbasierten Ansätzen, hier besondere Beachtung zugewandt wird. Darüber hinaus ist auch darauf hinzuweisen, dass die theoretische Vernachlässigung der Firma über lange Zeit dazu geführt hat, institutionalistisches Denken aus der Ökonomie zu verbannen. Dies hatte zur Folge, dass die gesellschaftliche Durchdringung auch und gerade des ökonomischen Bereichs nicht in den Blick genommen werden konnte.

Für die Wirtschaftsgeschichte und im speziellen die „Business History" bietet sich die transaktionskostentheoretische Theorie der Firma vor allem als Zugangsweise an, um aus anderen Perspektiven gewonnene Erkenntnisse weiter hinterfragen und differenzieren zu können und so vordergründig intuitive Sichtweisen zu hinterfragen. Angesichts der schon angesprochenen Problematik, dass ökonomisches Denken im Sinne der modernen, okzidentalen Wirtschaft selber ein historisches Phänomen ist, kann so verstandene ökonomische Logik nicht generell auf historische Gesellschaften und Phänomene angewandt werden. Neoklassische Sichtweisen im Sinne einer „umfassenden", d.h. ahistorisch-ökonomischen Logik sämtlicher Lebensbereiche wären dazu eher geeignet, erweisen sich aber als tautologisches Konstrukt, dessen Anwendung alles, was historisch der Fall war, als „effizient" deuten müsste. Somit können diese Theorien nicht unmittelbar in ein kritisch hinterfragendes Forschungsprogramm umgesetzt werden, jedoch als nützliches heuristisches Schema im Rahmen reflexiver, offener Vorgangsweisen dienen.

Wirtschaftssoziologische Studien, die sich der sozialen Netzwerkanalyse bedienen und eine soziologische Erklärung der Märkte anstreben, haben sich zwar wenig mit der Binnenperspektive der Organisation befasst, dafür aber der Frage der Entstehung und der Form von kooperativen Strukturen zwischen Firmen, die eine Art von ‚Quasi-firm' darstellen, besondere Aufmerksamkeit zugewandt. Damit verwiesen sie gleichzeitig darauf, dass die Beziehungen in der Wirtschaft nicht nur Konkurrenzbeziehungen darstellen und auch nicht nur auf ihre funktionalen Aspekte reduziert werden können. Auch die Frage der Entstehung eines Unternehmens und seiner Entwicklung kann nicht unabhängig von der Sozialstruktur der Unternehmen behandelt werden. Mit dem Bezug auf Gesellschaft, vor allem mit dem Problem der Beziehung zwischen den Unternehmenszielen und den Zielen der Gemeinschaft bzw. der wechselseitigen Beeinflussung zwischen Wirtschaft und Gesellschaft haben sich systemtheoretische und gesellschaftstheoretische Konzeptionen auseinander gesetzt. Dabei werden die Integration von Unternehmen in gesellschaftliche Strukturen und die Beziehung zwischen Unternehmen und Gesellschaft thematisiert, denn Firmen entstehen immer in einem staatlichen und institutionellen Kontext, nehmen darin eine bestimmte Position und Funktion ein, haben Rechte und Pflichten innerhalb desselben, sind in Bezug auf ihre Entstehung und ihr Handeln dadurch in verschiedener Weise gleichzeitig ermöglicht und eingeschränkt. Insbesondere hat das kommunikative Handeln der Unternehmen für das Verständnis von Wirtschaft, aber auch von Gesellschaft, große Bedeutung, damit auch für die Frage, ob und wieweit das Handeln der Unternehmen als legitim und als innovativ wahrgenommen wird. Alle diese Konzeptionen, Theorien und empirischen Studien vermögen auf relevante Faktoren für die Frage nach der Entstehung und der Form der Unternehmung hinzuweisen.

Wenn wir die Perspektive insoweit erweitern, dass wir nach den historischen Gründen der Entstehung der modernen Unternehmen im Sinne westlich geprägter Firmen fragen, so muss auch der Bezug auf die kulturellen und wirtschaftsethischen Bedingungen dafür berücksichtigt werden, wie dies Max Weber getan hat. Seine kulturwissenschaftliche Sichtweise kann auch für die Gegenwart aufzeigen, dass Unternehmen Bedeutung im Rahmen ihrer Kultur, d.h. auch in Bezug auf die Wertvorstellungen, die Verhaltensmuster und Lebensstile, die in einer Gesellschaft verbreitet sind, zukommt; sie müssen auf diesen weitgehend aufbauen, beeinflussen sie aber gleichzeitig in grundlegender Weise. Ihre Kulturbedeutung ist gerade heute neben der ökonomischen Macht und der politischen Rolle, die große global agierende Unternehmen haben, besonders prägend. Darüber hinaus ist die

Legitimität und Rationalität derjenigen Konzepte und Vorstellungen zu hinterfragen, die gegenwärtig Handeln, Struktur und Bedingungen der Existenz, der Entwicklung und der Ziele von Unternehmen allein von Gesichtspunkten der Wettbewerbsfähigkeit und der Kapitalrentabilität aus bestimmen.

Literatur

Olson, Mancur (1991): Umfassende Ökonomie. Tübingen: Mohr.
Wallerstein, Immanuel (Hg.)(1996): Die Sozialwissenschaften öffnen. Ein Bericht der Gulbenkian Kommission zur Neustrukturierung der Sozialwissenschaften. Frankfurt: Campus.

MIX
Papier aus verantwortungsvollen Quellen
Paper from responsible sources
FSC® C105338

If you have any concerns about our products,
you can contact us on
ProductSafety@springernature.com

In case Publisher is established outside the EU,
the EU authorized representative is:
**Springer Nature Customer Service Center GmbH
Europaplatz 3, 69115 Heidelberg, Germany**

Printed by Libri Plureos GmbH
in Hamburg, Germany